Simpler Spanish Course

for first examinations

Second Edition

W W Timms
M Pulgar

LONGMAN

LONGMAN GROUP LIMITED
Longman House
Burnt Mill, Harlow, Essex CM20 2JE, England
and Associated Companies throughout the World

© Longman Group Limited 1962
© Second edition, Longman Group Limited 1984

All rights reserved. No part of this publication may be reproduced, stored in a retrieval system, or transmitted in any form or by any means, electronic, mechanical, photocopying, recording or otherwise, without the prior permission of the copyright owner.

First published 1962
Second edition 1984

ISBN 0 582 33158 7

Set in 11/12pt V-I-P Times New Roman

Printed in Singapore by
Selector Printing Co (Pte) Ltd

By the same authors

Advanced Spanish Course

By W W Timms

A First Spanish Book
A Second Spanish Book

CONTENTS

		Page
1	Spanish Passages for Comprehension, Translation and Précis	1
2	Sentences and Exercises on the Grammar	75
3	English Prose Passages for Translation into Spanish	109
4	Summaries and Subjects for Free Compositions	144
5	Free Compositions	148
6	Outlines of Grammar	157
7	APPENDICES	261

   A Numerals
   B Punctuation Vocabulary for Dictation
   C Table of Spelling Changes in Verbs
   D List of Countries
   E Verb Tables

| 8 | VOCABULARY | 273 |

   Spanish–English
   English–Spanish

Note to the Second Edition

In this Second Edition of *A Simpler Spanish Course for First Examinations*, the sections on past examination papers have been up-dated and now contain questions from recent papers.

Introduction

THE main purpose of this book, as its title implies, is to help those students who are in their First Examination year. It is assumed that they have spent three, two, or at least one year studying Spanish, and are ready to revise elementary grammar, to delve a little more deeply than before into the inexhaustible depths of the Subjunctive mood and to become familiar with some of the intricacies of Spanish idioms and vocabulary.

Lists of various kinds (e.g. verbs, phrases and idioms) are provided for those students who have a good memory for this material and who do not wish to fail in the examination because of an inadequate vocabulary. Others may use them for reference and will master them gradually by assimilation.

Experience has shown that many candidates fail not because they lack a knowledge of Spanish but rather because they are inaccurate in applying in the examination room the knowledge they possess. So the best advice to candidates at this level is simply, "Be accurate!"

Indeed, much care is required and much practice is essential in this examination year, and this is provided in the book. The grammar and vocabulary notes under the first thirty passages for translation into Spanish should show pupils what help is available in the book. To offer plenty of unaided practice, only an occasional reference is given in the remaining passages. The actual examination papers which are included should be worked as far as possible under examination conditions, that is without a dictionary or vocabulary and with a time limit imposed. This is probably one of the best ways of learning the technique of examinations and, at the same time, it consolidates the vocabulary, idiom and grammar which will be required in the test.

The authors wish to acknowledge their indebtedness to all who have helped in the compilation of this book and, in particular, to those authors and Examining Boards who have given their kind permission to use valuable copyright material.

W.W.T.
M.P.

Acknowledgements

WE are grateful to the following for permission to include copyright material:

The author and Ediciones Destino for material from *La familia de Pascual Duarte* by Camilo José Cela; Wenceslao Fernández Flórez for extracts from *El hombre que compró un automóvil*; the author and Editorial Gredos for extracts from *Mis páginas mejores* by Carmen Laforet; Editorial Juventud S.A. for extracts from *Laura* by Pío Baroja; the heirs of Enrique Jardiel Poncela for extracts from *Nueve historias contadas por un mudo* and *Cuando los bomberos aman*; Rafael Caro Raggio for extracts from *El árbol de la ciencia* and *La feria de los discretos* by Pío Baroja; Editorial Sopena Argentina for extracts from *Escenas montañesas* by José María de Pereda and *El comendador Mendoza* by Juan Valera: the heirs of Ramón del Valle-Inclán for material from *Sonata de otoño*; and to the following examining bodies for questions from 'O' level Spanish examination papers: The Associated Examining Board for q2 ppr 1, q1 ppr 2 June 1978, q2 ppr 1, q1 & 2 ppr 2 June 1979, q1 ppr 1, q1b(partq1) ppr 2 November 1980; Joint Matriculation Board for q1 2 & 3 ppr 1 May 1977; Oxford & Cambridge Schools Examination Board for q3 ppr 3 June 1977, qa ppr 1 July 1978, qb ppr 1 November 1979, q3 ppr 3 November 1980, qb ppr 1, q3 ppr 3 July 1981; Oxford Delegacy of Local Examinations for q2 ppr II, qIV 0 22 (prose comp) Summer 1977; Southern Universities Joint Board for School Examinations for q2 ppr 1B June 1977; University of Cambridge Local Examinations Syndicate for q3 ppr 1 November 1978, q1 & 4 ppr 01 June 1979, q1 & 3 ppr 1 November 1979, q1 & 4 ppr 01 June 1980, q3 & 4 ppr 1 November 1980; University of London School Examinations Department for q3 ppr 2 January 1980, q1 2 & 3 ppr 2 June 1980, q1 & 2 ppr 2 January 1981, q1 2 & 3 ppr 2 June 1981; Welsh Joint Education Committee for q1 & 2 ppr 0a May 1977, q2 ppr 0b June 1977.

Whilst every effort has been made, we are unable to trace the copyright holders of material used in the Associated Examining Board questions originating from a Spanish edition of The Reader's Digest and would appreciate any information which would enable us to do so.

1
Spanish Passages for Comprehension, Translation and Précis

1. Tough greetings!

UN célebre actor caminaba por la calle cuando, de pronto, se le acercó un desconocido y dándole una fuerte palmada en el hombro le dijo:

— ¿Cómo te va, Rodríguez?
— Yo no soy Rodríguez — protestó el actor.
— ¿Que no eres Rodríguez?
— Desde luego que no — contestó agriamente el primero —. Y aunque lo fuera, ¿qué modo es ése de saludar a un amigo dándole tan fuerte golpe en el hombro?
— No me diga . . . ¿Y quién es usted para decirme cómo debo saludar yo a mi amigo Rodríguez?

2. The hunter's wife

UN cazador relata a sus amigos una aventura de caza en el Africa, en la que ha intervenido su esposa.

— Estaba entregado al trabajo de montar la tienda en plena selva cuando, al levantar la cabeza, me di cuenta de que un enorme león estaba a punto de lanzarse sobre mi esposa, que se había alejado un poco del campamento. No tenía tiempo de ir a coger el fusil, y mirando fijamente al león y concentrando toda mi voluntad en la mirada, dije en voz alta: "¡León, tú no devorarás a mi esposa!" El felino dio media vuelta y desapareció en la selva sin haber hecho el menor daño a mi mujer.

1

SIMPLER SPANISH COURSE

En este momento entra la esposa del cazador en la habitación donde éste se halla con sus amigos, y después de saludarles desaparece de nuevo. Apenas ha salido, uno de los amigos le pregunta al cazador bajando la voz:

— Y, oye, ¿por qué no quisiste que el león la devorase?

3. *If there is no "corriente"!*[1]

EN uno de los tranvías madrileños del recorrido Tirso de Molina a Cuatro Caminos sucedió el caso siguiente.

Con motivo de las restricciones del flúido eléctrico se paralizó el servicio. Los viajeros tuvieron que apearse y dejar vacío el tranvía; no obstante, uno de ellos permaneció en el tranvía, aparentemente dormido. Al acercársele, el cobrador advirtió que olía mucho a vino y, tocándole en el hombro, le advirtió:

— Oiga, buen amigo: haga el favor de apearse, que no hay corriente.

Y entonces el borracho, con el mayor humorismo, se dio la vuelta en el asiento y contestó:

— Me es indiferente; si no hay corriente tráigame una copa de vino de marca.

QUESTIONS

1. Where did this incident take place?
2. Why had the tram stopped?
3. What did the passengers do?
4. How many people remained in the tram?
5. Who were they?
6. How do we know that one was drunk?
7. What did the conductor ask him to do?
8. Explain the *borracho*'s answer.

[1] *Corriente* = (a) electric current and (b) ordinary wine, *vino corriente* colloquially.

2

SPANISH PASSAGES FOR COMPREHENSION

4. A serial story

LA mamá le dijo a la joven al entrar en la escuela de baile:

— Y no debes bailar como si fueras una escoba, hijita. La conversación agradable es también parte de una grata compañía. Conque, al mismo tiempo que bailas, dile algo interesante a tu compañero.

Pero cada vez que iniciaban una pieza saltaba un muchacho del otro lado del salón y le pedía a la joven que hiciera el favor de volver a bailar con él.

Intrigada, la madre, le preguntó a la chica, la cual, encantada, dio la siguiente explicación:

— Es que le estoy contando una novela de misterio por episodios.

PREGUNTAS

1. ¿Qué tiene que hacer la niña mientras (que) baila?
2. ¿Para qué viene el muchacho del otro lado del salón?
3. ¿Por qué está intrigada la madre?
4. ¿Qué le pregunta la madre a la hija?
5. ¿Qué explicación dio la hija?

5. At the ticket-office

UN domingo, a la una y media de la tarde, una larga cola de gente espera a que se abra la taquilla de un cine. Un hombre menudito trata de abrirse paso entre los que esperan, hasta que uno de ellos pierde la paciencia y le da un fuerte puñetazo. Al hombrecillo tienen que transportarlo en una ambulancia. El enfermero le dice en tono de reproche amistoso:

— ¿Ve usted lo que sucede cuando se quiere atropellar a los demás?

SIMPLER SPANISH COURSE

— Estoy de acuerdo con usted — contesta el hombrecillo—; pero lo que ahora me pregunto es quién me sustituirá en la taquilla para vender entradas . . .

QUESTIONS

1. What was the queue waiting for?
2. What was the little man trying to do?
3. Why was he carried away in the ambulance?
4. What did the male nurse say to him?
5. Why did he agree with the male nurse?
6. What was the little man worried about?

6. *The wounded soldier's bet*

UN médico de las fuerzas expedicionarias norteamericanas de la primera guerra mundial señaló a una enfermera un herido, y le dijo que no había esperanza de salvarlo. La enfermera se inclinó sobre el soldado y trató de prepararle para el último trance[1].

— ¡Amigo mío! Está usted herido grave. ¿Tiene algo que decir o algún mensaje para su familia?

— ¡El bolsillo interior de mi chaqueta! — articuló penosamente el herido.

Palpó la muchacha una cartera, la sacó con cuidado y preguntó:

— ¿Es esto lo que quiere?

— Sí. Ábrala.

— Aquí hay un billete de diez dólares. ¿Es lo que quiere?

— Sí — dijo el soldado con un hilo de voz —. Se lo apuesto a que no me muero.

Y no se murió.

---

[1] *el último trance*, his last hour.

4

SPANISH PASSAGES FOR COMPREHENSION

PREGUNTAS

1. ¿Por qué dijo el doctor que no había esperanza de salvar al herido?
2. ¿Qué tuvo que hacer la enfermera?
3. ¿Dónde encontró la cartera?
4. ¿Qué contenía la cartera?
5. ¿Qué quería hacer el soldado con el billete?
6. ¿Quién ganó la apuesta?

7. *A strange law-suit*

HACE algún tiempo, un abogado de Nueva York se dirigió a las oficinas de una importante compañía de seguros contra incendios para asegurar 2.000 cigarros, por un valor de 1.000 dólares. La compañía aceptó, y se le entregó una póliza en los términos corrientes.

Al año siguiente, el abogado fue a declarar que todos los cigarros se habían quemado y reclamó los dólares correspondientes, según las cláusulas del contrato.

Interrogado sobre las causas del siniestro, afirmó que él mismo había fumado los 2.000 cigarros.

Como es natural, la compañía se negó a pagar. Ahora bien: atacada en justicia por el abogado, la compañía perdió el proceso, ya que, teniendo en cuenta las condiciones de la póliza, era evidente que, por una parte, la mercancía estaba asegurada, y por otra, que había sido destruida por el fuego.

El abogado se felicitaba ya del buen resultado de su acción, cuando un día recibió una carta diciéndole que compareciese ante el tribunal por haber incendiado voluntariamente una mercancía asegurada contra el fuego, crimen severamente castigado por las leyes americanas, y que había sido confesado espontáneamente por el autor.

SIMPLER SPANISH COURSE

Ante el temor de una condena mayor, el abogado fumador renunció a todas sus pretensiones y se vió obligado a pagar los gastos del proceso, que se elevaron a 500 dólares.

8. Too stiff!

NUNCA había pisado la Aduana un hombre tan formal, tan digno, tan contento de sí mismo.

— Qué tío tan serio.

— Parece que se ha tragado un palo.

A los aduaneros empezó a caerles mal el tipo aquel. Era demasiada rigidez para tiempos de paz. Se le notaba satisfecho, inflexible, insobornable, incapaz de agacharse para recoger un periódico o una caja de cerillas que se le hubiesen caído.

— Nunca he visto una cosa igual — dijo el empleado más viejo —, y por aquí han pasado reyes y hasta presidentes de alguna república.

El extraño pasajero no se acercó al bar. Distraídamente, miraba al cielo, con gesto cansado.

— ¿Sabes lo que te digo? Que hay que registrarle.[1]

Registraron al estirado pasajero. Al principio creyeron que era de oro. "Por eso anda tan tieso", pensaron. Pero no. El viajero era de carne mortal y mortales huesos, como todos los viajeros del mundo. Lo que pasaba era que se había recubierto el cuerpo de laminillas de oro, concienzudamente adheridas, paciente,[2] sabia,[3] meticulosamente pegadas a su piel.

Como un pez dorado, de escamas de oro, las finas láminas le recubrían de la corbata a los zapatos. Ochocientas mil pesetas en laminado y adhesivo metal. Ocho-

---

[1] *registrar*, to search
[2,3] adverbs (-*mente* has been removed. Why?) § 29

6

SPANISH PASSAGES FOR COMPREHENSION

cientas mil pesetas relucientes, adaptadas a la forma de su cuerpo y al tamaño de sus futuros deseos.

— No era tan estirado.

Le fueron despegando las láminas. Costó su trabajo. Al final quedó un montoncito dorado en el suelo, como en los parques en el otoño.

9. Rosamunda

ROSAMUNDA volvió a quedarse[1] triste. Sus pendientes eran largos, baratos; la brisa los hacía ondular . . . Se sintió desdichada, muy "gran dama" . . . Había olvidado aquellos terribles días sin pan en la ciudad grande. Había olvidado aquel largo comedor con mesas de pino cepillado, donde había comido el pan de los pobres entre mendigos de broncas toses. Sus llantos, su terror en el absoluto desamparo de tantas horas en que hasta los insultos de su marido había echado[2] de menos. Sus besos a aquella carta del marido en que, en su estilo tosco y autoritario a la vez, recordando al hijo muerto, le pedía perdón y la perdonaba.

El soldado se quedó mirándola. ¡Qué tipo más raro, Dios mío! No cabía duda de que estaba loca, la pobre . . . Ahora le sonreía . . . Le faltaban dos dientes.

El tren se iba deteniendo en una estación del camino. Era la hora del desayuno; de la fonda de la estación venía un olor apetitoso . . . Rosamunda miraba hacia los vendedores de rosquillas.[3]

— ¿Me permite usted convidarla, señora?

En la mente del soldadito empezaba a insinuarse una divertida historia. ¿Y si contara a sus amigos que había encontrado en el tren una mujer estupenda y que . . .?

[1] § 79b, (a) 3   [2] § 78e, 3
[3] *rosquilla*, small ring-shaped cake

7

SIMPLER SPANISH COURSE

— ¿Convidarme? Muy bien, joven . . . Quizá sea la última persona que me convide . . . Y no me trate con tanto respeto, por favor. Puede usted llamarme Rosamunda . . . no he de enfadarme por eso.

CARMEN LAFORET
Mis páginas mejores

10. *Rosamunda's thoughts*

"HAY dos clases de pobres — pensaba Rosa aquella mañana, al comenzar su vacación, mientras un autobús la iba llevando hacia el centro de la ciudad —. Los pobres que lo son a la fuerza y los que, como nosotros, estamos encantados de serlo, de sentirnos libres siéndolo. Los pobres de espíritu . . ."

El autobús iba atestado de gente. Era el mismo que Rosa cogía todos los días para ir a su oficina, y era la hora de comenzar el trabajo. Aún olía aquella gente a jabón[1] y a agua fresca; aún estaban alisados aquellos cabellos y sin cansancio los ojos que Rosa miraba. Ella sabía que, unas horas más tarde, el sudor, el calor espantoso, volvería pálidas aquellas caras, y que los trajes de las mujeres estarían más arrugados.

Rosa los miró a todos; a todos sus compañeros de trayecto, con sus brillantes ojos, excitada. Tenía ganas de decirles que en el hilo de sus pensamientos había descubierto nada menos que el sentido de una de las bienaventuranzas.

"Bienaventurados[2] los pobres de espíritu, porque de ellos es el reino de los Cielos."

CARMEN LAFORET
Mis páginas mejores

[1] *oler a jabón*, to smell of soap
[2] *Bienaventurados*, Blessed are . . .

SPANISH PASSAGES FOR COMPREHENSION

PREGUNTAS

1. ¿Dónde está Rosa?
2. ¿En qué piensa?
3. ¿Por qué hay mucha gente en el autobús?
4. ¿Cómo sabemos que Rosa no iba a la oficina aquella mañana?
5. ¿Por qué huele la gente a jabón?
6. ¿Qué transformación se notaría en la gente unas horas más tarde?
7. ¿Cómo sabe Rosa todo esto?
8. Tradúzcase al inglés el último párrafo.
9. ¿De qué libro es este párrafo?

11. La Romería

CONCLUYÓ por fin el banquete con vino blanco y bizcochos; y mientras el fraile y mis tíos se fueron a dormir la siesta, y mis primas a vestirse para ir a vísperas, yo me largué al campo a tomar el aire, que buena falta me hacía.

Dos horas después volvimos a la iglesia; sacaron otra vez al santo en procesión, rezóse el rosario y nos fuimos a la romería, que se desparramaba en una pradera inmediata a la iglesia. Hiciéronme ver uno por uno todos los bailes: éste porque era de guitarra, el otro porque era de pandereta, y por ser de gaita el de más allá. Compramos avellanas, peras, cerezas y rosquillas[1] en todos los puestos de la romería; convidámonos recíprocamente la familia, el exclaustrado[2] y yo; vi un desafío a los bolos entre mozos del lugar y otros tantos forasteros; oí los "¡ vivas!" que nos echaron los danzantes, encaramándose unos sobre otros hasta formar lo que ellos llaman *castillo*, y los que también hubo para las demás personas que les habían dado

[1] *rosquilla*, small ring-shaped cake.
[2] *exclaustrado*, secularized monk

9

SIMPLER SPANISH COURSE

dinero; y volvimos a casa al anochecer, despidiendo al predicador después de haber tomado chocolate y agua de limón todos juntos, como si no hubiéramos comido al mediodía.

J. M. DE PEREDA
Escenas montañesas
(*continued in 12*)

QUESTIONS

1. What did the uncle and aunt do after the banquet?
2. Where did the author go? Why?
3. What is a *romería*?
4. Where did this *romería* take place?
5. What types of dance are mentioned?
6. What was on sale on the stalls?
7. What sort of match was going on? and between whom?
8. What is meant here by the word *castillo*?
9. What refreshment was taken when they arrived home at nightfall?
10. When had they previously eaten?

12. The result of over-eating

UNA hora más tarde me llamaron a cenar. ¡Otra vez capón, y otra vez arroz con leche! Aquel cuadro me espantó. Me fingí muy malo, y creo que lo estaba, dado que de susto también se enferma un hombre, y me largué a la cama donde tampoco fui feliz, porque, apenas me hube dormido, comencé a soñar que comía capón, y arroz con leche. Desperté, volví a dormir, y torné a despertar y a dormir otra vez y otras ciento, y siempre veía el repleto cucharón de mi tía persiguiéndome y llenando los claros que yo iba haciendo en los platos que me servían sin cesar. En esta lucha cruel me cogió el alba. Salté de la cama, me vestí; y, desayunándome de prisa,

10

SPANISH PASSAGES FOR COMPREHENSION

corrí a despedirme de la familia, que había madrugado más que yo. Agradecí[1] a mis buenos parientes, con toda mi alma, la sinceridad con que me brindaban su casa y su cariñosa insistencia por algunos días más; sentí de veras que urgentes ocupaciones me impidieran complacerlos, pues cariño hacia ellos me sobraba; me disculpé lo mejor que supe, monté a caballo; y llenos los bolsillos, la maleta y las pistoleras de fruta y de rosquillas que me hicieron tomar a última hora, partí hacia la ciudad, prometiéndome a mí mismo solemnemente, y lo he cumplido, que si alguna vez volviera al campo había de ser en días hábiles[2] y normales, y en manera alguna en los que, como el de San Juan citado, se llaman, con sobrada razón en mi tierra, de *arroz y gallo muerto*.

J. M. DE PEREDA
Escenas montañesas

PREGUNTAS

1. ¿Qué habían puesto en la mesa para cenar?
2. ¿Por qué se fingió enfermo el autor?
3. ¿Adónde fue?
4. ¿Con qué soñó aquella noche?
5. ¿Por qué no durmió bien aquella noche?
6. ¿Cuándo se levantó?
7. ¿Qué agradeció a sus parientes?
8. ¿Qué le regalaron los parientes a última hora?
9. Descríbase una rosquilla.
10. ¿Qué se promete a sí mismo el autor al salir para la ciudad?

13. The wedding breakfast

CUANDO acabó la función de iglesia — cosa que nunca creí que llegara a suceder — nos llegamos todos, y como

---

[1] § 75 and 791   [2] *día hábil,* workday

en comisión, hasta mi casa, donde, sin grandes comodidades, pero con la mejor voluntad del mundo, habíamos preparado de comer y de beber hasta hartarse para todos los que fueron. Para las mujeres había chocolate y tortas de almendra, y bizcochos, y pan de higo, y para los hombres había manzanilla, aceitunas, sardinas en lata . . . Sé que hubo en el pueblo quien me criticó por no haber dado de comer. Lo que sí le puedo asegurar es que no más duros me hubiera costado el darles gusto, lo que, sin embargo, preferí no hacer porque me resultaba demasiado atado para las ganas que tenía de irme con mi mujer. La conciencia tranquila la tengo de haber cumplido — y bien — y eso me basta; en cuanto a las murmuraciones . . . ¡más vale[1] ni hacerles caso!

CAMILO JOSÉ CELA

La familia de Pascual Duarte

14. *By Mario's grave*

No vi marcharse ni a don Manuel ni a las mujeres. Estaba como atontado, cuando empecé a volver a percatarme[2] de la vida, sentado en la tierra recién removida sobre el cadáver de Mario; por qué me quedé allí y el tiempo que pasó, son dos cosas que no averigüé jamás. Me acuerdo que la sangre seguía golpeándome las sienes, que el corazón seguía queriéndose echar a volar . . . El sol estaba cayendo; sus últimos rayos se iban a clavar sobre el triste ciprés, mi única compañía . . . Hacía calor; unos tiemblos me recorrieron todo el cuerpo; no podía moverme, estaba clavado como por el mirar de un lobo . . .

CAMILO JOSÉ CELA

La familia de Pascual Duarte

[1] § 78n, 1   [2] *percatarme*, to take notice

SPANISH PASSAGES FOR COMPREHENSION

15. *Waiting in the church*

AL día siguiente, muy de mañana, me acerqué hasta la iglesia; entré en la sacristía. Allí estaba don Manuel preparándose para decir la misa, esa misa que decía para don Jesús, para el ama y para dos o tres viejas más. Al verme llegar se quedó como sorprendido.

— ¿Y tú por aquí?

— Pues ya ve usted, don Manuel, a hablar con usted venía.

— ¿Muy largo?

— Sí, señor.

— ¿Puedes esperar a que diga la misa?

— Sí, señor. Prisa no tengo.

— Pues espérame entonces.

Don Manuel abrió la puerta de la sacristía y me señaló un banco de la iglesia, un banco como el de todas las iglesias, de madera sin pintar[1], duro y frío como la piedra, pero en los que tan hermosos ratos se pasan algunas veces . . .

— Siéntate allí. Cuando veas que don Jesús se arrodilla, te arrodillas tú; cuando veas que don Jesús se levanta, te levantas tú; cuando veas[2] que don Jesús se sienta, te sientas tú también . . .

— Sí, señor.

La misa duró, como todas, sobre media hora, pero esa media hora se me pasó en un vuelo . . .

Cuando acabó, me volví a la sacristía. Allí estaba don Manuel desvistiéndose.

CAMILO JOSÉ CELA
La familia de Pascual Duarte

[1] § 43d
[2] Examine the use of the infinitive and subjunctive in this passage

SIMPLER SPANISH COURSE

PREGUNTAS

1. ¿Dónde estaba don Manuel?
2. ¿Por qué no le importaba esperar a que dijera la misa?
3. ¿Dónde se sentó para esperar?
4. ¿Adónde fue después de la misa?

16. *A few days in Madrid*

En Madrid no estuve muchos días, no llegaron a quince, y el tiempo que en él paré lo dediqué a divertirme lo más barato que podía y a comprar algunas cosillas que necesitaba y que encontré a buen precio en la calle de Postas y en la Plaza Mayor; por las tardes, a eso de la caída del sol, me iba a gastar una peseta en un café cantante que había en la calle de la Aduana — el Edén Concert se llamaba — y ya en él me quedaba, viendo las artistas, hasta la hora de la cena, en que tiraba[1] para la buhardilla[2] del Estévez en la calle de la Ternera. Cuando llegaba, ya allí me lo encontraba por regla general; la mujer sacaba el cocido, nos lo comíamos, y después nos liábamos a la baraja acompañados de dos vecinos que subían todas las noches, alrededor de la camilla[3], con los pies bien metidos en las brasas, hasta la madrugada. A mí aquella vida me resultaba entretenida y si no fuera porque me había hecho el firme propósito de no volver al pueblo, en Madrid me hubiera quedado hasta agotar el último céntimo.

Camilo José Cela

La familia de Pascual Duarte

[1] *tirar = dirigirse*
[2] *buhardilla*, attic
[3] *camilla*, a table under which the *brasero* is placed

SPANISH PASSAGES FOR COMPREHENSION

17. *The kitchen*

EL mobiliario de la cocina era tan escaso como sencillo: tres sillas — una de ellas muy fina, con su respaldo y sus patas de madera curvada, y su asiento de rejilla[1] — y una mesa de pino, con su cajón correspondiente, que resultaba algo baja para las sillas. En la cocina se estaba bien; era cómoda y en el verano como no la encendíamos, se estaba fresco sentado sobre la piedra del hogar cuando, a la caída de la tarde, abríamos las puertas de par en par; en el invierno se estaba caliente con las brasas, que, a veces, cuidándolas un poco, guardaban el rescoldo toda la noche. ¡Era gracioso mirar las sombras de nosotros por la pared, cuando había unas llamitas! Iban y venían, unas veces lentamente, otras a saltitos como jugando. Me acuerdo que de pequeño, me daban miedo, y aún ahora, de mayor, me corre un estremecimiento cuando traigo memoria de aquellos miedos.

CAMILO JOSÉ CELA
La familia de Pascual Duarte
(*continued in 18*)

QUESTIONS

1. What is the difference between *una pata* and *una pierna*?
2. What kind of wood was the table made of?
3. Why was the kitchen a comfortable place (a) in winter; (b) in summer?
4. Explain the origin of the shadows on the wall.
5. What recollection has the author of them?

18. *The kitchen* (continued)

El resto de la casa no merece la pena ni describirlo, tal era su vulgaridad. Teníamos otras dos habitaciones, si

[1] *rejilla*, wicker

15

habitaciones hemos de llamarlas por eso de que estaban habitadas, ya que no por otra cosa alguna, y la cuadra, que en muchas ocasiones pienso ahora que no sé por qué llamábamos así, de vacía y desamparada como la teníamos. En una de las habitaciones dormíamos yo y mi mujer, y en la otra mis padres hasta que Dios, o quién sabe si el diablo, quiso llevárselos; después quedó vacía casi siempre, al principio porque no había quien la ocupase, y más tarde, cuando podía haber habido alguien, porque este alguien prefirió siempre la cocina, que además de ser más clara no tenía soplos. Mi hermana, cuando venía, dormía siempre en ella, y los chiquillos, cuando los tuve, también tiraban para allí en cuanto se despegaban de la madre. La verdad es que las habitaciones no estaban muy limpias ni muy construídas, pero en realidad tampoco había para quejarse.

CAMILO JOSÉ CELA

La familia de Pascual Duarte

19. Doña Blanca

MIENTRAS el comendador y Lucía tenían el diálogo de que acabamos de dar cuenta, Clara había entrado en el cuarto de su madre.

Doña Blanca estaba sentada en un sillón de brazos. Delante de ella había una mesa con libros y papeles. Don Valentín estaba allí sentado en una silla y no muy distante de su mujer.

El aspecto de doña Blanca era noble y distinguido. Vestía con sencillez y severidad; todavía se notaban en su traje cierta elegancia y cierto señorío. Tendría doña Blanca poco más de cuarenta años. Bastantes canas daban ya un color ceniciento a la primitiva negrura de sus cabellos. Su semblante, lleno de gravedad austera, era muy her-

SPANISH PASSAGES FOR COMPREHENSION

moso. Las facciones, todas de la más perfecta regularidad.
Era doña Blanca alta y delgada. Sus manos, blancas,
parecían transparentes. Sus ojos negros tenían un fuego
singular e indefinible, como si todas las pasiones del cielo y
de la tierra y todos los sentimientos de ángeles y diablos
hubiesen concurrido a crearlos.

JUAN VALERA
El Comendador Mendoza

PREGUNTAS

1. ¿Cuándo entró Clara en el cuarto de su madre?
2. ¿Dónde estaban los libros y papeles?
3. Descríbanse: (a) los vestidos de doña Blanca; (b) las
   facciones y el cabello de ella.
4. ¿Qué edad tenía doña Blanca?

20. *Listening to a fireside conversation*

TOMÉ asiento cerca del fuego y me distraje removiendo
los leños con aquellas tenazas tradicionales, de bronce
antiguo y prolija labor. Las dos niñas habíanse dormido:
la mayor, con la cabeza apoyada en el hombro de su
madre, la pequeña en brazos de mi prima Isabel. Fuera se
oía la lluvia azotando los cristales, y el viento que pasaba
en ráfagas sobre el jardín misterioso y oscuro. En el
fondo de la chimenea brillaban los rubíes de la brasa, y de
tiempo en tiempo una llama alegre y ligera pasaba corriendo sobre ellos.

Concha e Isabel, para no despertar a las niñas, conti-
nuaban hablando en voz baja. Al verse después de tanto
tiempo, las dos volvían los ojos al pasado y recordaban
cosas lejanas. Era un largo y susurrador comento acerca
de la olvidada y luenga parentela. Hablaban de las tías

17

SIMPLER SPANISH COURSE

devotas, viejas y de las primas pálidas y sin novio, de aquella pobre Condesa de Cela, enamorada locamente de un estudiante, de Amelia Camarasa, que se moría tísica. Hablaban de nuestro noble y venerable tío, el Obispo de Mondoñedo. ¡Aquel santo, lleno de caridad, que había recogido en su palacio a la viuda de un general carlista, ayudante del Rey! Yo apenas atendía a lo que Isabel y Concha susurraban. Ellas de tiempo en tiempo me dirigían alguna pregunta, siempre con grandes intervalos.

R. Del Valle-Inclán
Sonata de otoño

QUESTIONS

1. What are the *tenazas tradicionales?*
2. Where are the two children?
3. Explain *los rubíes de la brasa.*
4. How and why did their appearance change occasionally?
5. Who was the mother of the children?
6. Why did Concha and Isabel enjoy their chat?
7. What did they talk about?
8. What have you found out about their uncle and their aunts?
9. What is the English meaning of *susurrar?*
10. Who else took part in the conversation in addition to the two women?

21. *A strange taxi*

Vi en la otra acera un taxi parado y me dirigí a él resueltamente. La carrocería de aquel auto estaba pintada de color rosa y esto fue lo que me atrajo más que nada. Para comprender bien lo que sucedió después, es preciso fijarse bien en los siguientes detalles:

SPANISH PASSAGES FOR COMPREHENSION

1. El auto estaba parado junto a la acera.

2. Yo me dirigí a tomar el auto por la parte del empedrado de la calle.

3. Al abrir la portezuela, el chófer estaba mirando hacia la acera y de espaldas a mí.

4. En el momento en que hice aquella operación, yo iba muy distraído y un poco nervioso.

5. En cuanto entré en el coche, éste se puso en marcha.

El súbito arranque del coche me hizo caer sobre el asiento. Al caer, noté que caía en blando, pero antes de que tuviera tiempo de volverme para averiguar la causa de tal blandura, oí a mi espalda un gemido, un debilísimo gemido.

Entonces me incorporé y miré hacia atrás.

En el asiento había una mujer medio derribada.

Aquella mujer tenía un puñalito clavado en el pecho. El mango del puñalito era de oro y diamantes.

En el contador del auto iban apareciendo sucesivamente estas cifras: 40–50–60–70–80 . . .

Íbamos a ochenta pesetas por hora.

ENRIQUE JARDIEL PONCELA
Nueve Historias

22. *The duel*

GÓMEZ Y PÉREZ comprendieron aquel día que no tenían más remedio que batirse, porque la señora de Pérez, una rubia que guiñaba los ojos a la usanza húngara, estaba enamoradísima de Gómez, seducida por su apellido de coronel mexicano.

Pero, en fin, no era lo malo que la señora Pérez estuviese enamoradísima de Gómez, esto lo sabía ya Pérez hacía dos años. Lo terrible es que acababa de enterarse también

19

SIMPLER SPANISH COURSE

García, y esas cosas sólo son graves cuando trascienden al dominio público.

Pérez pegó a Gómez; se cruzaron tarjetas — esas tarjetas que nunca son las de los interesados, porque, a causa de la nerviosidad del momento, uno da la primera tarjeta que encuentra en el bolsillo — y Gómez y Pérez, a la mañana siguiente, "fueron al campo del honor".

El duelo era a pistola.

Se había ya medido el terreno y sorteado los sitios, cuando, de pronto, apareció un caballero que nadie conocía y se apoderó de las pistolas.

Hubo un ligero revuelo.

— ¿Quién es ese hombre?

— ¿Quién le ha invitado?

— ¿Qué viene a hacer aquí?

El caballero desconocido, que ya tenía las pistolas, se vio en la obligación de dar explicaciones.

— Señores — dijo —, soy el Diablo.

— ¿El Diablo?

— Sí. El Diablo. Y vengo a cumplir con mi deber, que ustedes ya conocen de sobra . . .

Terminó de cargar las pistolas, hizo una elegante reverencia y se fue.

Enrique Jardiel Poncela

Cuando los bomberos aman

QUESTIONS

1. Give a description of Pérez's wife.
2. How long had Mr Pérez known that she was in love with Gómez?
3. Why was the duel finally necessary?
4. What formalities had to be gone through on the eve of the duel?

SPANISH PASSAGES FOR COMPREHENSION

5. What did the unknown horseman do when he arrived?
6. Who did he say he was?
7. What did he do before he rode off?
8. What was his *deber*?

23(a). *The story of the woman with the tattooed arm*

A LA CASA solía ir de asistenta una mujer gorda, rubia, sonriente, que debió ser muy guapa en su juventud. Tenía un tatuaje en el brazo derecho. Se llamaba Colette. Iba también a casa de Camila, los sábados por la mañana, a hacer la limpieza. Laura charlaba con ella.

— ¿Por qué se puso usted eso? — le preguntó una vez, señalándole el tatuaje.

— Pues verá usted — le contestó ella —. Cuando era muy jovencita tenía un novio en el pueblo, que era compañero de juegos de la infancia. Éste cayó enfermo, tísico. Era un muchacho caprichoso y de ideas raras. Un día me llamó al hospital y me dijo que se había pintado de una manera indeleble en el pecho mi nombre y que si yo quería me pondría el suyo en el brazo. Así seríamos el uno para el otro hasta después de la muerte. Yo le dije que me parecía bien y me puso su nombre, picándome con un alfiler, en el brazo. Por cierto que me dolió.

— ¡Qué absurdo!

— ¿Le parece a usted?

— Claro. ¿Y qué pretendía con eso?

— Pretendía que yo me considerara como de su propiedad.

— Como si fuera usted una vaca.

— Él también se tenía como mío. Son las fantasías de los enamorados.

— ¿Y luego murió su novio?

— Sí.

21

SIMPLER SPANISH COURSE

23(b). *The story of the woman with the*
tattooed arm (continued)

— ¿De dónde es usted?
— Soy del norte, de un pueblo muy bonito.
— ¿De una aldea?
— Sí, de una aldea muy pequeña.
— ¿Y se vive a la antigua?
— Sí, mucho.
— ¿Se cree en hechizos y en cosas así?
— Sí. Cuando yo era niña había una vieja muy vieja y se la veía sentada a la puerta de su casa mirando a la luna o a las estrellas. Era una mujer que decían que hacía mal de ojo. Un día, unas cuantas chicas pasamos a la cocina de su casa porque ella nos invitó. Tenía una chimenea alta, y arriba de la chimenea, entre las llamas, nos enseñó a unos diablos vivos que saltaban.
— ¿Pero cómo diablos vivos? — le preguntó Laura.
— Sí, unos diablos.
— ¿Pero usted cree que hay diablos?
— ¡Ah! Yo no sé, pero eso decían.
— ¿Y brujas habrá también?
— También.
En su aldea, por lo menos, había unas viejas de esas que, según se contaba, curaban con hierbas y decían el porvenir consultando con una gallina negra, o mirando el vuelo de los pájaros, o dejando en un platillo los posos del café.

Pío Baroja
Laura

Précis

Write in English (or Spanish) a 150-word summary of passages 23(a) and (23b).

22

SPANISH PASSAGES FOR COMPREHENSION

24. *In the moonlight*

ERA la noche de luna, y en el fondo del laberinto cantaba
la fuente como un pájaro escondido. Nosotros estábamos
silenciosos, con las manos enlazadas. En medio de aquel
recogimiento sonaron en el corredor pasos lentos y cansados. Entró Candelaria con una lámpara encendida, y
Concha exclamó como si despertase de un sueño:

— ¡Ay! . . . Llévate esa luz.

— Pero, ¿van a estar a oscuras? Miren que es malo
tomar la luna.

Concha preguntó sonriendo:

— ¿Por qué es malo, Candelaria?

La vieja repuso, bajando la voz:

— Bien lo sabe, señorita . . . ¡Por las brujas!

Candelaria se alejó con la lámpara haciendo muchas
veces la señal de la cruz, y nosotros volvimos a escuchar
el canto de la fuente que le contaba a la luna su prisión en
el laberinto. Un reloj de cuco dio las siete. Concha
murmuró:

— ¡Qué temprano anochece! ¡Las siete todavía!

— Es el invierno que llega.

— ¿Tú, cuándo tienes que irte?

— ¿Yo? Cuando tú me dejes.

Concha suspiró:

— ¡Ay! ¡Cuando yo te deje! ¡No te dejaría nunca!
Y estrechó mi mano en silencio. Estábamos sentados en el
fondo del mirador. Desde allí veíamos el jardín iluminado
por la luna, los cipreses mustios destacándose en el azul
nocturno coronados de estrellas y una fuente negra con
agua de plata.

R. DEL VALLE INCLÁN

Sonata de otoño

23

SIMPLER SPANISH COURSE

PREGUNTAS

1. ¿A qué hora entró Candelaria con la lámpara? ¿Por qué?
2. ¿Quién estaba con Concha?
3. ¿Por qué hacía Candelaria la señal de la cruz?
4. ¿En qué parte del cuarto estaban los enamorados?
5. ¿Qué es un mirador?
6. ¿Qué sentido tienen aquí las palabras, (a) azul, (b) negra, (c) plata?

25(a). *Andrés goes to stay at an inn*

YA era entrada la mañana cuando la diligencia partió para Alcolea. El día se preparaba a ser ardoroso. El cielo estaba azul sin una nube; el sol, brillante; la carretera marchaba recta, cortando entre viñedos y alguno que otro olivar, de olivos viejos y encorvados. El paso de la diligencia levantaba nubes de polvo.

En el coche no iba más que una vieja, vestida de negro, con un cesto al brazo.

Andrés intentó conversar con ella, pero la vieja era de pocas palabras o no tenía ganas de hablar en aquel momento.

En todo el camino el paisaje no variaba; la carretera subía y bajaba por suaves lomas entre idénticos viñedos. A las tres horas de marcha apareció el pueblo en una hondonada. A Andrés le pareció grandísimo.

El coche tomó por una calle ancha de casas bajas, luego cruzó varias encrucijadas y se detuvo en una plaza delante de un caserón blanco en uno de cuyos balcones se leía: Fonda de la Palma.

— ¿Usted parará aquí? — le preguntó el mozo.

— Sí, aquí.

SPANISH PASSAGES FOR COMPREHENSION

25(b). Andrés goes to stay at an inn (continued)

Andrés bajó y entró en el portal. Por la cancela[1] se veía un patio, a estilo andaluz, con arcos y columnas de piedra. Se abrió la reja y el dueño salió a recibir al viajero. Andrés le dijo que probablemente estaría bastante tiempo, y que le diera un cuarto espacioso.

— Aquí abajo le pondremos a usted — y le llevó a una habitación bastante grande, con una ventana a la calle.

Andrés se lavó y salió de nuevo al patio. A la una se comía. Se sentó en una de las mecedoras. Un canario en su jaula, colgada del techo, comenzó a gorjear de una manera estrepitosa.

La soledad, la frescura, el canto del canario, hicieron a Andrés cerrar los ojos y dormir un rato.

Le despertó la voz del criado, que decía:

— Puede usted pasar a almorzar.

25(c). Andrés goes to stay at an inn (continued)

Entró en el comedor. Había en la mesa tres viajantes de comercio. Uno de ellos era un catalán que representaba fábricas de Sabadell; el otro, un riojano que vendía vinos y el último un andaluz que vivía en Madrid y corría aparatos eléctricos.

La comida le sorprendió a Andrés porque no había más que caza y carne. Esto, unido al vino, muy alcohólico, tenía que producir una verdadera incandescencia interior.

Después de comer, Andrés y los tres viajantes, fueron a tomar café al casino. Hacía en la calle un calor espantoso: el aire venía en ráfagas secas, como salidas de un horno. No se podía mirar a derecha y a izquierda; las casas,

---

[1] *cancela,* an iron-work gate

SIMPLER SPANISH COURSE

blancas como la nieve, rebozadas de cal, reverberaban una
luz lívida y cruel hasta dejarle a uno ciego.

Entraron en el casino. Los viajantes pidieron café y
jugaron al dominó. Un enjambre de moscas revoloteaba
en el aire. Terminada la partida volvieron a la fonda a
dormir la siesta.

PÍO BAROJA

El árbol de la ciencia

Précis

Write in English (or Spanish) a 150-word summary of
the three passages, 25(a), (b), (c).

26(a). *Studying for examinations*

AL final del primer año de carrera, Andrés empezó a
tener mucho miedo de salir mal en los exámenes. Las
asignaturas eran para marear a cualquiera: los libros, muy
voluminosos, apenas había tiempo de enterarse bien;
luego las clases, en distintos sitios, distantes los unos de
los otros, hacían perder tiempo andando de aquí para
allá, lo que constituía motivo de distracción.

Además, y esto Andrés no podía atribuírselo a nadie
más que a sí mismo, muchas veces, con Aracil y con
Montaner, iba, dejando la clase, a la parada de Palacio o
al Retiro, y después, por la noche, en vez de estudiar se
dedicaba a leer novelas.

Llegó mayo y Andrés se puso a devorar los libros a ver
si podía resarcirse del tiempo perdido. Sentía un gran
temor de salir mal, más que nada por la burla del padre,
que podía decir: Para eso creo que no necesitabas tanta
soledad.

Con gran asombro suyo aprobó cuatro asignaturas, y le
suspendieron, sin ningún asombro por su parte, en la

26

SPANISH PASSAGES FOR COMPREHENSION

última, en el examen de Química. No quiso confesar en casa el pequeño tropiezo, e inventó que no se había presentado.

— ¡Valiente primo! — le dijo su hermano Alejandro.

26(b). Studying for examinations (continued)

Andrés decidió estudiar con energía durante el verano. Allí, en su celda, se encontraría muy bien, muy tranquilo y a gusto. Pronto se olvidó de sus propósitos, y en vez de estudiar miraba por la ventana con un anteojo la gente que salía en las casas de la vecindad.

Por la mañana dos muchachitas aparecían en unos balcones lejanos. Cuando se levantaba Andrés ya estaban ellas en el balcón. Se peinaban y se ponían cintas en el pelo.

No se les veía bien la cara, porque el anteojo, además de ser de poco alcance, daba una gran irisación a todos los objetos.

Un chico que vivía enfrente de estas muchachas solía echarlas un rayo de sol con un espejito. Ellas le reñían y amenazaban, hasta que, cansadas, se sentaban a coser en el balcón.

En una guardilla próxima había una vecina que, al levantarse, se pintaba la cara. Sin duda no sospechaba que pudieran mirarla y realizaba su operación de un modo concienzudo.

26(c). Studying for examinations (continued)

Andrés, a pesar de que leía y leía el libro, no se enteraba de nada. Al comenzar a repasar vio que, excepto las primeras lecciones de Química, de todo lo demás apenas podía contestar.

Pensó en buscar alguna recomendación; no quería decirle nada a su padre, y fue a casa de su tío Iturrioz a explicarle lo que le pasaba. Iturrioz le preguntó:

— ¿Sabes algo de Química?

— Muy poco.

— ¿No has estudiado?

— Sí; pero se me olvida todo en seguida.

— Es que hay que saber estudiar. Salir bien en los exámenes es una cuestión mnemotécnica, que consiste en aprender y repetir el mínimum de datos hasta dominarlos . . .; pero, en fin, ya no es tiempo de eso; te recomendaré; vete con esta carta a casa del profesor.

Andrés fue a ver al catedrático, que le trató como a un recluta.

El examen que hizo días después le asombró por lo detestable; se levantó de la silla confuso, lleno de vergüenza. Esperó, teniendo la seguridad de que saldría mal; pero se encontró, con gran sorpresa, que le habían aprobado.

Pío Baroja

El árbol de la ciencia

Précis

Write in English (or Spanish) a 150-word summary of the three passages, 26(a), (b), (c).

27. *A train journey by night*

Un poco después de media noche llegaron a una estación llena de gente; una compañía de cómicos transbordaba, dejando la línea de Valencia, de donde venían, para tomar la de Andalucía. Las actrices, con un guardapolvo gris; los actores, con sombreros de paja y gorritas, se acercaban todos como gente que no se apresura, que sabe viajar, que

SPANISH PASSAGES FOR COMPREHENSION

considera al mundo como suyo. Se acomodaron los cómicos en el tren y se oyó gritar de vagón a vagón.

— ¡Eh, Fernández!, ¿dónde está la botella?

Se tranquilizaron los cómicos, y el tren siguió su marcha.

Ya al amanecer, a la pálida claridad de la mañana se iban viendo tierras de viña y olivos en hilera.

Estaba cerca la estación donde tenía que bajar Andrés. Se preparó, y al detenerse el tren saltó al andén desierto. Avanzó hacia la salida y dio la vuelta a la estación. Enfrente, hacia el pueblo, se veía una calle ancha, con unas casas grandes, blancas y dos filas de luces eléctricas mortecinas. La luna, en menguante[1], iluminaba el cielo. Se sentía en el aire un olor como dulce, a paja seca.

A un hombre que pasó hacia la estación le dijo:

— ¿A qué hora sale el coche para Alcolea?

— A las cinco. Del extremo de esta misma calle suele salir.

PÍO BAROJA

El árbol de la ciencia

PREGUNTAS

1. ¿A qué región de España iban los actores?
2. ¿De dónde habían venido?
3. ¿Qué llevaban puesto las actrices y los actores?
4. Tradúzcase la frase: *olivos en hilera*.
5. ¿Por qué estaba desierta la estación?
6. ¿Cómo se enteró Andrés de dónde saldría el coche de Alcolea?

28(a). *Departure by train*

LLEGÓ el verano y con él mi acostumbrado mes de licencia. Algunos de mis compañeros habían salido ya en

[1] *en menguante*, waning

SIMPLER SPANISH COURSE

sus coches a recorrer lugares deliciosos, desde donde nos enviaban tarjetas postales que suscitaban nuestra envidia y nos inducían a murmurar horriblemente de ellos. Yo, como todos los años, decidí utilizar el tren para trasladarme a la casa que mis tías poseían en Nogueira de Ramuín.

A las tres y media de la tarde ya me encontraba acomodando mis maletas en el vagón, a pesar de saber que no marcharíamos hasta las cinco. Así fue como pude obtener un asiento junto a la ventanilla, de espaldas a la máquina. Me hubiese gustado más el de enfrente; pero estaba ocupado ya por un señor enjuto y nervioso, que había ido a las doce y treinta. Poco después fue cuando comenzó a llenarse la estación de un gentío apresurado que corría a lo largo del tren e invadía los pasillos, cargado con bultos de todos los tamaños y formas.

28(b). *Departure by train* (continued)

Entonces se acomodaron en nuestro departamento un cincuentón y un muchachito, hijo suyo. Los cuatro hicimos una barrera junto a la puerta, con la ilusión de conservar algunos asientos libres; pero no pudimos impedir que se filtrase otro señor con un sable, un espadín y un bastón de mando[1] atados en lo alto de la maleta. Continuaba el apretado desfile por el pasillo. Un hombre con traza de hércules se detuvo para preguntarme:

— ¿Hay sitio?

Miré al andén, acometido por una súbita inspiración.

— ¿Hay sitio? — volvió a indagar, dirigiéndose al viajero de la maleta armada, que volvió la cabeza para dar a entender el disgusto que le producía hablar con alguien que no le había sido presentado.

---

[1] *bastón de mando*, baton *or* staff of command

SPANISH PASSAGES FOR COMPREHENSION

— ¿Se puede saber si hay alguna plaza libre? — rugió el advenedizo.

— Acabo de llegar — pretexté.

— Entérese usted mismo — gruñó el cincuentón sin apartarse.

Y el hombre nervioso, oculto detrás de todos, chilló, cada vez con una voz distinta, para sugerir la creencia de que aun había cinco o seis personas más en el departamento:

— ¡Aquí, no! ¡Aquí, no! ¡Aquí, no!

28(c). *Departure by train* (continued)

Acosado por los que venían detrás, el hércules nos empujó con un resoplido de iracundia y entró. Le oímos murmurar mientras instalaba su equipaje:

— ¡Lo que no hay es vergüenza[1]! ¡Cuatro asientos libres! . . . No sé que noción tienen algunas personas del derecho.

Pero en seguida corrió a la puerta, obstruyéndola él solo con su corpachón[2] y espantó a todos los que pretendían entrar. Es bien notorio, sin embargo, que pretender viajar con cierta comodidad en un tren que sale de Madrid, con dirección a las playas del noroeste en los primeros días de agosto equivale a luchar contra el destino. Media hora antes de marchar, todas las plazas estaban ocupadas. Seguían pasando viajeros, jadeantes y despavoridos por la creciente sospecha de tener que soportar en pie veinticuatro horas de viaje. Después hubo unos minutos de calma porque hacia un extremo del pasillo se había atascado un mozo con tres maletas y no podía ir para adelante ni para atrás, a pesar de que le empujaban y le golpeaban los que le seguían.

---

[1] *¡Lo que no hay es vergüenza!* if this isn't the limit!
[2] *corpachón*, augmentative of *cuerpo*

31

SIMPLER SPANISH COURSE

28(*d*). *Departure by train* (continued)

Al cesar la oclusión, una tromba humana corrió ante nuestra puerta y, como una ola puede arrojar a la playa un despojo, así fueron lanzadas entre nosotros la bella Margarita y su madre, entre chillidos, protestas y tropezones. Cuando quisimos hacerlas salir, la puerta estaba obstruida por bultos y viajeros. Entonces sonó la tercera campanada y abandonamos la discusión para asomarnos a la ventanilla central — única que fue posible abrir — y despedirnos de nuestros amigos y familiares. Quizá fue aquél el más penoso episodio, porque para poder sacar las diez cabezas por tan reducido espacio se hizo inevitable apretarnos dolorosamente y aun trepar unos encima de otros. Y todo esto para no conseguir nada, porque eran tantas las voces y tan abundantes las personas agrupadas ante la ventanilla, que nadie podía entenderse. Yo estreché la mano de un caballero al que estoy seguro de no haber visto en ninguna otra ocasión, y una matrona desconocida elevó hasta nosotros desde el andén a un chiquillo de cuatro años y nos refregó las mejillas con su rostro húmedo. En cuanto al caballero nervioso y enjuto, encaramado sobre el montón humano y contagiado por aquel clamor de despedidas, gritaba más fuerte que nadie, como si lo llevasen a la guerra:

— ¡Adiós! ¡Adiós! ¡Escribidme pronto!

Pero como no se dirigía concretamente a alguien, comprendimos que lo hacía por darse importancia.

W. Fernández Flórez

El hombre que compró un automóvil

Précis

Write in English (or Spanish) a 200-word summary of the four passages, 28(a), (b), (c), (d).

SPANISH PASSAGES FOR COMPREHENSION

29. A ghostly figure appears

AL terror que sentía poco antes, había sucedido una paz melancólica . . .

Se hallaba en la casa de Dios.

De pronto percibió un sordo y lejano ruido, y vio aparecer allá abajo, en lo más profundo de las tinieblas, en el fondo del prolongado templo, una blanca figura, una especie de fantasma, con una luz en la mano . . .

El infeliz se quedó helado de horror y superstición, y no pudo tan siquiera huir . . .

Avanzó el fantasma por la iglesia, y llegándose a un altar, que luego resultó ser el de la Virgen de los Dolores, encendió una lámpara que pendía del techo delante de él; se arrodilló delante de la Madre de Jesús, y así permaneció larguísimo tiempo.

A la luz de la lámpara, y más aún de la vela que aquella misteriosa visión conservaba en la mano, conoció, al fin, Juan que no tenía ante sus ojos un ser fantástico o diferente de toda humana criatura, sino a una mujer todavía joven y hermosa, de noble y elegante aspecto y pálido y demacrado rostro, que más inspiraba admiración y lástima que aversión o miedo . . .

PEDRO ANTONIO DE ALARCÓN
Fin de una novela

30. Quintín pays the bill

ERA la taberna pequeña; tenía un mostrador rojo, y a un lado una puerta, por la que se pasaba a un bodegón grande iluminado por dos quinqués de petróleo humeantes y varios candiles negros. Había aquella noche gran concurso y afluencia de gente. Entraron Quintín y Springer; atravesaron la tabernucha; luego el bodegón, que tenía

33

varias mesas ocupadas, y se sentaron en una pequeña, iluminada por un quinqué.

— Ésta es nuestra mesa — dijo Quintín.

Llamó, vino el bodegonero apodado el Pullí, le pidió unos cangrejos, una ración de pescado frito y una botella de Montilla, y luego le dijo:

— Tráigame usted la cuenta de todo lo que debo.

Volvió al poco rato el Pullí con los cangrejos, el pescado y el vino, y en un plato un papel en donde había escrito, con tinta azul, letras y números.

Lo cogió Quintín, sacó del bolsillo del chaleco unos cuantos duros, y los fue echando en el plato.

— ¿Está bien? — le preguntó al Pullí.

— Estará bien si usted lo ha contado — repuso el hombre.

— Ahí va para el chico — añadió Quintín poniendo un duro encima de la mesa.

— Tengo dos, don Quintín — advirtió el Pullí maliciosamente.

— Pues ahí va para el otro.

En la taberna, aquel ruido de plata hizo un efecto extraordinario. Todos miraron a Quintín, el cual fingiendo que no se enteraba, se puso a comer y a charlar animadamente con su amigo.

Pío Baroja
La feria de los discretos

31. *Quintín meets a relative*

Don Gil cogió con una mano la botella, se la acercó a la boca, y comenzó a beber.

— Basta, hombre, basta — dijo la señora Patrocinio.

El arqueólogo no hizo caso, y no terminó hasta vaciar la botella. Entonces paseó la mirada por el cuarto, cerró los ojos, apoyó la cabeza en la mesa, y un instante después comenzó a roncar estrepitosamente.

— Vaya una intoxicación que tiene el compadre — dijo Quintín contemplando a don Gil.

— Vamos, que usted también está bueno — replicó la vieja.

— ¿Yo? Más sereno que el mundo. En Inglaterra necesitamos mucho para emborracharnos.

— ¡Ah! ¿Es usted inglés?

— No, soy de aquí.

— ¿Y es usted amigo de ese Quintín de quien tanto han hablado esta noche?

— ¡Ja . . . ja . . . ja . . .!

— ¿De qué se ríe usted?

— De que ese Quintín . . . soy yo.

— ¿Tú?

— ¡Ja . . . ja . . . ja . . .! ¡Ahora la anciana se pone a tutearme!

— ¿Eres tú Quintín?

— Sí.

— Soy parienta tuya.

— ¿De veras? Cuánto me alegro.

— Ahora no te puedo explicar nada, porque estás borracho. Ven otro día. Hablaremos. Yo te ayudaré.

— Muy bien, . . . ¡Ja . . . ja . . . ja. . .!

— Ya verás. No tendrás necesidad de trabajar.

— ¡Trabajar! ¡Ja . . . ja . . . ja . . .! Es una idea que nunca se me ha ocurrido, buena anciana. Lejos de mí ese pensamiento vulgar . . . ¡Ah! . . . ¡Ja . . . ja . . . ja. . .!

La señora Patrocinio cogió del brazo a Quintín y le sacó a la calle.

— Anda, vete a casa — le dijo — Otro día te contaré algo que te pueda interesar. Si necesitas dinero, ven aquí antes de ir a ninguna otra parte.

SIMPLER SPANISH COURSE

Dicho esto empujó a Quintín al medio de la calle. El frío de la noche le despejó la cabeza. Aún no había amanecido, el cielo estaba limpio y puro; la luna, ya baja, tocaba en el horizonte.

PÍO BAROJA

La feria de los discretos

PREGUNTAS

1. ¿Qué efecto tuvo el beber demasiado sobre don Gil?
2. ¿Era Quintín inglés o español?
3. ¿Por qué se rió Quintín?
4. ¿Cómo se llamaba la anciana?
5. ¿Cómo sabía Quintín que la anciana le tuteaba?
6. ¿Qué pensaba Quintín del trabajo?
7. ¿Qué es lo que le prometió a Quintín la anciana?
8. ¿Qué tiempo hacía en la calle?
9. ¿Estaba borracho Quintín?
10. ¿Qué sabemos de la señora Patrocinio?

32(a). *Quintín at bay*

AL volver hacia el pueblo, vio Quintín, a la entrada del puente, a sus perseguidores.

— Me han cazado[1] — exclamó Quintín con rabia.

Debían ir reconociendo el puente a un lado y a otro; el farolillo del sereno oscilaba de izquierda a derecha y de derecha a izquierda.

Quintín se acercó a una de las dos hornacinas[2] del centro del puente.

— ¿Si me metiera aquí? Pero esto lo registrarán mejor que nada. ¿Qué hago?

[1] *cazado*, trapped [2] *hornacina*, vaulted niche

SPANISH PASSAGES FOR COMPREHENSION

Tirarse al río era demasiado peligroso. Atacar a los perseguidores, una barbaridad.

Para mayor desdicha, la luna comenzó a salir del nubarrón que la había tenido oculta, y esparció su luz por el puente. Quintín se metió en la hornacina.

Lo que más le indignaba era ser preso de un modo tan estúpido. No temía la cárcel, sino el prestigio ante la gente. Los que se habían entusiasmado con sus hazañas, al saber que estaba preso comenzarían a tenerle por un hombre vulgar, y esto no le convenía.

32(b). *Quintín at bay* (continued)

— Hay que hacer algo. Cualquier cosa. ¿Qué podría intentar?

Hacer frente a sus perseguidores a tiros desde la hornacina sería gallardo, pero era exponerse a que lo matasen allá o ir a presidio.

Revolviéndose dentro de la hornacina, Quintín tropezó con un pedrusco.

— A ver. Intentemos una farsa.

Quintín se quitó la capa y envolvió en ella el pedrusco, haciendo como una muñeca. Luego cogió el lío en brazos y se subió en el pretil del puente.

— ¡Ahí está! ¡Ahí está! — dijeron sus perseguidores.

Quintín inclinó el muñeco hacia el río.

— ¡Se va a tirar!

Quintín lanzó un grito y tiró el pedrusco envuelto en la capa al agua, en donde se zambulló con gran estrépito. Hecho esto, se tiró hacia atrás; luego, a gatas[1], volvió de prisa a la hornacina, se subió a ella, y quedó dentro agazapado[2] junto a la pared.

[1] § 33g, (iii)   [2] *agazapado*, crouching

SIMPLER SPANISH COURSE

Pasaron corriendo los perseguidores por delante de las hornacinas sin mirar al interior de ninguna de las dos.

PÍO BAROJA
La feria de los discretos

Précis

Write in English (or Spanish) a 100-word summary of the two passages, 32(a), (b).

33(a). *Andrés and Lulú*

UN amigo del padre de Hurtado, alto empleado en Gobernación, había prometido encontrar un destino para Andrés. Este señor vivía en la calle de San Bernardo. Varias veces estuvo Andrés en su casa, y siempre le decía que no había nada; un día le dijo:

— Lo único que podemos darle a usted es una plaza de médico de higiene que va a haber vacante. Diga usted si le conviene, y, si le conviene, le tendremos en cuenta.

— Me conviene.

— Pues ya le avisaré a tiempo.

Este día, al salir de la casa del empleado, en la calle Ancha, esquina a la del Pez, Andrés Hurtado se encontró a Lulú. Estaba igual que antes; no había variado nada.

Lulú se turbó un poco al ver a Hurtado, cosa rara en ella. Andrés la contempló con gusto. Estaba con su mantillita, tan fina, tan esbelta, tan graciosa. Ella le miraba, sonriendo, un poco ruborizada[1].

— Tenemos mucho que hablar — le dijo Lulú —; yo me estaría charlando con gusto con usted, pero tengo que entregar un encargo. Mi madre y yo solemos ir los sábados al Café de la Luna. ¿Quiere usted ir por allá?

— Sí, iré.

[1] *ruborizado*, blushing

SPANISH PASSAGES FOR COMPREHENSION

— Vaya usted mañana, que es sábado. De nueve y media a diez. No falte usted, ¿eh?

— No, no faltaré.

33(b). *Andrés and Lulú* (continued)

Se despidieron, y Andrés, al día siguiente, por la noche, se presentó en el Café de la Luna. Estaban doña Leonarda y Lulú en compañía de un señor de anteojos, joven. Andrés saludó a la madre, que le recibió secamente, y se sentó en una silla lejos de Lulú.

— Siéntese usted aquí — dijo ella, haciéndole sitio en el diván.

Se sentó Andrés cerca de la muchacha.

— Me alegro mucho que haya usted venido — dijo Lulú —; tenía miedo de que no quisiera usted venir.

— ¿Por qué no había de venir?

— ¡Como es usted tan así!

— Lo que no comprendo es por qué han elegido ustedes este café. ¿O es que ya no viven en la calle de Colón?

— ¡Ca, hombre! Ahora vivimos aquí, en la calle del Pez. ¿Sabe usted quién nos resolvió la vida de plano?

— ¿Quién?

— Julio.

— ¿De veras?

— Sí.

— Ya ve usted cómo no es tan mala persona como usted decía.

— ¡Oh! igual; lo mismo que yo creía o peor. Ya se lo contaré a usted. Y usted, ¿qué ha hecho? ¿Cómo ha vivido?

Andrés contó rápidamente su viaje y sus luchas en Alcolea.

39

SIMPLER SPANISH COURSE

— ¡Oh! ¡Qué hombre más imposible es usted! — exclamó Lulú — ¡Qué loco!

El señor de los anteojos, que estaba de conversación con doña Leonarda, al ver que Lulú no dejaba un momento de hablar con Andrés, se levantó y se fue.

PÍO BAROJA
El árbol de la ciencia

Précis

Write in English (or Spanish) a 125-word summary of the two passages, 33(a), (b).

34(a). *The Berrona scare*

POR aquel entonces se habló mucho en Santander de la Berrona, que salía todas las noches, a las altas horas, no se sabía de dónde, y recorría varias calles determinadas. La Berrona era un animal, un fantasma o un demonio muy grande, con dos ojos como dos hogueras, muchos pies y dos cuernos muy largos y muy derechos. Al andar hacía un ruido como de cadenas y cacerolas de latón que chocasen entre sí, y lanzaba berridos[1] tremebundos, muy roncos y muy lentos, como las notas del piporro[2] en las procesiones de la catedral.

Las comadres, al sentirla de lejos, trancaban las puertas; los chicos soñaban con ella, y los mismos serenos, que han sido aquí siempre hombres muy templados, al observarla en lontananza, hacían como que no habían visto nada y se iban por otra calle opuesta.

Pues, señor, la cosa llegó a excitar vivamente la atención de la autoridad, y el miedo del barrio rayó en espanto; la Berrona seguía, sin embargo, haciendo todas las noches su horripilante procesión. "Que la van a coger, que ya se sabe de dónde sale, que es de carne, que es un espíritu,

---

[1] *berrido*, bellowing   [2] *piporro*, bassoon

SPANISH PASSAGES FOR COMPREHENSION

que muerde, que cocea, que busca chiquillos para sacarles la sangre, que los serenos, que la policía, que cazarla a tiros" . . . Y nadie se atrevía a pedirle el pasaporte.

PREGUNTAS

1. ¿Dónde sucedía la acción de este cuento?
2. ¿Cuándo salía la Berrona y por dónde pasaba?
3. ¿Por qué tenía la gente tanto miedo a la Berrona?
4. ¿Para qué sirve generalmente una cacerola?
5. ¿Por qué soñaban los chicos con la Berrona?
6. ¿Por qué se iban los serenos por la calle opuesta?
7. ¿Qué hicieron las autoridades?

34(b). *The Berrona scare* (continued)

Al cabo, la delación de un camarero de billar hizo luz en el horrible caos, y el misterio se aclaró. ¿Saben ustedes lo que era la Berrona? Una docena de marinos que salían de un café muy popular en Santander, por lo antiguo y por lo especial de su parroquia (el cual café no nombro porque aun se conserva tan boyante como entonces, aunque más tabernizado); una docena de marinos agrupados de cierta manera y tapados hasta la rodilla con el paño de cubrir la mesa de billar del susodicho café. Los ojos del fantasma eran dos linternas, los cuernos dos tacos, y la causa del ruido metálico, una batería completa de cocina, bien manejada debajo del paño. En cuanto a los berridos, un amigo mío que por cierto no era marino, aunque formaba con ellos muchas veces, sabía darlos como el mejor piporro; los marinos de la Berrona no hacían más que acompañarle en el tono que podían.

J. M. DE PEREDA
Escenas montañesas

41

SIMPLER SPANISH COURSE

PREGUNTAS

1. ¿Quién aclaró el misterio de la Berrona?
2. ¿De dónde había salido la Berrona?
3. ¿Con qué se tapaban los marinos?
4. ¿Para qué servía normalmente el paño?
5. ¿En qué consiste una batería de cocina?
6. ¿Quién hacía ruido y con qué?
7. ¿Quién daba los berridos?
8. ¿Quién le acompañaba?

Précis

Rewrite in English, or in Spanish, the story of the Berrona in 150 words.

35. *Alicia's office*

ACABABAN de dar las cinco cuando sonó aquella tarde el teléfono interior en el despachito de Alicia. En seguida escuchó ella la voz de su jefe, el señor De Arco.

— Ven cuando puedas . . . ¿Tienes mucho trabajo?

— No, nada importante.

— Bien, pues cuando tú quieras; yo estoy aquí hace un rato . . .

Alicia dejó el auricular. Cerró la novela que estaba leyendo y la guardó cuidadosamente en un cajón de su mesa. La correspondencia que debía firmar De Arco estaba preparada en una carpeta. La habitación respiraba paz y orden. Apenas llegaba una algarabía de pájaros desde detrás de los cristales de la ventana, en el jardín interior.

Gracias a ese jardín, el despachito de Alicia tenía una luz dorada, ahora que el otoño enrojecía los grandes árboles.

El despachito de Alicia era íntimo como una casa, con aquella ventana y la grata temperatura que había siempre

SPANISH PASSAGES FOR COMPREHENSION

en él. No era una habitación muy grande. Las paredes estaban recubiertas de armarios-ficheros[1], y aparte de eso, no había más muebles que la mesa de trabajo y las dos máquinas de escribir que Alicia usaba: una grande, siempre fija allí; otra, portátil para llevar al despacho de De Arco, en caso de que fuese necesario.

Carmen Laforet
Un noviazgo

PREGUNTAS

1. ¿Dónde estaba Alicia?
2. ¿Qué hacía cuando sonó el teléfono?
3. ¿Cómo se llamaba su jefe?
4. ¿Qué quería el jefe que hiciese Alicia?
5. ¿Qué se oía en el despachito?
6. ¿Dónde estaba la correspondencia?
7. ¿Cómo era el jardín?
8. ¿Cuándo usaba Alicia la máquina portátil de escribir?

36. Alicia

Sentada aún a su mesa, abrió su bolso de mano y sacó la polvera. El espejito redondo le devolvió una carita ovalada de facciones correctas, frías, rodeadas por unos cabellos discretamente teñidos de rubio. El tiempo había comenzado en aquel rostro una indefinible labor de destrucción, pero lo hacía de una manera muy especial, fría y correcta como la misma Alicia. No había ni arrugas violentas, ni bolsas bajo los ojos. No lanzaba aquella cara gritos de alarma en favor de una belleza declinante. Tampoco la vida había impreso ninguna dulzura especial, ninguna huella de risa ni de ceño.[2] Había quien decía que Alicia a los cincuenta años se conservaba prodigiosamente

---

[1] *armario-fichero*, filing cabinet   [2] *ceño*, frowning

como a los veinte. La misma Alicia así lo pensaba. Y, sin embargo, nada más distinto, a pesar del asombroso parecido de las facciones, que esta Alicia de hoy y una fotografía de Alicia cuando muchacha. Alicia se empolvaba con cuidado y sin coquetería. Siempre se había puesto muchos polvos, y esto formaba parte de su persona, como el peinado perfecto de sus cabellos, como la limpieza impecable de sus trajes.

CARMEN LAFORET
Un noviazgo

PREGUNTAS

1. ¿Para qué abrió Alicia su bolso de mano?
2. ¿Qué contenía?
3. ¿Para qué sirve una polvera?
4. ¿Para qué sirve un espejito?
5. ¿Qué sabemos de los cabellos de Alicia?
6. ¿Qué edad tenía?
7. ¿De quién era la fotografía?
8. ¿Cómo eran los trajes de Alicia?

37. *Waking up in the train*

ERA como una cuna[1]. Tchak, tchak, tchak . . . Un movimiento acompasado, monótono, profundamente monótono. Algo la abrazaba, la envolvía, la acunaba en el sueño. Algo que, al final, acabó de despertarla.

Estaba en el tren. Se había desnudado, se había puesto su pijama y había logrado meterse entre sábanas en una cama del tren . . . Puesto que así se despertaba.

Unos instantes disfrutó de esta voluptuosidad de ir así, mecida sobre las ruedas, con su cuerpo distendido, cómodo. Por las rendijas de las cortinillas pudo ver una

---

[1] *cuna*, cradle

SPANISH PASSAGES FOR COMPREHENSION

ligera claridad. Debía de estar amaneciendo. Sentía calor . . . Echó las mantas hacia abajo.

Se arrastró luego perezosamente hacia los pies de la cama y, así, tumbada boca abajo, se apoyó sobre la almohada que había rechazado a los pies por la noche y descorrió la cortinilla, recibiendo una pura y serena impresión de belleza que la dejó mucho rato quieta, sonriente, absorta.

Alguien, como con una esponja, había borrado su congoja de la noche antes, cuando llegó a acostarse entre lágrimas, rendida . . . Ahora no pensaba en nada. Su cabeza, su cuerpo, sus sentidos todos, estaban serenos en este momento puro del despertar.

El campo estaba amarillo y quemado. Un mundo amarillo. Era[1] un enorme campo liso, totalmente diferente al que acababa de dejar hacía unas horas.

CARMEN LAFORET
La mujer nueva

PREGUNTAS

1. ¿Qué es una cuna?
2. ¿Con qué soñaba el personaje?
3. ¿Qué hizo al despertarse?
4. ¿Por qué sabía que amanecía?
5. ¿Qué hizo con las mantas de la cama?
6. ¿En qué estación del año estaba?
7. ¿Cómo lo sabe el lector?
8. ¿Cómo se sabe que el viaje le hacía mucho bien?

Examination Tests in Unseen Translation

38. *Out of petrol on a stormy night*

A veces una mujer siente que va a llorar de rabia. El motor había empezado a fallar y finalmente el coche se

---

[1] Examine all the uses of *ser* and *estar* in this passage

45

SIMPLER SPANISH COURSE

paró a unos quince kilómetros de la ciudad más cercana. Además, ya había anochecido e, iluminada por relámpagos, la lluvia caía a cántaros.

Juana era una buena conductora, pero de mecánica no tenía ni siquiera ideas básicas. Apretó las manos en el volante, hasta sentir dolor en las palmas. Apagó los faros por un momento para distinguir mejor cualquier otra luz en la noche. Una obscuridad completa la envolvió y se dio cuenta de que posiblemente no pasaría nadie esa noche por esa carretera. Tendría que quedarse allí, bajo la tempestad, hasta el amanecer. Decidió inspeccionar el coche y se puso el impermeable para salir.

Con la luz de una vieja linterna miró los neumáticos. Vio que estaban bien. Empezó a echar al maldito coche americano un sinfín de insultos, pero de repente cesó. Había una esperanza... Creyó recordar que había oído al chófer decirle que estaban casi sin gasolina... Esto era. Afortunadamente llevaba siempre unos litros de repuesto, suficiente por lo menos para llegar a la ciudad.

La impaciencia hizo que le temblasen las manos, pero al fin logró echar bastante gasolina en el depósito. Volvió a entrar en el coche y se quitó la gabardina. Se secó la cabeza y las manos con un paño guardado con la lata de gasolina.

El motor se puso en marcha de nuevo. Marcaba las ocho y media el reloj del coche; sólo había perdido un cuarto de hora, pero le parecía un siglo.

Associated Examining Board,
November 1980

SPANISH PASSAGES FOR COMPREHENSION

39. *A woman races at Indianapolis*

La señorita Angela Sánchez es hermosa. Pero es algo más. A los treinta y ocho años ha sido piloto de aviación, paracaidista, ingeniero aerospacial y candidata a astronauta. Su próxima ambición es conducir en la carrera automovilística de las quinientas millas de Indianápolis.

Ante la posibilidad de que los muchachos se sientan amenazados dice:

— No hay ninguna razón por la que yo no pueda conducir tan bien como un hombre. Espere y verá. Eche una mirada a lo que puedo hacer y luego piense lo que quiera.

Las aventuras peligrosas de Angela comenzaron a la edad de cinco años cuando su padre, piloto de aerolíneas, le regaló una bicicleta.

— La dominé perfectamente — explica Angela — y salí corriendo por los caminos con gran alarma y consternación de mis padres. Tomé lecciones de vuelo a los trece, volé sola a los dieciséis y tuve mi licencia de piloto comercial a los dieciocho. Después de graduarme en el colegio con el diploma de Física, fui a trabajar de ingeniero de vehículos espaciales.

Entonces descubrió las carreras de autos. Se compró un coche rápido, y después de una quincena lo cambió por otro más potente. Abandonó sus vuelos y comenzó a conducir. Fue a la escuela para aprender mecánica, empleó las noches trabajando en su auto y los fines de semana en correr en él.

Ahora Angela ha competido en más de ciento veinte carreras.

— Sin embargo — insiste —, Indianápolis es la más importante y la más emocionante de todas.

Associated Examining Board,
June 1979

SIMPLER SPANISH COURSE

40. Hijacked!

A bordo del avión la azafata preparaba, en la diminuta cocina de al lado de la puerta de la cabina de mando, una taza de café para el comandante. De pronto, un pasajero corpulento, de bigote y largo pelo rubio, se levantó de su asiento y avanzó hacia proa. Entró en la cocina, dijo dos o tres rápidas frases a la azafata, le echó el brazo izquierdo al cuello y se volvió luego hacia los demás pasajeros. La azafata mostraba una gran palidez y sus ojos aparecían vidriosos de temor. El atracador empuñaba en la mano derecha un revólver.

— ¡Que nadie se mueva! — exclamó — ¡He tomado el mando! ¡No intenten heroicidades! Los que traten de hacerlo, morirán.

Los veintisiete pasajeros del avión se mostraron aterrorizados, incrédulos o tranquilos. Franco Oliveros, consultor comercial, miró los ojos del secuestrador y sintió que le invadía un escalofrío de terror. Una señora asió la mano de su hijo, chico de quince años de edad, y murmuró:

— Tranquilízate. Todo irá bien.

Otro pasajero pensó en su mujer y sus hijos y se dijo que no llegaría a casa a tiempo para la cena que él y su esposa ofrecían a unos invitados aquella noche.

En la cabina de mando el piloto oyó que la llave giraba en la cerradura de la puerta de la cabina y se volvió en el asiento para recibir su café de manos de la azafata. Al hacerlo así, se vio ante el cañón de una pistola.

Associated Examining Board,
June 1978

48

SPANISH PASSAGES FOR COMPREHENSION

41. *The glory of being a fireman*

Un día Alfanhuí vio un incendio. Una mujer en un balcón daba gritos estrepitosos y por las ventanas de la casa salía mucho humo. La gente se juntó en torno a la casa. A lo lejos sonaba la campanilla de los bomberos. Pronto llegaron al fondo de la calle, con su coche escarlata y sus cascos dorados.

Había en aquellos tiempos muchos niños que querían ser bomberos. En una época pacífica los niños heroicos no tenían otro sueño. El bombero era el mejor de todos los héroes, el que no tenía enemigos, el más bienhechor de los hombres.

Desde otro punto de vista, eran muy aficionados al fuego. Había que ver la alegría con que llegaban, el entusiasmo con que hacían la faena. Rompían con sus hachas mucho más de lo que había que romper. Vencían el fuego, sólo porque demostraban una mayor actividad.

En cada piso había siempre una joven. Todos los demás vecinos salían de la casa antes de llegar los bomberos, pero las jóvenes tenían que quedarse para ser salvadas. Eran como una ofrenda sagrada que hacía el pueblo a sus héroes porque no hay héroe sin dama. Mientras los otros huían, ellas se levantaban lentas y trágicas, dando tiempo a las llamas, y se ponían el blanco camisón. Salían por fin a gritar y a bracear en los balcones.

Cambridge Local Examinations,
June 1980

SIMPLER SPANISH COURSE

42. *Drugs cause a family tragedy*

Sebastián vio a sus padres, tumbados en dos sillones, en los extremos de la habitación, las caras convulsas. La habitación estaba boca abajo. No sabía qué hacer.

— ¿Al hospital? — sugirió José.

— Sí.

— ¡Vamos, muévete Seb! Primero uno, luego otro. Al coche.

Los dos cogieron al padre. Bajaron con dificultad las escaleras. El portero salió a curiosear.

— ¿Adónde vamos?

— Al General, que es el más próximo.

Media hora después un médico vino por el frío pasillo del hospital. Dirigió la palabra a José.

— Exceso de morfina.

— ¿Y qué?

— Si hay recuperación no se verá hasta mañana.

José volvió a mirar a su amigo, y sonrió débilmente.

— Vete a casa, Seb. Yo me quedaré.

Sebastián se alejó hacia las escaleras, arrastrando las suelas. José y el médico le miraban con compasión.

— Es Vd. médico, ¿no? Se le nota. Venga a mi despacho. Fumaremos un pitillo y le explicaré el caso. ¿Sabía que eran morfinómanos?

— Sospechaba que lo era el padre. De su mujer no sabía. La veo poco. No la puedo soportar.

Comenzaron a hablar del aspecto médico.

Sebastián fue a emborracharse. Se levantó al día siguiente a las dos. Por la noche volvió a salir. A la una de la mañana tuvo que regresar a casa: se había quedado sin dinero.

Cambridge Local Examinations,
November 1979

SPANISH PASSAGES FOR COMPREHENSION

43. *The mysterious departure of a close friend*

— ¿Dónde está Heidi? — preguntó Lena, ansiosamente.

Tía Mag le contestó, enjugándose las lágrimas que rodaban por sus mejillas.

— Se nos va, Lena. Se va muy lejos. No la veremos más.

— ¡Pues yo quiero ver a Heidi! ¡Quiero despedirme de ella! — gritó Lena, airadamente —. ¡Mamá! — siguió sollozando, —¿es cierto lo que dicen de Heidi?

La señora de Rivero eludió la respuesta:

— Límpiate las narices, niña. Y ahora sube a tu cuarto y ponte a trabajar. Ya te he dicho muchas veces que no me gustan las chiquillas ociosas.

Nadie había hablado de Heidi desde aquel día. En efecto no se la había vuelto a nombrar. Sin embargo, tía Mag y los muchachos pensaban que un día cualquiera Heidi podía reaparecer, ocupar su habitación como si no hubiese pasado nada y contarles una historia divertida a propósito de su desaparición. Entonces, como antaño, resonaría por toda la casa la alegre risa de Heidi.

A partir de aquel día, Lena estaba convencida de que Heidi no volvería jamás. Sus primas le dijeron que tío Pedro la había llevado al puerto y ella se había embarcado rumbo a América. Y Lena comprendió. Debía de haberlo pensado así, desde el principio: a Heidi se la había llevado el mar. . . .

Tres meses más tarde la niña logró librarse por completo de la memoria de su amiga ausente.

Cambridge Local Examinations,
June 1979

SIMPLER SPANISH COURSE

Examination Tests in Comprehension

44. A young striker heads for a stormy reception

El coronel dio un fuerte puñetazo en la mesa y una copa de agua cayó al suelo, quebrándose.

— Hay huelga de estudiantes, Francisco — dijo su mujer —. El niño no habrá podido venir.

— ¡No digas niño! Tiene ya diecisiete años. A su edad salí yo de la Academia y no llegaba tarde a ningún sitio. ¿Qué hora es?

— Las dos y media — mintió la madre.

El coronel Salgado se levantó a pasear por el pasillo estrecho, sombrío y maloliente. Poco después se asomó al balcón. El viento le agitaba la manga izquierda de la chaqueta.

Por fin, vio a su hijo que subía corriendo calle arriba. Hizo como si no le hubiese visto y se metió dentro.

— ¿Qué es eso de la huelga?

Joint Matriculation Board,
May 1977

45.

Había entrado en el local un poco después que yo y fue a sentarse en una mesa frente a la mía, cerca del ventanal que daba a la calle concurrida, cuya contemplación desde el interior del café constituía un espectáculo entretenido para los clientes ociosos. Le miré sin ninguna curiosidad, sencillamente porque yo también estaba solo. Era un hombre de mediana edad;

52

SPANISH PASSAGES FOR COMPREHENSION

vestía de gris, y el mismo color tenía su personalidad completa. Tardé algún tiempo en darme cuenta de que mi vecino me miraba, no distraídamente, sino con fijeza.

— Me habrá confundido con alguien — me dije, encogiéndome de hombros —. Dejará de mirarme cuando comprenda que se ha equivocado.

Pero el equivocado fui yo: después de seguir mirándome durante varios minutos con la misma intensidad, observé con el rabillo del ojo que se levantaba de su silla y venía hacia mi mesa.

— Perdone que le moleste — dijo —, pero tengo que hablarle. Usted no me conoce de nada ni yo a usted tampoco.

— Pues no comprendo entonces . . . — empecé, pero él me cortó:

— Lo comprenderá cuando se lo explique.

— Eso espero — gruñí —. Le advierto que dispongo de poco tiempo.

London G.C.E.,
June 1981

46.

Su marido dormía a su lado, pero ella no podía estarse quieta. Le dio un codazo en las costillas, despertándole.

— ¿Qué pasa?

— Nada . . .¿Qué dirías si me fuera a ver a mi familia de Barcelona? Me ha invitado . . .

— Vete adonde quieras.

— Me iré — pensó Mercedes —. Mi sobrina Eloísa

me ayudará . . .

Ya no se acordaba bien de cómo era Eloísa; pero era una mujer muy simpática. De eso estaba segura.

Mercedes sacó un billete de tercera clase, y se fue sin despedirse. Sin saber por qué, lloró mucho cuando el tren arrancó.

El viaje fue incómodo. En aquella época los trenes iban atestados de pasajeros y no se encontraba nada de comer en las estaciones.

Cuando llegó a su destino, vio con desesperación que su traje nuevo estaba sucio. Entró en la cantina y pidió un café solo. Un rato más tarde se puso en camino. Tenía que buscar la casa de su sobrina y era difícil orientarse en aquella ciudad que ella creía conocer tan bien, pero que le daba la impresión de haber crecido.

Al fin halló la casa. La criada la miró con desconfianza:

— ¿A doña Eloísa busca? Espere un momento.

Cerró la puerta y la dejó esperando allí.

London G.C.E.,
January 1981

47.

A veces mi primo Manuel arreglaba el jardín. Yo sabía que había pedido trabajo en el pueblo y se lo habían negado. En ocasiones le acompañaban sus hermanos pequeños: un muchacho de once años y una niña de nueve, pelirrojos, delgados y tristes, que no iban a la escuela.

— No encuentro trabajo — me decía, con aire pensativo —. Me dicen: «vuélvete a la ciudad.» Pero yo no puedo dejar sola a mi madre ni a mis hermanos.

SPANISH PASSAGES FOR COMPREHENSION

Algunos días después vi a Manuel sentado en los peldaños de su porche con un chico a cada lado y un viejo atlas parecido al mío. Les explicaba geografía. Me asomé sobre el muro de su huerto y le escuché.

Un día me dijo mi primo:

— Tú ya no eres de los nuestros.

Me encogí de hombros. Él añadió:

— Ya tienes tus amigos, ¿verdad?

— Sí.

— ¿Y Jorge también es amigo tuyo?

— Muy amigo — contesté —. El más amigo de todos los amigos.

Me quitó la cinta, y se quedó haciéndola girar en su dedo índice, mirándome con sus ojos verde pálido. Pero yo mentía. Jorge seguía presentándose tan lejano como antes, y aunque me atraía, me avergonzaba la idea de volver a verle en su casa.

London G.C.E.,
June 1980

48. *An unusual and difficult customer*

Acompañado de sus seis chiquillos, un señor entró en un elegante restaurante de Madrid. Un amable camarero instaló a la familia en una de las mesas mejor situadas y entregó la carta.

— Tráiganos una jarra de agua y siete vasos . . . y un poco de hielo — dijo el señor.

Al volver, el camarero observó con sorpresa que el cliente estaba sacando bocadillos de jamón y de queso de una gran cartera y repartiéndolos entre sus hijos.

— Traiga siete cuchillos y siete platos — dijo el señor.

55

SIMPLER SPANISH COURSE

El camarero, acostumbrado a las exigencias y extravagancias del público no siempre fácil que frecuentaba el restaurante, se alejó precipitadamente sin atreverse siquiera a abrir la boca. Cuando regresó el camarero, el señor le gritó:

— ¿No ve que las servilletas de los niños están ya sucias? Haga el favor de cambiarlas.

Como el camarero se retrasaba unos segundos, el cliente palmeó ruidosamente.

— El señor querrá probablemente la cuenta — balbuceó el camarero al entregar las servilletas.

— ¿La cuenta? ¿No querrá usted hacerme creer que tengo que pagar por una triste jarra de agua que me ha servido?

El jefe, que había estado escuchando el diálogo, se aproximó a la mesa.

— Yo soy el encargado del servicio.

— ¡Vaya, amigo! — observó el cliente —. Es a usted exactamente a quien yo quería ver. ¿Es que en este restaurante no hay orquesta?

— Sí, señor . . .

— Entonces . . . ¿se puede saber qué hacen los músicos, que no tocan?

Oxford and Cambridge Schools Examinations,
July 1981

49. *A daughter marries*

Cuando Claudia cumplió dieciocho años, un hombre manifestó su deseo de casarse con ella. Claudia dijo que sí, aunque no le conocía mucho. En realidad era el primer hombre que le proponía una cosa semejante.

SPANISH PASSAGES FOR COMPREHENSION

Los padres sintieron inquietud y alivio por partes iguales. Pero pocos dias antes de la boda, don Anselmo cogió a solas a su futuro yerno y le susurró:

— ¿Y tú, por qué te quieres casar con Claudia, querido Manolo?

El joven respondió con rapidez:

— Porque es la criatura más perfecta que he conocido.

Don Anselmo se quedó pensativo. Luego, a la noche, se lo contó a su mujer:

— Ya ves tú, Claudia es perfecta. Tanto como nos hemos atormentado, preguntándonos por qué esto y lo otro, de su forma de ser. Ya ves, qué cosa tan simple: es perfecta.

Algo vago murmuró la madre, y apagó la luz.

El día de la boda, Claudia se levantó a la hora acostumbrada, devoró su desayuno, leyó superficialmente el periódico, se dejó vestir por su madre y dos primas solteras, soportó en silencio y sin muestras de impaciencia que le diesen extraños e inadecuados consejos. Al fin, miró el reloj:

— Vamos.

Luego se casó, y se fue a vivir lejos. Manolo, funcionario de una compañía aérea, acababa de ser destinado al Zaira.

Desde aquella fecha, los padres recibieron muchas cartas de Manolo, pero ninguna de Claudia.

Oxford and Cambridge Schools Examinations,
November 1979

50. *Pipe-dreams on a rainy afternoon*

Se presentó la clásica tarde de primavera madrileña: lluviosa y fresca. La gente transitaba con prisa y el

57

SIMPLER SPANISH COURSE

Metro y los tranvías rebosaban de seres húmedos que se miraban como enemigos. Era una de esas tardes en que el taxista conduce por las calles orgulloso, sordo a las llamadas angustiosas de los transeúntes.

Mercedes y Emilio llegaron, protegidos a medias por los muros de las casas, a una estrecha calle céntrica. Frente a la entrada de una moderna cafetería vieron detenerse un gran coche, brillante y lujoso. Bajó el uniformado conductor y corrió a situarse junto a la portezuela de atrás. Abrió primeramente un gran paraguas y, luego, la portezuela. Descendió un feo animal, de esos que presumen de perros, y después una mujer madura y gorda con bárbaros diamantes. El chófer se llevó una mano a la altura de la visera de la gorra y acompañó a la dama hasta la puerta del establecimiento. El ridículo aire de los personajes hizo sonreír a Mercedes. Por el contrario Emilio se había quedado con la boca abierta.

— ¡Qué fea! — exclamó en voz baja Mercedes.

— ¡Una millonaria! — murmuró Emilio.

— Pues no me cambiaría por esa mujer.

— Pero te gustaría vivir como ella, ¿no?

— Eso sí; pero como soy yo.

Emilio la miró con asombro.

— Vámonos, Mercedes. Eso es soñar. Nosotros no podemos aspirar a esa vida.

— ¿Nunca?

Emilio se encogió de hombros.

— Aun cuando consiga una buena colocación de contable, nunca podré aspirar a tanto.

Oxford and Cambridge Schools Examinations,
July 1978

58

SPANISH PASSAGES FOR COMPREHENSION

51.

Read the following passage carefully and then answer **in Spanish** *the questions that follow. Do* **not** *translate the passage.*

Searching for a bank

Como el tren llegó con retraso y llovía a cántaros, era casi imposible encontrar un taxi. Empecé a andar y decidí buscar un banco.

— Perdóneme señora — dije a una transeúnte apresurada —.¿Sabe Vd dónde hay un banco abierto a estas horas?

— No lo sé; es muy tarde y estoy segura de que todos estarán cerrados.

— ¿Quiere decirme dónde está el más próximo?

— Pues hay dos por aquí cerca. Pero le repito que estarán cerrados.

— Bueno, lo intentaré.

Después de escuchar las direcciones, me dirigí hacia el más cercano. Seguí todo seguido cien metros y llegado a la plaza mayor tomé la primera calle a la izquierda. Crucé la calle y continué hasta el semáforo. Aquí doblé a la izquierda otra vez y entonces vi un gran edificio justo enfrente. Era el Banco de Bilbao, y todavía estaba abierta la puerta principal.

En un dos por tres me encontré en el gran salón del banco. Me acerqué a un empleado y expliqué lo que quería. En el momento de terminar mis explicaciones noté que se ponía a sonreír el empleado de una manera traviesa.

— ¿Qué le pasa? — le pregunté.

SIMPLER SPANISH COURSE

— Lo siento, señor, pero el banco acaba de cerrarse.

(1) ¿Qué hizo el autor al no encontrar un taxi?

(2) ¿Qué preguntó el autor al hablar con la transeúnte apresurada?
(Su contestación debe comenzar con las palabras "Preguntó si . . .")

(3) ¿Por qué estaba segura la señora de que todos los bancos estaban cerrados?

(4) ¿Qué hará el autor a pesar del consejo de la señora?

(5) ¿Qué hizo el autor antes de dirigirse al banco más cercano?

(6) ¿Qué hizo el autor después de despedirse de la señora y antes de llegar al semáforo?

(7) ¿Qué hizo el autor al encontrarse en el banco?

(8) ¿Cuándo notó el autor que el empleado se ponía a sonreír?

(9) ¿Por qué se había puesto a sonreír el empleado?

Associated Examining Board,
November 1980

52.

Read carefully the following passage, which is **not** *to be translated. Then answer* **in Spanish** *the questions which follow it.*

Kidnapped

Eran las ocho y media de la noche del viernes 15 de marzo de 1973, y Alvaro Muñoz, a quien sus amigos llaman "Tito", contaba, con ayuda de Rosa, su mujer,

SPANISH PASSAGES FOR COMPREHENSION

los ingresos del día en su negocio de productos plásticos en las afueras de Oviedo. Rosa fue con Pepe, joven empleado de la casa, a buscar un documento que había dejado en el automóvil. De pronto, Rosa gritó:

— ¡Tito! ¡Tito!

Muñoz, de cuarenta y ocho años de edad, ojos azul obscuro, rostro tostado por el sol, atlética constitución y lleno de salud, corrió a la puerta. Al llegar al patio vio que cinco individuos cubiertos con máscaras de lana y armados con pistolas amenazaban a Rosa y a su empleado.

— ¡Vuelva al despacho ahora mismo! — gritó uno de los asaltantes — ¡y lleve a su mujer y al chico!

Uno de los bandidos guardó el fajo de billetes de banco que Alvaro les había arrojado y todos esperaron al chófer del camión de Muñoz. Cuando entró en el patio le apresaron y luego empujaron a los cuatro prisioneros hacia el automóvil de Rosa, un Alfa Romeo. Entonces comprendió Muñoz que no se trataba de un robo, sino de un secuestro.

A Tito, a su esposa y a Pepe les metieron en el asiento trasero del coche; al chófer en el maletero. Ocuparon el asiento delantero tres de los delincuentes, uno de los cuales apuntaba con la pistola a los secuestrados. El automóvil emprendió la marcha hacia el sur. Muñoz observó que el conductor, hombre corpulento, llevaba el coche con gran destreza, a pesar de que sus dos compañeros apenas le dejaban sitio. Al poco rato tomaron un camino vecinal y se detuvieron cerca de una senda polvorienta, donde estaba aparcado un camión cargado de ladrillos.

Rosa, Pepe y el conductor del camión de Muñoz fueron alejados del lugar y atados. Después de que los

SIMPLER SPANISH COURSE

bandidos desaparecieron en la obscuridad llevando a
Muñoz consigo, Rosa y sus compañeros tardaron dos
horas en librarse de sus cuerdas. Volvieron a pie hasta
el almacén y allí Rosa se apresuró a telefonear a la
policía.

(1) ¿Cómo se ganaba la vida Tito?
(2) ¿Qué es lo que les ocurrió a Rosa y a Pepe
cuando fueron al coche?
(3) ¿Qué órdenes recibió Alvaro de uno de los
bandidos?
(4) Según Vd. ¿por qué había arrojado Alvaro
unos billetes de banco a los bandidos?
(5) ¿Qué sorpresa tuvo el chófer del camión de
Muñoz cuando entró en el patio?
(6) ¿Cómo se dio cuenta Alvaro de que se
trataba de un secuestro y no de un robo?
(7) Dice en el texto que el conductor del coche
lo llevaba "con gran destreza".¿Por qué era
esto sorprendente?
(8) ¿Qué hicieron los bandidos después de llegar
cerca del camión cargado de ladrillos?
(9) ¿Qué es lo que hizo Rosa cuando
desaparecieron los bandidos?
(10) ¿Por qué telefoneó Rosa a la policía?

Associated Examining Board,
June 1979

62

SPANISH PASSAGE FOR COMPREHENSION

53.

*Read carefully the following passage, which is **not** to be translated. Then answer **in Spanish** the questions which follow it.*

A Cyclist on Holiday

Aquel año mis padres decidieron cambiar el lugar de veraneo. Así fue que llegamos a un pueblo de Castilla. Nos instalamos y salí a hacer una exploración del pueblo montado en mi nueva bicicleta. Como me habían suspendido en todas las asignaturas, en lugar de una motocicleta tuve que conformarme con el premio de consolación, una bicicleta, y fue una suerte, porque después de recorrer toda la aldea en cuatro minutos, no encontré ni una sola calle bastante ancha y recta para una motocicleta.

A la tercera vez que llegué a la Plaza Principal, desmonté y me dispuse a descansar cerca de un grupo de diez o doce muchachos de poco más o menos mi misma edad, pero con boina. Ya antes del descanso había notado que cuando pasaba corriendo con la bicicleta cuchicheaban entre sí, refiriéndose a mi persona. Por lo tanto, no me extrañó que cuando me senté en la acera el chico mayor se me acercó y me dijo.

— Oye, tú eres un chico nuevo en esta Plaza¿verdad?

— Pues sí, acabo de llegar con mi familia para pasar el verano en esta bonita población.

— Y, dime,¿no querrías tomar parte en una carrera ciclista? Hoy tenemos organizada una, y la verdad es que nos falta un corredor para completar el equipo local. Cada año organizamos, con motivo de las Fiestas de la región, una prueba ciclista. Con tu ayuda podríamos derrotar a nuestros rivales, los del pueblo vecino.

SIMPLER SPANISH COURSE

— Tratándose de una prueba tan importante, acepto.

— Entonces, a las cuatro en la pista.

— Pero, ¿es en pista?

— Sí, claro, todas las carreras importantes son en pista.

— Pero, es que yo jamás he corrido en una de ellas — me atreví a objetar.

— No te preocupes por ello. Es lo mismo que hacerlo en carretera.

A las cuatro en punto me presenté en el velódromo donde me dieron una camiseta de color rojo, unos pantalones rojos, y unas zapatillas del mismo color. Debía parecer un tomate.

(a) ¿En qué estación del año fue la familia al pueblo?

(b) ¿Con qué motivo exploró el chico el pueblo?

(c) ¿Por qué no recibió más que una bicicleta?

(d) ¿Cómo era el pueblo?

(e) ¿Por qué desmontó en la Plaza?

(f) ¿Qué hacía el grupo de muchachos en la Plaza?

(g) ¿Qué es lo que hizo el chico mayor?

(h) ¿Por qué necesitaban a otro chico los muchachos?

(i) ¿Qué diferencia hay entre una pista y una carretera?

(j) ¿Por qué se describía como "un tomate"?

Associated Examining Board,
June 1978

SPANISH PASSAGES FOR COMPREHENSION

54.

Read the following passage carefully and answer the questions set on it. **The answers must be entirely in English.** No credit will be given for anything written in Spanish.

Era la una de la mañana. Tomás llevaba ya varias horas recorriendo los bares y cabarets que Julián solía frecuentar, pero sin dar con él. Por fin volvió a telefonear a su casa. Casi en seguida oyó la voz de la esposa de Julián.

— ¿Quién es? — preguntó ella un poco irritada.

— Tomás.

— Anda. Y ¿por qué me llamas a estas horas? Eres tan perdido como Julián.

— Oye, Pepa, dispensa, pero tengo que ver a Julián.

— ¿Para qué quieres ver a ese pillo de mi marido, ese sinvergüenza? Para mí, como si no existiese, ¿comprendes?

— Oye, mujer, hay que encontrarle: es urgente.

Hubo una pausa. Se conocía que Pepa se daba cuenta de algo grave, porque cambió de tono en seguida.

— ¿Qué pasa, Tomás? Dime . . . ¿No le ha pasado nada, verdad? ¿A mi Julián . . .?

— No le ha pasado nada, Pepa. Pero puede pasarnos.

— Tomás, ¡dime qué es!

— Desde aquí no puedo.

— ¿Dónde estás? — preguntó Pepa.

— En el 'Bar Tokio'. Os estoy buscando toda la noche.

— El 'Tokio', ¿eh? Me visto y voy ahí.

— Eso no — dijo Tomás —. Sal a tu portal: llego ahí en un momento con el coche.

65

SIMPLER SPANISH COURSE

— Bueno, anda. No tardes, hombre.

Tomás salió del bar a escape y se dirigió a la calle de Bravo Murillo. Esta estaba apenas iluminada, pero ya en la puerta de su casa, vio a Pepa que le aguardaba; la bañaron de luz los faros del auto. En cuanto subió al coche, Tomás volvió a ponerlo en marcha.

— ¡Hola Tomás! — y sin transición — Pero dime, ¿qué pasa que no podrías decirme en el teléfono?

— Alguien nos ha denunciado a la policía.

— ¿Denunciado? Pero ¿de qué?

— De un asunto de contrabando.

— Pero, hombre, ¡ya hace cuatro años que tú y Julián acabasteis con eso!

(a) Where, and for whom, was Tomás hunting?
(b) Who answered the phone, and why was she annoyed?
(c) What was Pepa's attitude to her husband to begin with?
(d) What made her change her tone?
(e) What did Pepa propose to do next?
(f) What rendezvous did Tomás prefer, and exactly where?
(g) Why did Tomás have no difficulty in spotting Pepa?
(h) Why was he so anxious to find Julián?

Oxford Local Examinations,
Summer 1977

55.

Read the following passage carefully and answer the questions **in Spanish**. *Each question requires a different*

66

SPANISH PASSAGES FOR COMPREHENSION

answer which should be full and relevant. No credit will be given for answers copied straight from the text. Answers beginning with 'porque' are acceptable. All questions must be answered in the appropriate tense. You should write about 100 words. State the number of words you have written.

Pepe cuelga el teléfono, furioso. Es la quinta vez que llama a Sonia, y la telefonista se ha indignado:

— ¡Ya le he dicho, señor, que el 507 no contesta!

Pepe renuncia a seguir llamando. Es inútil. Sonia ha salido con alguien, olvidando la cita que tenía con él. Decide quedarse en casa y pasar el tiempo de esta manera: cuando alguien le llame por teléfono, adivinará quién es por el número de veces que suene antes de que el comunicante se canse de esperar respuesta y cuelgue.

A las nueve menos cuarto, el teléfono suena once veces.

— Esta persona — deduce Pepe — no es un amigo íntimo. No sabe que mi apartamento es muy pequeño.

Media hora más tarde, el teléfono vuelve a sonar, pero sólo una vez.

— Una equivocación — deduce Pepe sin vacilar.

A las diez, el teléfono suena con insistencia. Pepe llega a contar hasta veinte timbrazos.

— Era Gerardo Martínez, — deduce Pepe — no cabe duda. Es un pelmazo insufrible que no tiene más distracción que telefonear a los amigos.

A medianoche, después de otras dos llamadas, el teléfono suena por sexta vez. Muy irritado, Pepe descuelga y grita:

— ¡¡Diga!!

— ¡Por fin! — le contesta la voz de Sonia —. ¡Ya era

SIMPLER SPANISH COURSE

hora, majo! ¿Dónde te has metido?

— ¿Yo? — exclama Pepe —. En ninguna parte. Estaba aquí . . .

— No mientas, guapo. Te estoy llamando desde antes de las nueve, y ésta es la sexta vez. De manera que no volverás a verme nunca más.

— Déjame que te explique . . . — suplica Pepe. Pero Sonia ha colgado, enfadadísima.

(i) ¿Por qué estaba Pepe furioso al colgar el teléfono?

(ii) ¿Por qué no quería seguir llamando?

(iii) ¿Cómo había esperado pasar la tarde?

(iv) ¿Cómo iba a distraerse en casa entonces?

(v) ¿Qué relación había entre la duración de la primera llamada y la deducción de Pepe?

(vi) Pepe concluyó, después de la segunda llamada, que no conocía a quién le telefoneaba. ¿Por qué?

(vii) ¿Por qué creyó Pepe que el autor de la tercera llamada debía ser una persona muy aburrida?

(viii) ¿Qué sorpresa tuvo Pepe a medianoche?

(ix) ¿Por qué no creyó Sonia lo que Pepe le dijo?

(x) ¿Cómo trató Pepe de reconciliarse con su amiga?

London G.C.E.,
June 1981

56.

Read the following passage carefully and answer the questions **in Spanish**. *Each question requires a different answer which should be full and relevant. No credit will be given for answers copied straight from the text. Answers beginning with 'porque' are acceptable. All*

68

SPANISH PASSAGES FOR COMPREHENSION

questions must be answered in the appropriate tense.
You should write about 100 words.

Rafael estaba todavía en la cama y su amigo acababa de despertarle.

— A propósito, ¿qué ha dicho el editor de tu novela? — dijo Juan.

— Nada por ahora — dijo Rafael —. ¿Y cómo sabes que la está leyendo?

— Yo lo sé todo. Sé que la acabaste el mes pasado, que se la has mandado al editor, que te vas a París el domingo próximo ...

— Te lo ha dicho mi madre.

— ¿Cuánto tiempo estarás en París?

— Unos quince días. Volveré a principios de octubre.

— Lo que no entiendo es por qué en vez de ir a París no te vas al campo, a respirar aire puro — dijo Juan —. Sería un descanso más completo.

— Me gusta París. Además no estoy cansado.

Apareció doña María, la madre de Rafael:

— ¿Te traigo el desayuno a la cama o lo tomas en el comedor? — preguntó —. ¿Y usted, Juan? ¿No quiere tomar nada?

— No, muchas gracias — dijo Juan —. Me duele el estómago si tomo algo entre comidas.

— Qué juventud la de ahora — dijo riendo doña María —. Mi abuelo, a sus sesenta años, era capaz de desayunar tres veces si le dejaban. Y mi hijo, con la vida que lleva, acabará enfermando: se pasa el día con sus papeles, no descansa lo suficiente, nunca hace ejercicio ... Hay días en que apenas le veo. Cuando se cansa de trabajar se encierra con sus discos y adiós muy buenas. Para que podamos pasar un día juntos tiene

SIMPLER SPANISH COURSE

que ocurrir algo extraordinario. Como pasado mañana, que se casa una sobrina mía.

(*i*) ¿Cómo sabemos que Rafael era autor?
(*ii*) ¿Qué es lo que sabía Juan? Mencione dos cosas.
(*iii*) ¿Cómo lo sabía?
(*iv*) ¿En qué estación del año ocurrió todo esto?
(*v*) ¿Qué es lo que no entendía Juan?
(*vi*) ¿Qué quería saber doña María?
(*vii*) ¿Por qué se rió doña María?
(*viii*) ¿Por qué pensaba doña María que su hijo acabaría enfermando?
(*ix*) ¿De qué se quejaba principalmente doña María?
(*x*) ¿Por qué iban a pasar un día juntos?

London G.C.E.,
January 1981

57.

Read the following passage carefully and answer the questions **in Spanish**. *Each question requires a different answer which should be full and relevant. No credit will be given for answers copied straight from the text. Answers beginning with 'porque' are acceptable. All questions must be answered in the appropriate tense. You should write about 100 words.*

Eres imposible, Mauricio — le decía Eugenia a su novio —, y si sigues así, si no haces algo para buscarte una colocación y que podamos casarnos, soy capaz de . . .

— ¿De qué? Vamos, di, rica — dijo Mauricio.

— Mira, si quieres, nos casamos así y yo seguiré trabajando . . . para los dos.

70

SPANISH PASSAGES FOR COMPREHENSION

— Pero ¿y qué dirán de mí, mujer, si acepto semejante cosa?

— A mí no me importa eso; lo que quiero es que esto se acabe cuanto antes...

— ¿Tan mal nos va?

— Sí, nos va mal, muy mal. Y si no te decides, soy capaz de... de aceptar la oferta de don Augusto.

— ¿De casarte con él?

— ¡No, eso nunca! De recobrar mi finca.

— Pues, ¡hazlo, rica, hazlo! Si ésa es la solución y no otra...

— Y te atreves...

— ¡Pues no he de atreverme! Ese pobre don Augusto me parece a mí que no anda bien de la cabeza, y como ha tenido ese capricho, no creo que debemos molestarle... Pero ven acá...

— Vamos, déjame, Mauricio; ya te he dicho cien veces que no seas...

— ¿Que no sea cariñoso...?

— No, que no seas... ¡bruto! Y si quieres más confianza sacude esa pereza, busca de veras trabajo y lo demás ya lo sabes. Conque, a ver si tienes juicio, ¿eh?

— Eugenia, yo te quiero mucho, pero eso del matrimonio me da un miedo atroz. Yo nací perezoso por temperamento; lo que más me molesta es tener que trabajar, y si nos casamos voy a tener que trabajar porque nunca podré vivir del trabajo de una mujer.

(i) ¿Por qué le decía Eugenia a su novio que era imposible?

(ii) ¿Por qué, según Eugenia, tenía Mauricio que buscar un empleo?

(iii) ¿Por qué no le gustaba a Mauricio la idea de tener una mujer que trabajaba?

SIMPLER SPANISH COURSE

(*iv*) ¿Qué sabemos de las relaciones entre Eugenia y Mauricio en aquel momento?

(*v*) ¿Qué le ofrecía don Augusto a Eugenia, según parece?

(*vi*) ¿Qué opinión se había formado Mauricio de don Augusto?

(*vii*) ¿Cómo podía Mauricio hacerse más agradable a Eugenia?

(*viii*) ¿Cómo contemplaba Mauricio la idea del matrimonio?

(*ix*) ¿Por qué Mauricio tendría que trabajar después de casarse?

(*x*) Describa brevemente el carácter de Mauricio.

London G.C.E.,
June 1980

58.

Read the following passage carefully and answer, **in Spanish,** *the questions that follow.*

A tiresome start to Alicia's day

Cuando desperté, aun sin abrir los ojos, me di cuenta de que no estaba sola. Sentía un murmullo como de alas. Lentamente abrí los párpados, con la cabeza vuelta hacia la pared, inundada de un resplandor amarillo. El sol entraba por aquellas persianas que me molestaban, porque no se podían cerrar. (La primera mañana que desperté en aquella habitación, al entrar la luz del alba, me levanté, traté de cerrarlas y no pude; desde entonces nunca me había gustado el amanecer.)

Antonia estaba junto a la ventana, con el perrito. Me volví despacio a mirarla. Ella me miró también, en

SPANISH PASSAGES FOR COMPREHENSION

silencio, y me incorporé. Me vi en el espejo del armario, con el cabello suelto y el sol dándole un rojo resplandor. Antonia dijo:

— Vamos, Alicia, es tarde.

Me eché hacia atrás. Añadió:

— Antes miraba como dormías, y me acordaba de tu madre.

Me molestaba que alguien me viera dormir, como si fuera a descubrir mis sueños, mientras que yo quedaba indefensa. Me irritó oírle decir:

— No te pareces a tu madre, pero cuando duermes, sí. Cuando duermes, Alicia, creo estar viéndola.

El perrito empezó a ladrar y Antonia le pasaba el dedo por la cabeza del animalito.

— Estás delgada, niña. Tengo miedo de que estés enferma.

— ¡No lo estoy!

— Pero te he oído gritar — seguía, en voz baja y humilde —. Has estado gritando . . .

— Bueno,¿y qué? Siempre he gritado por la noche.

El perrito huyó de su mano y se posó sobre la cama. Levanté un brazo para alejarlo de allí.

Oí cómo se abría la puerta suavemente, y entró tía Emilia.

— Date prisa, Alicia — dijo.

1. ¿Es que Alicia, al despertar, vio que estaba sola?
2. ¿Por qué estaba amarilla la pared?
3. ¿Por qué ya no le gustaba a Alicia el alba?
4. ¿Quién habló la primera, y qué dijo?
5. ¿Qué efecto tuvieron estas palabras?
6. ¿Por qué no le gustaba a Alicia que nadie la viera dormir?
7. ¿Hasta qué punto se parecía Alicia a su madre?

73

SIMPLER SPANISH COURSE

8. ¿Por qué le parecía a Antonia que Alicia estaba enferma?

9. ¿Cómo sabemos que Alicia no quería que el perro se quedara en su cama?

10. ¿Por qué vino doña Emilia al cuarto de Alicia?

Welsh Joint Education Committee,
June 1977

2

Sentences and Exercises on the Grammar

Nouns and Articles
(pp. 161–167)

1. The teacher's hat is on the chair.
2. The boy's ball-point pen is in his desk.
3. The dog's tail is short.
4. The classroom window is closed.
5. There is a book on the bedroom floor.
6. We clean knives, forks and spoons in the kitchen.
7. The car wheel is large and heavy.
8. The teacher's wife is very ill.
9. I write letters to my relatives in English.
10. They answer my letters in Spanish.
11. I have no ink: I write in pencil.
12. We read the telegram and study the map.
13. Poor Manolo has a lot of work.
14. Captain Rodríguez has arrived by plane.
15. Admiral Pastor speaks Spanish and French well.
16. Doctor Vicente has a good car but drives badly.
17. I go to school on a bicycle.
18. Cows, sheep and horses all eat grass in the meadow.
19. The water falls from the roof of the house.
20. They have bought bread, fruit, wine and meat in the town.

Adjectives
(pp. 167–172)

1. The red house has a blue roof.
2. The white houses have red roofs.

75

SIMPLER SPANISH COURSE

3. In this delicious *paella* there is a lot of rice, some chicken and many vegetables.
4. The English tourists go to Spain because they don't like the bad English climate.
5. That Spanish cinema shows some good American films.
6. We are learning a difficult lesson.
7. All our German lessons are difficult.
8. Colonel X has a talkative wife.
9. He reads the first chapter of the first book.
10. We open the third door and enter a dark room.
11. England has a great queen.
12. The younger brother is called John, the elder sister, Mary.
13. The youngest sister is not as old as John.
14. The oldest churches have the smallest windows.
15. The first tooth is as white as snow.
16. That British plane is bigger than this Swiss one.
17. English trucks are very useful.
18. Saint Peter's church has better windows than Saint Thomas'.
19. No European country has more mountains than Switzerland.
20. He has no money now: he has just lost one hundred pounds.

Numerals
(pp. 186–188 and 261–262)

1. There are sixty minutes in one hour; twenty-four hours in one day; seven days in one week; four weeks in a month; twelve months or fifty-two weeks in a year; a hundred years in a century.
2. One million pesetas; one thousand pounds; five hundred francs; two hundred streets; one hundred and

SENTENCES AND EXERCISES ON THE GRAMMAR

one books; two hundred and twelve schools; five hundred and fifty-five pupils.

3. A quarter of an hour; half an hour; three-quarters of an hour; an hour and a half; a dozen eggs; half a dozen hats; hundreds of examples; thousands of soldiers; millions of pounds.

4. Noon, midday; what is the time?; it is one o'clock; 2.30 p.m.; 4.15 p.m.; 7.45 a.m.; 9.40 a.m.; 11.10 p.m.; 5.5 a.m.; 12.45 a.m.; 1.15 p.m.

5. Today; yesterday; tomorrow; last week; next month; on the following day; last year; Saturday, 1 April 1961; Monday, 25 December 1961; Tuesday, 1 August 1850; Friday, 27 March 1555; Thursday, 11 January 1777; Sunday, 2 May 1808; Wednesday, 30 September 1615; Thursday, 16 October 1902.

6. Give the Spanish for:
Charles I; Philip II; Charles V; Henry VIII; Elizabeth I; Isabel II; Louis X; Alfonso XI; Richard I; Louis XVIII.

Dates

(pp. 186–187)

Write out in full:

1. What is the date today?
2. It is Sunday, 1 January 1961.
3. Tomorrow will be Friday, 2 January 1959.
4. Yesterday was Wednesday, 31 December 1958.
5. My birthday falls on 28 September.
6. I have a friend whose birthday falls on April 1.
7. He was born in 1921 in London.
8. The 4th and 14th of July are important dates.
9. 2 May 1808 is a well-known date in Spanish history.
10. The Battle of Trafalgar took place on 20 October 1805.

77

SIMPLER SPANISH COURSE

Personal Pronouns

(pp. 175–178)

1. Give it to me today, please.
2. Do not give it to me, give it to her.
3. Read it to us tomorrow.
4. Do not read it to us now.
5. I read them to her every day.
6. His mother reads them to him every morning.
7. I am going to read it to you.
8. Will you read them to us before sending them to her?
9. Do you want to send it to me next week?
10. You have just sent it to them as usual.
11. Read it to him, not to her.
12. She doesn't want to listen to it today.
13. But look at it before sending it to them.
14. We are going to give them the apples.
15. We are not giving them to you.
16. They will not give them to us, will they?
17. My father wishes to send it to you.
18. Send it to her, don't send it to him.
19. I am not going to speak to them.
20. I am going to speak to her.
21. Haven't you sent them to him yet?

Relative Pronouns

(pp. 178–182)

1. The apples which I bought in the market are red.
2. The tomatoes which are sold there are not always ripe.
3. The man who sells them to me is very old.
4. The woman I am talking about lives in this town.
5. She sells to English tourists the newspapers and

78

SENTENCES AND EXERCISES ON THE GRAMMAR

magazines which have just come from England by air.

6. The postman I saw on that bus yesterday morning was carrying more than one hundred parcels in a big bag.

7. The ones I saw were very small but the others were big and heavy.

8. There is the policeman whose sons come to school with me every day.

9. The book that I need is cheap.

10. The boys with whom we play are English.

11. The girls, whose brother I am talking about, have just entered the room.

12. The young postman I have just been talking to in the square is coming to the door.

13. Where is the chalk I am looking for?

14. The film I am talking about is French, not English.

15. I think the manager they have written to will send them a reply tomorrow morning.

16. He is a widower whose wife died last year.

17. The first house we entered was small and clean.

18. The third time she came to see us, my mother looked very tired which worries me very much.

19. The church we stopped in front of is very old and picturesque.

20. I am thinking of the car my father intends to buy next week.

21. The car is in the shop we passed in front of yesterday.

22. The towns we travelled through were full of soldiers.

23. The songs they listen to are sad.

24. The ones they like are always sad.

25. It was raining on the day he came to see us.

26. The suitcase in which I put the passport and the money has been stolen.

79

SIMPLER SPANISH COURSE

27. That man's sister, whom I introduced you to a few weeks ago, has been run over by a bus.
28. The papers without which I can't work have now been found.
29. Can you understand what I am saying?
30. I used to buy everything I wanted in that shop.

Demonstrative Pronouns
(p. 173)

1. The most interesting letter is this one, not that one.
2. There are one hundred passengers in this aeroplane and fifty in that one.
3. Our school is better than those: ours is much older.
4. What is this? It is my bicycle: it is not my brother's.
5. Our house is white; theirs is red.
6. Whose car is it? It is not mine; it is my uncle's.
7. These books are amusing; those are boring.
8. This man is dark, that one is fair, that one over there is bald.

Interrogative Pronouns
(pp. 182–183)

1. What's that? How are you?
2. What's the matter? Why do you ask me?
3. What are you looking for?
4. Whom are you looking for?
5. With whom did you go to the cinema last night?
6. Which of the theatres do you prefer?
7. What amuses you? What is making you laugh?
8. What are these chairs made of?
9. What are they used for?
10. Whose are they?

80

SENTENCES AND EXERCISES ON THE GRAMMAR

11. When did you buy them?
12. Whom and what are you thinking about?
13. What did you think of the film?
14. What's your name?
15. What's the weather like today?

Prepositional Pronouns
(p. 178)

1. You will go in with me.
2. They have brought their wine with them.
3. She has not brought her bag with her.
4. Have you forgotten to bring your books with you?
5. What a lovely parcel! What is inside it?
6. Here's the bus. Let's get on it.
7. Do you like the bus? Yes. And so do I.
8. He works harder than I.
9. He reads faster than you (2nd sing.).
10. They are not thinking about me; they are thinking about them (fem.).

Comparatives
(pp. 170 and 189–191)

1. That boy is more intelligent than I.
2. I am as tall as you.
3. They are richer than we are, but they are less happy than my poor friends.
4. He can run faster than a donkey, but not so fast as a horse.
5. She writes more letters than I.
6. But I write more letters than she thinks.
7. I have written more than twenty letters today.

81

SIMPLER SPANISH COURSE

8. She thinks she is prettier than she appears.
9. My mother appears to be older than ever.
10. Today she has slept a little more than yesterday.
11. She is less than eighty years old.
12. She only married once.
13. I got out of bed half an hour later than I had proposed.
14. You like studying more than I.
15. My father likes you more than me.
16. They were all singing more than usual.
17. I am older than you think.
18. He has more books than he wants.
19. We have more apples than last year.
20. We have more apples than we can eat.
21. They want to buy more *turrón* than she can make.
22. *Churros* are more delicious than they look.
23. They are cheaper than ices.
24. I receive more newspapers than I can read.
25. I am more interested in films than in television.

Interrogative Adjectives
(p. 183)

1. What time did they arrive this afternoon?
2. Which bus did they take?
3. How many passengers were in the bus?
4. How much money did you give the conductor?
5. What book were you reading last night?
6. What friends were you writing to?
7. What pencils do you write with?
8. How many weeks are there in a year?
9. Which season of the year do you prefer?
10. Which shops did you enter yesterday?
11. How many windows are broken?
12. Through which door did they enter the house?

82

SENTENCES AND EXERCISES ON THE GRAMMAR

Superlatives
(p. 171)

1. It is the first week of the month.
2. They are the cleverest pupils in the school.
3. He is the eldest son in the family and has the fastest car in the neighbourhood.
4. She is the youngest daughter in the family and the prettiest girl in the village.
5. They are the laziest boys in the class.
6. This is the longest day in the year.
7. Mont Blanc is the highest mountain in Europe.
8. He was the worst player in the team; but the team was the best in England.
9. She will be the best tennis player in the world.
10. These sentences are not very difficult; they are the easiest in the book, aren't they?

Exercise on Para and Por
(pp. 197–200)

Insert **para** *or* **por**, *whichever is appropriate, in the following sentences and then translate into English:*

1. Ábreme la puerta, —— favor.
2. Podría vivir en España —— siempre.
3. Este libro es difícil —— mí.
4. ¿A qué hora sale —— Madrid el tren expreso?
5. —— eso tenemos que pasar en seguida —— la Aduana.
6. Pregunté —— el secretario.
7. Los hijos de mi amigo sienten gran entusiasmo —— el campo.
8. Lo decía —— demostrar su desprecio —— sus enemigos.

83

SIMPLER SPANISH COURSE

9. Había dos paquetes —— ella.
10. Dimos quinientas pesetas —— el reloj.
11. Compramos el regalo —— los niños.
12. Es un pueblo famoso —— sus vinos.
13. Buscaban un sitio —— descansar —— la noche.
14. Los alumnos fueron sorprendidos —— el profesor.
15. Esta ciudad nos sorprende —— su belleza.
16. —— desgracia no dejaron nada —— nosotros.
17. "¡Ojo —— ojo!", decía —— sí.
18. ¿Puedo hacer algo —— ustedes?
19. ¿Hay agua —— los animales?
20. —— un momento no vieron nada en el cielo.
21. Los niños toman el autobús —— venir al colegio.
22. Tienen que salir ahora —— llegar a tiempo.
23. Hice el viaje —— avión, —— supuesto.
24. Vaya usted a —— una botella de leche.
25. Quedan muchas cartas —— escribir.

Prepositions and Verbs
(pp. 204–210)

1. The aeroplane is approaching the airport.
2. Our friends will be glad to see us again.
3. We must prepare to get down from the plane.
4. I can see them. They are watching the plane land.
5. I shall not dare to invite them to lunch with me at the airport restaurant.
6. We shall soon go through the Customs.
7. Remember to declare the two watches which we bought in Switzerland.
8. By the way, who paid for them? But in any case we intend to wear them.
9. I shall never be tired of travelling abroad.

84

SENTENCES AND EXERCISES ON THE GRAMMAR

10. We can't help benefitting from the change of food, climate and companions.
11. I am hoping to begin to learn to speak Russian.
12. I intend to try to induce my parents to let me go to Russia next year.

Exercise on Infinitives
(pp. 204–210)

Study the following sentences, explain why the infinitives are used and then translate:

1. Habló por teléfono con su primo antes de **acostarse.**
2. Lo ven **venir** despacio.
3. Vimos **acercarse** el coche.
4. El muchacho se siente **acariciar** por el agua tibia del río.
5. Sólo se oye **llorar** a doña María.
6. No robaba por maldad, sino porque no había podido **aprender** un oficio honrado.
7. Francisco fue el primero en **salir** después de **haberle** dado a su padre un estrecho abrazo.
8. Pasé meses enteros sin **hablar** con más personas que con mi hermano.
9. De los catorce a los dieciséis años su único ideal fue **fumar** y **ver** películas americanas.
10. Así que consigue **salir** solo de noche, el joven suele **dar** largos paseos.

Infinitives
(pp. 204–210)

1. Before leaving for Spain they said good-bye to their friends.

85

SIMPLER SPANISH COURSE

2. On arriving in Madrid, they went to a hotel near the station.
3. I would prefer to live at home.
4. We shall go to the cinema without telling anyone anything.
5. I saw your dog going into the butcher's shop.
6. Can you hear him barking?
7. Will you come in with me and help me try to make him come out of the shop?
8. No, I don't want to come in with you.
9. Let him stay inside! We mustn't disturb him.
10. When he comes out, he will soon begin to look for us and he won't be long in finding us.
11. He likes barking, but he does not bite people.
12. After running, dogs are thirsty and like to rest in the shade.
13. I would like to go with you as far as the café to sit down and have a drink; I promise to listen to your story.
14. If we succeed in getting a table outside, in the sun, we shall be warm and we shall enjoy watching the people passing by.
15. It has stopped raining: let us go and play tennis.
16. I hope to invite them to to go the theatre with me.
17. We could not persuade our sister to come with us.
18. She is learning to play the piano.
19. Her teacher makes her practise two hours a day.
20. I shall not dare to stop her.
21. We are glad to know she is making progress.
22. They can't help laughing; they have just seen a small boy run into a tall policeman.
23. The policeman tried not to laugh but, on reaching the end of the street he, too, could not help laughing.
24. Policemen do not usually laugh, do they?

86

SENTENCES AND EXERCISES ON THE GRAMMAR

25. My aunt refuses to sing, although everybody invites her to do so.

Exercise on Prepositions and Infinitives
(pp. 204–210)

Fill the gaps with an appropriate preposition, **if necessary,** *in the following sentences and then translate:*

1. No pudo —— venir —— vernos.
2. Voy —— ver —— mi tío.
3. Cesaron —— trabajar —— las seis —— la tarde.
4. Pienso —— las vacaciones —— Navidad.
5. El profesor se pone —— enseñar —— los alumnos.
6. La criada se prepara —— entrar —— el comedor.
7. Invitaré —— su hermana —— cenar con nosotros.
8. No se atreven —— hablar español.
9. Los alumnos se acuerdan —— los profesores.
10. Carlos, trata —— contestar —— la pregunta.
11. Mi primo decidió —— ayudar —— su padre —— cultivar el jardín.
12. La muchacha se niega —— casarse —— el amigo de su hermano, porque está enamorada —— otro joven.
13. No quiero comer —— este pan: huele —— pescado.
14. Después —— mirar —— su reloj, se apresuró —— salir —— la casa.
15. No se parece —— su padre.
16. Tenemos la intención —— salir —— Madrid mañana —— la mañana.
17. Los niños se alegran —— visitar —— sus tíos.
18. Las tres muchachas se apresuran ——ayudar —— su madre —— hacer las maletas.
19. El día —— que murió su padre los niños no dejaron —— llorar.

87

SIMPLER SPANISH COURSE

20. Escribía —— sus padres —— un papel —— escribir
—— color azul.

Idiomatic Past Participles
(pp. 211–212)

1. This is not a very amusing story, it is rather boring.
2. I saw a boy leaning out of the window of a Spanish house.
3. He had seen an old beggar sleeping on the ground under the window.
4. The boy looked very daring; what was he going to do?
5. Sitting on the balcony above was an old lady reading a book.
6. A dog was lying at her side, its head leaning on her feet.
7. Nearby was a watering can, full of water. A flower pot was hanging from the ceiling.
8. The dog barked, the woman stood up suddenly and the water was spilt on the floor.
9. I saw water fall on the head of the boy who was leaning out of the window below.
10. He was so surprised that he fell and woke up the man asleep on the ground who became very angry.

Exercises on Imperfect and Pretérito
(pp. 220–224)

(a) *Study the tenses in the following sentences and then translate:*

1. Era doña Blanca alta y delgada. Sus manos parecían transparentes.
2. Don Carlos estaba allí sentado. Delante de él había una mesa con libros y papeles.

88

SENTENCES AND EXERCISES ON THE GRAMMAR

3. Pérez se acercó a un pescador que, sentado a la orilla del río con la caña de pescar en la mano, no pescaba nada.

4. El mayor de los hermanos se quedó un momento pensativo al oír las palabras del viejo.

5. Volvimos a emprender la marcha y llegamos por fin a Huesca.

6. El reloj señalaba poco más de las diez cuando llegó el guardia.

7. Terminó el guardia de arreglar la declaración y se plantó a la entrada de la verja esperando a los jueces.

8. Susana permaneció callada; su respiración era anhelante; sus manos temblaban entre las de Alberto.

9. Pasó la infancia en una soledad absoluta.

10. El tren corría ya por los campos de La Mancha cuando el viajero comenzó a leer.

11. Paró el tren, di un salto y me apresuré a abrir la ventanilla.

12. Los dos hombres entraron en el coche, que ya estaba junto a la acera.

13. Era domingo. Había poca circulación por las calles.

14. A eso de las once cesó el viento y el barco quedó inmóvil en medio del mar.

15. De pronto se oyó un grito.

16. Salió Fernando de su casa. Llenaba las calles el ruido de la gente. Las personas iban de una tienda a otra.

17. Desperté, volví a dormir, desperté de nuevo y me dormí al poco tiempo.

18. En Madrid no estuve muchos días; no llegaron a quince.

89

SIMPLER SPANISH COURSE

(b) *Change the Infinitives in brackets into the Imperfect or Pretérito, whichever is appropriate:*

1. Después de un arduo día de trabajo yo (salir) a la calle. (Hacer) calor, la gente (caminar) en todos los sentidos, buscando un lugar fresco para descansar. Yo (decidir) ir a casa; allí sí que podría descansar y tomar el fresco en el jardín al anochecer.
2. Me (disponer) a colocarme a la cola del autobús que (llegar) al poco tiempo.
3. Después de tanto tiempo al sol yo (estar) cansado. (Subir) al autobús y cuando me (disponer) a pagar el billete, me (encontrar) con que (haber) dejado el dinero en la oficina. ¡Qué desesperación! Afortunadamente se (encontrar) en el autobús una señorita muy simpática que, al notar mi preocupación, me (prestar) dinero para el billete. ¡Da gusto encontrarse con gente amable!
4. (Entablar) conversación durante el viaje y me (decir) que ella (trabajar) en el mismo edificio que yo. Al día siguiente (ir) hasta su oficina y le (devolver) el dinero prestado, agradeciéndoselo mil veces. Desde aquel día nos (hacer) amigos.

Imperfect and Pretérito
(pp. 220–224)

1. She used to go to bed at 10 o'clock sharp.
2. Last night she went to bed at 9.30 and slept 10 hours.
3. While I was writing the long letter to my aunt I remembered she was travelling in France.
4. So I stopped writing it and went out for a walk.
5. The sun was shining, the birds were singing and everything seemed gay.
6. Suddenly I heard a noise. I turned round, I saw a man running to the bus stop.

90

SENTENCES AND EXERCISES ON THE GRAMMAR

7. The bus was already there when he arrived.
8. He tried to get on but there was no room.
9. At that moment a policeman appeared and arrested the man.
10. He was a thief who had just come out of a watchmaker's shop. He had several valuable watches in his pocket.

Exercise on Ser and Estar
(pp. 239–240)

Fill in the gaps with the appropriate form of **ser** *or* **estar** *and translate:*

1. Esto —— un lápiz.
2. Yo —— inglés.
3. La gata —— en el jardín.
4. —— escondida en el árbol.
5. Mi amigo —— rico.
6. El té —— caliente.
7. Este pañuelo —— sucio.
8. Esta camisa —— de algodón.
9. —— de los Estados Unidos.
10. ¿Cómo —— usted?
11. El perro —— atropellado por un coche
12. ¿De qué color —— el coche?
13. ¿—— grande o pequeño?
14. ¿Dónde —— ahora?
15. ¿De quién ——?
16. El dueño —— de pie.
17. Él —— hablando con el guardia.
18. Mi amigo no —— contento.
19. Él —— cansado.
20. El coche —— cubierto de lodo y sangre.
21. El dueño —— abogado.
22. Él no —— joven.

91

SIMPLER SPANISH COURSE

23. El perro —— muerto.
24. —— lástima, ¿no —— verdad?
25. Nosotros —— tristes.

Ser and Estar

(pp. 239–240)

1. When it rains the pavements are wet.
2. Henry is intelligent but he is a lazy boy.
3. The boy's fingers were black with ink.
4. The poor woman was often in the kitchen but she was always cheerful.
5. The young lady who was sitting in the corner of the room was very pretty.
6. The weather is cold but we are not cold because the radiators are hot.
7. The soup which was on the table was very hot.
8. The tablecloth was clean this morning.
9. My friends are rich and very kind.
10. What is this? It is an old newspaper, but it is very valuable.
11. Fifteen and fourteen are twenty-nine.
12. She is happy today, but she is not a happy girl.
13. My father is a well-known doctor.
14. It is late; it is eleven o'clock; it is time to go to bed.
15. Are you thirsty? Here is a glass of orangeade.
16. I like my umbrella which is made of black silk. It is small and useful.
17. It was in that shop over there; it was very cheap.
18. How are you? And how are your parents?
19. They are tired after their journey and are sitting in the garden in the shade.
20. Dinner is ready. I am hungry; are you?

92

SENTENCES AND EXERCISES ON THE GRAMMAR

Subjunctive
(pp. 229–238)

(a) *Before translating, study* § **73a** (p. 220).

1. Long live the Queen!
2. Would that I were a millionaire!
3. Come and see me at once.
4. Listen to me.
5. Don't go away yet.
6. Let them speak!
7. Bring me a glass of wine, please.
8. May God go with you!
9. Don't believe them.
10. Don't drink it.

(b) *Change, if necessary, the Infinitive in brackets into the appropriate form of the verb. See* § **73b** (pp. 220–222).

1. No quiero que ellos (venir).
2. El amo ordena que (ensillar) el caballo.
3. ¿Por qué no quieres que (ir) a mi hotel y (subir) a mi cuarto?
4. Mamá nos dijo que volverá esta tarde y que la (esperar).
5. Necesito que tú (vivir).
6. No quieres que (reírme).
7. La madre recomienda a su hijo que (ser) bueno y que (pensar) siempre en su pobre choza y en su patria.
8. Permite que te (decir) que ambos hechos demuestran lo contrario.
9. Le recordaré a él que (comprar) el periódico.
10. Sugiero que (hacer) una excursión.
11. Les ruego que me (enviar) el catálogo.
12. Les indicó que se (sentar).

93

SIMPLER SPANISH COURSE

Before translating, study § **73b** (pp. 231–233).

1. What do you want the children to do today?
2. A better question would be: What do they want us to do?
3. I don't want to do anything but they want us to go and bathe in the sea.
4. We don't like bathing but we want our children to have swimming lessons.
5. Do you want me to give it to them or do you prefer to do this yourself?
6. He asked us to sell the car.
7. We shall ask the baker to send us some fresh bread tomorrow.
8. I beg you to read my letter before answering it.
9. Visitors are requested not to smoke.
10. Remind me to post this letter, please.
11. I have allowed everybody to come in; now let me speak.
12. The headmaster has ordered the boys not to smoke.
13. We advise you to test the car before buying it.
14. The general has forbidden the troops to enter the town.
15. Tell them to go home in five minutes.

(c) *Change, if necessary, the Infinitive in brackets into the appropriate form of the verb.* **See** § **73c** (p. 222).

1. Yo no siento que mi marido (jugar), sino que (perder).
2. Me extrañó que ella no (llorar).
3. Espero que no (estar) enfermos.
4. Temo que (haber ocurrido) un accidente.
5. Temo que el jardinero (estar) alerta toda la noche y (rondar) la huerta.
6. El extranjero bebe el agua con miedo de que (estar) envenenada.
7. Me sorprendió que ella (llegar) tarde.

94

SENTENCES AND EXERCISES ON THE GRAMMAR

8. Lamento no (poder) enviarle la fotografía.
9. Salió por temor de que le (ver).
10. Me alegro de que ellos me lo (haber) dicho.
11. No puedo quedarme y esperar a que (venir) Carmen.
12. ¡Qué lástima que ellas no (poder) venir hoy!

Before translating, study § **73c** (p. 233).

1. What a pity we have to write so much every day!
2. I am sorry we do not speak Spanish more often.
3. I hope it will be warmer tomorrow. It is a pity the weather has been so cold today.
4. We were afraid her mother would read the letter.
5. Mary's mother is angry that she came home late last night.
6. They are glad we have arrived in time.
7. They hope we shall not arrive late again.
8. I do not like them to smoke in the bedroom.
9. She is surprised he has written a postcard to her.
10. I'm sorry I'm late.

(d) *Change, if necessary, the Infinitive in brackets into the appropriate form of the verb.* See § **73d** (p. 234).

1. Antes de que te (casar), mira lo que haces.
2. Cuando (volver) esa señora, que la hagan subir.
3. ¿Cuándo (tener que) irte?
4. Cuando tú me (dejar) no lloraré.
5. Luego que usted (cansarse) hablaremos de mis planes y entonces le rogaré que (dispensarme) lo que pueda haber de egoísmo.
6. Tengo que quedar aquí mientras no (recibir) dinero de mis padres.
7. ¿Qué harán ustedes cuando (ser) mayores?
8. Siempre que (venir) a verme tendré mucho gusto en recibirle.

95

SIMPLER SPANISH COURSE

9. En cuanto (llegar) Felipe tendremos que cenar.
10. Después que (cenar) Felipe, nos acostaremos.
11. Usted se quedará de pie hasta que (haber) salido las damas.

Before translating, study § **73d** (p. 234).

1. Come when you like. We shall be pleased to see you.
2. We shall eat after they have gone away.
3. We shall wait until you all arrive.
4. We waited until you all arrived.
5. When I see my friends, we shall talk about what you have just told me.
6. What will you do to earn a living when you grow up?
7. As long as it does not rain we shall be able to play tennis.
8. When I go to Madrid I shall buy a pile of books.
9. You can begin to read now, if you like, before you go to bed.
10. Come when you can! I shall not leave before you arrive.
11. I hope to see my friends before they leave for Madrid.
12. After he had finished reading the book he went for a walk.
13. After he has finished the work, we shall go to the cinema.
14. Tell them to come and see me as soon as they arrive.
15. I often see him when I go to the library.

(e) *Change, if necessary, the Infinitive in brackets into the appropriate form of the verb.* See § 73e (p. 235).

1. Se alejaron sin que yo (poder) ver lo que se llevaban.
2. Los negocios le producirán dividendos siempre que los (realizar) directamente.

96

SENTENCES AND EXERCISES ON THE GRAMMAR

3. Aunque él (recorrer) el mundo entero, no podrá encontrarme.
4. Salí de casa sin que ellos lo (notar).
5. Juan había puesto una pantalla a la bombilla para que no (molestar) al niño.
6. Aunque (ser) pobre, fumaba todo el día.
7. Venden la casa para que nosotros (tener) más dinero cuando ellos (morir).
8. Aceptaré el regalo con tal que no le (costar) un dineral.
9. Escribí una carta a mi hermano la semana pasada sin que (haber) recibido contestación hasta ahora.

Before translating, study § **73e** (p. 235).

1. Although he may see me, I shall not talk to him.
2. Although he arrived late he did not apologize.
3. He doesn't apologize although he is late.
4. I shall go and see him, provided he wants to see me.
5. I am telling you this so that you may know the truth.
6. I am giving you this book so that you may learn Spanish.
7. I am buying this book so that I may learn Spanish.
8. You have succeeded, so I'm very happy.
9. Don't go away without saying goodbye.
10. I don't think he will buy a car without our testing it first.
11. I shall not bathe unless the water is warm.
12. Can you learn Spanish without anyone helping you?

(f) *Change, if necessary, the Infinitive in brackets into the appropriate form of the verb.* **See** § **73f** (pp. 235–236).

1. Quiero algo que (servir) para cortar el pan.
2. Recuerdo algo que yo (haber) presenciado.
3. No hay nada que yo (saber).
4. Siéntense ustedes y (pedir) lo que (querer).

97

SIMPLER SPANISH COURSE

5. Busco una tienda en que (vender) bolígrafos.
6. Guárdense de las personas que no (simpatizar) con ustedes.
7. No conocen a nadie que (poder) aconsejarles.
8. Buscamos a uno de nuestros hermanos que se (llamar) Manuel.

Before translating, study § **73f** (pp. 235–236).

1. I am looking for a house which has a garage and a large garden.
2. I am looking for a house which belongs to my parents.
3. Please eat what you wish.
4. Do you know anyone who could lend me a thousand pesetas?
5. Have you anything to declare? No, nothing that I know of.
6. Shall we go to the theatre? Yes, I'll do anything you wish.
7. Can you show me a book which describes the game of pelota?
8. This will be the last letter I shall write to her.

(g) *Change, if necessary, the Infinitive in brackets into the appropriate form of the verb.* **See** § **73g** (p. 236).

1. Es natural que las cartas de amor (ser) todas iguales.
2. Es preciso que usted lo (recordar).
3. Parece imposible que mi hermana (haber) muerto.
4. Es cierto que ya (haber) comprado la casa.
5. No me importa que ellos (oírme) hablar.
6. Es evidente que usted (vivir) muchos años.
7. Ya es hora de que tú te (ir).

98

SENTENCES AND EXERCISES ON THE GRAMMAR

8. Era inútil que ellos se (disfrazar).
9. Ha de ser en mi casa donde se (celebrar) el baile.
10. Era preciso que (vigilar) nosotros con gran cuidado.
11. Es posible que no (querer) acompañarnos.
12. No hace falta que ellos (venir) otra vez.
13. Mejor será que él (quedarse) aquí.
14. Es importante que ellos (aprender) a hablar español.
15. Parecía como si todo el mundo (saber) lo que habíamos hecho.
16. ¿Qué importa que yo (ser) joven o viejo?

Before translating, study § **73g** (p. 236).

1. It is possible that the burglar does not know how to open the box.
2. It is certain he knows what is inside.
3. It was necessary for the *sereno* to find the key.
4. It is important for the porter to telephone the police at once.
5. Is it time for us to leave?
6. It is obvious that the bandit wrote the letter.
7. It is certain that he entered the house.
8. It will be better for his father to speak to him.
9. If I write a letter he will probably read it.
10. It is natural for us to speak English.
11. It seems to me that he wants to be rich and famous one day.
12. It is not certain that many people will come to the *fiesta* tonight.

(h) *Change, if necessary, the Infinitive in brackets into the appropriate form of the verb.* See § **73h** (p. 237).

1. Si (ser) rico compraría el coche.
2. Si (haber) sido rico, habría comprado el coche.

99

SIMPLER SPANISH COURSE

3. Hablaba como si (diculparse).
4. Si nosotros (viajar) aprenderíamos mucho.
5. Si yo (ser) rey, no abandonaría el país.
6. Hablaban en voz baja como si (temer) despertar al niño.
7. Si (haber) hecho buen tiempo, habrían jugado al tennis.
8. Si (hacer) buen tiempo jugaremos al tennis.
9. Gritó como si (despertarse) de un sueño.
10. Los dos charlaron como si no (haber ocurrido) nada.
11. Si Gregorio (saber) leer, se extrañaría de que el periódico (dedicar) tres páginas a un suceso así.
12. Si (ir) a Madrid visitaré a mis amigos.
13. No sabía si (venir) a verme o no.
14. Pregunto si les (gustar) las naranjas.
15. Si (haber) sabido nadar no se habría ahogado.
16. Si no (estar) ellos aquí, yo cantaría.

Before translating, study § **73h** (p. 237).

1. If I were an actor I should go to Hollywood.
2. If we were in Spain, we should have to speak Spanish.
3. If John had been younger, he would have bought the house.
4. If the letter had been ready, I would have posted it.
5. If the coffee is cold they will not drink it.
6. If the coffee had been cold, they would not have drunk it.
7. If my son had been intelligent, he would have gone to the university.
8. She was singing badly, as if she were tired.
9. What would you have done if you had been there?
10. If I had the time I would visit all my Spanish friends.
11. They were running and shouting, as if they were mad.
12. If I could swim, I should bathe every day in the river.

SENTENCES AND EXERCISES ON THE GRAMMAR

Revision of Subjunctive

Examine carefully the mood of the verbs in the sentences and then translate into English:

1. Hablemos un rato.
2. Dile que espere.
3. Nunca he conocido a un hombre que haya cumplido sus obligaciones con tanto heroísmo como él.
4. Volvamos a la Puerta del Sol.
5. Quería que yo fuese con ella.
6. Llévate los que quieras.
7. Yo soy el amo y puedo despedirla cuando quiera.
8. Ahora sólo falta que llueva.
9. Parece que llueve.
10. Nunca había oído José llover así, como si el agua cayera sobre su propia piel.
11. José la vio montar en el coche y ordenar que le pusieran las maletas dentro.
12. El alumno trató de impedir que continuaran los exámenes.
13. Estuvo una hora sentado sin que el otro dijese nada.
14. ¿Qué se nos da a ti y a mí con eso de que el rey se vaya?
15. ¿Te parece que vayamos a verla?
16. ¿Cómo es posible que usted no haya oído hablar de la Revolución Francesa?
17. Los platos volaban de la mesa al suelo sin que nadie los tocase con los dedos.
18. Requería un espectador que se prestase al experimento.
19. (a) Arreglé el asunto de modo que ella no tuvo ningún inconveniente.
    (b) Arreglaré el asunto de modo que ella no tenga ningún inconveniente.

101

SIMPLER SPANISH COURSE

    (c) Dije que arreglaría el asunto de modo que ella tuviera en seguida el pasaporte.

20. Marchémonos, ya que ellos no han llegado.
21. (a) Quizás vendrá mi amigo.
    (b) Quizás venga mi amigo.
22. Yo debiera leer todas las cartas.
23. (a) Esperaremos hasta que salga el tren.
    (b) Esperaron hasta que salió el tren.
24. Nos resulta siempre muy extraño que sea de día cuando salimos del cine.
25. Colón creía que era posible que los buques se hubiesen apartado algo de su rumbo por causa de las corrientes o que no hubiesen navegado tan lejos como los pilotos calculaban.
26. Mi madre me recomendaba que anduviera por donde quisiese.
27. Le ruego que me envíe dos libros, en vez de uno, cuando estén impresos.
28. Escribió mi padre a Jaca anunciando a unos parientes nuestros su deseo de que me recibiesen, en concepto de pupilo, durante el tiempo que durasen mis estudios.
29. No valía la pena de que se hubiese molestado en buscarme.
30. Es natural que ustedes quieran estar juntos.
31. No volví, porque esperaba que tú me llamases.
32. ¿Quieres llamar a María para que me guíe por esos corredores?
33. ¡Es verdad que aún no lo sabes!
34. Es probable que María esté acostada.
35. Esperamos silenciosos sin que nadie acudiese.
36. Mi ama, la señorita, dice que me mande a buscar en cuanto se le ofrezca.
37. No alces la voz; podrían oírnos.

102

SENTENCES AND EXERCISES ON THE GRAMMAR

38. Esperemos a que cierre la noche.
39. Don Carlos nos indicó con un gesto que le siguiésemos.
40. Procure no cansar al enfermo y háblele bajito.
41. ¿Dudará todavía que tiene en mí un amigo?
42. Dios, nuestro Señor, ha permitido que conservase la mano derecha, que es la de la pluma y la de la espada.
43. ¿Qué dirías si yo te suplicase ahora que te fueses?
44. ¿Ve usted lo que sucede cuando se quiere atropellar a los demás?
45. Quizá sea usted la última persona que me convide.
46. Es inútil que me hablen del cáncer, de la tuberculosis, etc.
47. Mientras los médicos no curen los resfriados no creeré en la medicina.
48. Mientras no se domine el idioma hay que aprender a desenvolverse con un número muy escaso de palabras.
49. Su cuadro Las Meninas se considera el más perfecto que se haya pintado en el mundo.
50. Pido al lector que siempre que en adelante hable yo de la ciudad, entienda que hablo de la pequeña ciudad ya mencionada.
51. Yo no creo, ni puedo creer, que hayas aconsejado a tu hija contra tu conciencia.
52. Si Clara amase a otro hombre y ella me lo hubiera confiado, no te lo diría sin que ella me diese su consentimiento.
53. Si la naturaleza es el pecado, bien es menester que Dios nos dé medios sobrenaturales para vencerla o que nos perdone cuando ella nos venza.
54. Aceptaré el trato con tal que no sea preciso que venda mi casa.
55. Prefiero que nada me digas.

103

SIMPLER SPANISH COURSE

Verb Tests (pp. 210–230, 264 and 267–272).

Give the tense and person indicated

a. Easy

Present	yo	cantar, beber, escribir, ver, tener, dar
	nosotros	vivir, estar, conocer, ir, haber, ser
	Vds.	hablar, comer, volver, sentarse, perder, decir
Imperfect	tú	llamar, coser, salir, ser, ir, ver
Future	yo	saltar, escribir, deber, tener, salir, hacer
	ellos	charlar, ir, poder, decir, poner, saber
Conditional	Vd.	estar, vivir, ver, venir, haber, querer
Pretérito	yo	fumar, dormir, ser, ir, decir, dar
	Vd.	dejar, volver, sentir, morir, medir, tener
	ellos	llevarse, subir, pedir, poner, saber, estar
Familiar Imperative	tú	bajar, descubrir, comer, ir, sentarse, volverse
	vosotros	acabar, escribir, hacer, pedir, seguir, poner
Gerundio		llegar, tener, pensar, salir, ser, pedir
Past Participle		tratar, cocer, vivir, abrir, volver, decir

104

SENTENCES AND EXERCISES ON THE GRAMMAR

b. Intermediate

Present	yo	pensar, pedir, decir, oír, saber, venir
	tú	volver, dormir, ser, poner, tener, ver
	ellos	valer, salir, haber, poder, hacer, dar
Polite Imperative	Vd.	hablar, beber, vivir, decir, oír, hacer
Familiar Imperative	tú	comer, escribir, pedir, hacer, ir, tener
Future	él	estar, ir, decir, querer, salir, poder
	vosotros	andar, dormir, vender, venir, tener, poner
Pretérito	yo	saltar, llegar, sacar, ir, ser, ver
	él	beber, pagar, hacer, querer, dar, venir
	ellos	descubrir, oír, saber, decir, traer, poner
Present Subjunctive	tú	cantar, tragar, explicar, ir, tener, saber
	Vds.	comer, hacer, ser, haber, estar, venir
Gerundio		volver, sentarse, reírse, dormir, creer, ir
Past Participle		andar, beber, escribir, hacer, poner, ver

105

SIMPLER SPANISH COURSE

c. Difficult

Present	yo	dar, seguir, aparecer, saber, caber, dirigir
	yo	ir, coger, conducir, haber, valer, distinguir
	vosotros	sentarse, sentir, morir, deber, oír, reírse
Polite Imperative	Vds.	sentarse, empezar, ponerse, sacar, traer, saber
Familiar Imperative	tú	repetir, dar, decir, tener, ser, oír
Future	vosotros	andar, decir, deber, haber, hacer, querer
Conditional	él	ponerse, medir, ver, venir, valer, caber
Pretérito	yo	rezar, atacar, averiguar, ir, satisfacer, caber
	Vd.	ser, andar, sentir, oír, hacer, traer
	vosotros	llegar, describir, despedirse, dar, estar, querer
Present Subjunctive	yo	oír, ir, decir, querer, traer, salir
Imperfect Subjunctive	él	cantar, comer, tener, haber, decir, saber
Gerundio		ver, ir, poder, sentir, decir, ser
Past Participle		resolver, decir, ver, descubrir, suponer, satisfacer

106

SENTENCES AND EXERCISES ON THE GRAMMAR

Revision Test of Phrases and Idioms

Here are some phrases and idioms from the First and Second Spanish Books. Find the meanings of the sentences in Column A in column B; then reverse the process.

Column A	*Column B*
1. **Abrirse paso**	1. To spend money
2. **Acordarse de algo**	2. To see somebody off
3. **Agradecer algo a alguien**	3. To turn to the right
4. **Aprovecharse de algo**	4. To buy everything
5. **Cerrar con llave**	5. To say good-bye to s.o.
6. **Claro que sí (no)**	6. Or better
7. **Comprar de todo**	7. To enter s.o.'s service
8. **Conducir un coche**	8. To buy tickets
9. **Contar una historia**	9. Of course (not)
10. **Dar (decir) las buenas noches**	10. To lay the table
11. **Decir tonterías**	11. To save money
12. **Dejar de hacer algo**	12. To dream of s.t.
13. **Dejar olvidado algo**	13. To tell a story
14. **Despedir a alguien**	14. To ring up
15. **Despedirse de alguien**	15. To invite s.o. to supper
16. **Disfrutar de algo**	16. To arrive late (in time)
17. **Divisar algo**	17. To attract attention
18. **Doblar la esquina**	18. To talk nonsense
19. **Me duele (doler) la cabeza**	19. To spot s.t.
20. **Gastar dinero**	20. To say good night
21. **Ahorrar dinero**	21. To forget s.t.
22. **Perder el tiempo**	22. To thank s.o. for s.t.
23. **Entrar al servicio de alguien**	23. To drive a car
24. **Invitar a alguien a cenar**	24. To pour with rain
25. **Llamar a la puerta**	25. I resemble him

107

SIMPLER SPANISH COURSE

Column A	*Column B*
26. Llamar la atención	26. To lose sight of s.o.
27. Llamar por teléfono	27. To take photographs
28. Llegar tarde (a tiempo)	28. He soon sits down
29. Llevar puesto algo	29. It's my turn
30. Llover a cántaros	30. To shout again
31. No puedo menos de reír	31. To lock
32. O mejor dicho	32. To enjoy s.t.
33. Me parezco a él	33. To knock on the door
34. ¿Qué pasa?	34. To come out to meet s.o.
35. Perder de vista a alguien	35. To remember s.t.
36. Poner la mesa	36. Let's see
37. Ponerse los guantes	37. To go round a corner
38. Quitarse los guantes	38. To stop doing s.t.
39. Sacar entradas	39. I can't help laughing
40. Sacar fotografías	40. To profit from s.t.
41. Salir al encuentro de alguien	41. To make way
42. Soñar con algo	42. To waste time
43. No tarda en sentarse	43. To take off one's gloves
44. Me toca a mí	44. What's the matter?
45. Torcer a la derecha	45. I have a headache
46. Vamos a ver	46. To wear s.t.
47. Volver a gritar	47. To put one's gloves on

108

3

Prose Passages for Translation into Spanish

1. Holidays in Tossa

SOME friends of mine[1] have just[2] returned from Spain. As you know, it often rains during the month of August in this country and so they decided[3] to go in search of[4] the sun this year. They spent their holidays at a well-known place called Tossa, which is situated on the coast, half[5] way between Barcelona and the French frontier. That coast is called the Costa Brava and is famous not only for its sandy beaches, but also for its beautiful rocky scenery.

Before leaving[6] England they had read books about Tossa, and about Spain in general. They had also been to the bank where, after showing[7] their passports, they were able to change pounds into *pesetas*. All the other preparations were made[8] through a travel agency.

Finally, one rainy day in the middle[5] of August, they left home and travelled to London.

2. Holidays in Tossa (continued)

Unfortunately, the journey from London to Tossa was[9] less comfortable than[10] they had hoped.

At[11] 11 p.m. they had to be[12] at the London air terminal,

[1] *amigos mios*	[2] use *acabar de*, § 35
[3] § 44c	[4] § 36d
[5] § 41c	[6] § 43c
[7] § 43b	[8] avoid the passive, § 77
[9] use *ser* § 76	[10] *de lo que*, § 32
[11] *A las once*, § 33g, (ii)	[12] use *tener que estar*, § 78m

109

SIMPLER SPANISH COURSE

which they left at midnight travelling by coach[1] to the airport where they took off at about[2] 2 a.m. A calm flight during which[3] they were served[4] with a picnic meal[5] and hot coffee by the charming hostess who described it as breakfast, ended at Perpignan[6] a town in the south of France, near the Pyrenees,[7] at 5.30 a.m.[8]

They soon went through the Customs, but to[9] their surprise, nobody[10] had come from Tossa to meet them. Before leaving England they had been told[11] that a coach or a car would be waiting for them.

3. Holidays in Tossa (continued)

After waiting[12] an hour and a half[13] they began to feel[14] hungry and thirsty; and so, they went to the small canteen which had just opened.[15] They drank hot coffee with milk and ate a few English biscuits, which they had brought with them[16].

Two hours later they decided[17] to proceed to Tossa by taxi[18]. Luckily, the airport taxi was[19] free and the driver agreed to take[20] them.

By then[21] it was very[22] hot, for the sun was shining in a cloudless blue sky and there was no wind.

Thanks to the driver, they went through the Spanish Customs without delay and after a long, hot, dusty and

[1] by coach, *en autocar*	[2] about, *a eso de*, § 33 g, (ii)
[3] § 20c, (ii)	[4] § 77
[5] picnic meal, *comida-merienda*	[6] *Perpiñán*
[7] *Pirineos*	[8] § 33g, (ii)
[9] *para*	[10] nadie § 24
[11] § 77b	[12] § 42c
[13] *hora y media*	[14] use *tener*, 78m
[15] use *acabar de*, § 35	[16] *consigo*, § 19f
[17] § 44c	[18] *en taxi*
[19] *ser* or *estar*, § 76b, 2	[20] §j
[21] *Para entonces*	[22] use *hacer*, § 78i

110

ENGLISH PROSE PASSAGES FOR TRANSLATION

exhausting journey, they arrived at the hotel in[1] Tossa at 3 p.m., in time for a late lunch.

4. Holidays in Tossa (continued)

The streets of Tossa are[2] very narrow and are[2] usually full of people, especially in[3] the morning and evening. Like everybody else, my friends used to[4] go shopping[5] nearly every day, for Tossa is[2] a paradise for[6] tourists. One can buy food, sweets, wine, liqueurs, straw hats, baskets, bathing costumes, newspapers (Spanish, English, French and German), cigarettes, matches, records of Spanish music and souvenirs of all kinds to give to[7] friends and relatives in England.

Tossa is like a modern Tower of Babel. In the shops, streets, hotels, and cafés nearly all European languages are spoken[8].

Cars of all makes and from all countries are to be seen[8] not only in the car parks, but also alongside the kerbs of the wider streets. The letters G.B. for Great Britain[9], F. for France, D. for Germany, I. for Italy, N.L. for Holland, B. for Belgium, E. for Spain and C.H. for Switzerland reveal where the cars have come from.

5. Holidays in Tossa (continued)

In the day-time the two beaches of Tossa are[10] as full as[11] the streets and the shops.

To the south, on a rocky hill stands[12] the old ruined castle looking down on to[13] the beach and guarding the happy

[1] *de*	[2] *ser* or *estar*, § 76	[3] *por*, § 38
[4] use *soler*, § 781	[5] 79d	[6] § 39
[7] *para*	[8] § 77c	[9] Appendix D
[10] *ser* or *estar*, § 76	[11] as full as, *tan llenas como*	[12] use *levantarse*
[13] use *dominar*		

111

SIMPLER SPANISH COURSE

bathers as it used to guard the inhabitants of Tossa many years ago[1].

People of nearly all nationalities are to be seen on the beach: English[2], French, Germans, Italians, Spaniards, Belgians, Dutch, Swedes and Americans. They all seem to enjoy the same things: swimming and bathing, followed by half an hour in the sun[3]. Then they go to the kiosk to buy refreshments, beer, orangeade, lemonade and Coca Cola or to the *churrería* to buy some fresh *churros* or potato crisps.

Those who[4] prefer to sit in the shade[3] can hire canvas deck chairs with large sunshades as a protection against the heat and light of the sun.

6. *Holidays in Tossa* (continued)

One day the sea was very rough, so[5] our friends decided to explore the immediate surroundings, instead of[6] going to the beach. They left the town and climbed one of the hills where an old tower still stands looking down on the castle and the bay of Tossa. There they took photographs[7] before following a path that led to the rocky cliffs on the other side of the castle.

On the hills were the curious cork trees whose bark had been removed to a height of five feet, graceful pines and evergreen oaks and occasionally there[8] appeared a tall cactus[9] standing like a sentry on the cliff.

From the hills they came down to the old town with strange narrow streets and quaint houses and shops; but when they moved up[10] these streets, they discovered that they had arrived at the castle. This they explored[11] walking along the battlements, visiting the ruined chapel and climbing

---

[1] § 78i, 3	[2] Appendix D	[3] § 33g, (i)
[4] *Los que*	[5] *de modo que*	[6] *en vez de* and infinitive
[7] § 79j, 10	[8] omit	[9] *cacto*
[10] use *pretérito* tense	[11] *Éste lo exploraron*	

ENGLISH PROSE PASSAGES FOR TRANSLATION

up to the top[1] of the hill where the lighthouse now stands and dominates the sea and the land for[2] many miles.

7. *Holidays in Tossa* (continued)

Among the many excursions that can be made by coach from Tossa the most important is a visit to Barcelona. Our friends, wishing to see this famous city and also to go to a bullfight, joined a party of about[3] forty tourists and left the hotel at 8.45 a.m.

After an interesting although tiring journey, they arrived at the cathedral about 11.30 a.m. This they visited[4] with a guide who explained everything[5] in English, French and German. Leaving the cathedral, they followed the guide through[6] the narrow streets to visit other interesting buildings.

Afterwards, having returned to the coach, they went to the famous *Pueblo Español*, a small *pueblo* consisting of houses and squares which represent most of the architecture of all the regions of Spain.

They had[7] a picnic lunch, sitting[8] on the large terrace of a café which looks on to[9] one of the most important squares.

After buying several souvenirs they got into the coach once more,[10] which eventually took them[11] to the bullring.

8. *Holidays in Tossa* (continued)

While some of the party went shopping[12] in the streets of Barcelona, the rest went to the bullring. They were lucky enough to get[13] tickets to sit in the shade.

[1] *a lo alto*
[2] *por*
[3] *unos*
[4] see 6, above, note 11
[5] § 41d, 2
[6] *por* § 38c
[7] use *tomar*, § 79j, 1
[8] § 50c
[9] § 78b
[10] use *volver a*, § 45f
[11] § 79j, 3
[12] § 79d
[13] use *tener la suerte de conseguir*, § 79c

113

SIMPLER SPANISH COURSE

Having arrived early, they were able to take pictures of the inside of the *plaza* and could watch other spectators arriving[1] and see the attendants selling programmes, ice cream and cold drinks (beer, orangeade, lemonade and Coca Cola, as usual).

At last the band began[2] to play, the bullfighters, preceded by the matadors, entered and the first bull appeared. After the death of the first bull, some of the English tourists left; obviously they did not like[3] bullfighting but those who[4] remained to the end were real bullfighting fans[5].

Back in the coach the question was heard at least a dozen times, "What do you think of bullfighting[6]?"

The coach was[7] soon on its way to Tossa where our friends, very tired and hungry, were glad[8] to arrive two and a half hours later.

9. *Holidays in Tossa* (continued)

After two weeks, my friends who by then had become[9] very suntanned, had to say good-bye to Tossa. The return journey was as slow as the one from London. In order to be certain that they would arrive at Perpignan airport before 10 a.m., they had to get up very early, have breakfast at 5.45 a.m.[10] and leave half an hour later in an old American car, large enough for seven[11] persons and the driver.

At that early hour the sun had already risen and was casting a beautiful light over the mountains, as[12] the car slowly climbed the twisty road towards the old city of

[1] use infinitive, § 44d
[2] § 45a
[3] 78g
[4] *los que*
[5] *aficionados a los toros*
[6] ¿ *Qué le parecen . . . ?*
[7] *pretérito* tense
[8] § 46b
[9] § 79b, (a)2
[10] a.m., here *de la madrugada*
[11] *lo bastante grande para*
[12] *a medida que*

114

ENGLISH PROSE PASSAGES FOR TRANSLATION

Gerona whose[1] majestic cathedral, perched on a hill, could be seen from[2] a distance of several miles.

Soon the Pyrenees, the great natural barrier between Spain and France, appeared dominating the whole landscape.

There was[3] the usual delay at the frontier, but the driver managed to get them through[4] as soon as possible.

10. *Holidays in Tossa* (continued)

At last the car arrived at the airport half an hour before the plane was due[5] to take off. The driver said good-bye to them and thanked[6] them for the tip, but alas, the official in charge of[7] the tourist flights had not arrived and no one knew anything[8] about any special plane!

The hungry tourists went to the buffet and bought some delicious ham sandwiches which they had[9] with some hot coffee.

After a long and boring wait, they were glad[10] to see the plane land[11] at 6 p.m. They took off at 6.30 p.m.

In the meantime, clouds had appeared and a thunderstorm was announced over France; in spite of this, they arrived at 9.30 p.m. at Gatwick where it was pouring with rain[12].

After passing through the Customs, they took the 10.15 p.m. train for Victoria. Thanks to the efforts of friendly porters and taxi drivers, they managed[13] to catch at Victoria Station the last suburban train home, where they arrived safe and sound although tired and hungry, at 12.30 a.m. already on Sunday, instead of at 5.30 p.m. on Saturday, as they had expected when they left Tossa.

[1] § 20e   [2] *desde*   [3] *pretérito*
[4] *consiguió que pasaran*   [5] use *haber de*: mood? § 73d   [6] § 79l
[7] *a cargo de*   [8] § 24   [9] § 79j
[10] § 46b   [11] § 44d   [12] *llovía a cántaros*
[13] § 79i

SIMPLER SPANISH COURSE

11. Absent-minded professors (a)

THERE have been[1] so many jokes, stories and even films about absent-minded professors that people do not now believe[2] such[3] men do indeed exist.

But although one may exaggerate, it is a fact that, absorbed in superior questions[4], wise men forget elementary things.

Here to prove it are three absolutely true stories about[5] a famous American professor who has just died.

* * *

One day he had been invited to dine at the house of one of his colleagues. After the meal, coffee was served and there began a long and serious scientific discussion.

An hour or so later the professor looked at his watch several times and at last the colleague said to him:

"If you are in a hurry[6] . . ."

"Yes, it is[7] very late. I have to prepare some notes for a lecture I am going to give at nine o'clock tomorrow morning. So, although I do not wish[8] to send you away, I have no alternative but to go to bed."[9]

And to bed he went — to the bed of the owner of the house!

12. Absent-minded professors (b)

Here is the second story which was told to me yesterday by a friend of mine.

Another day[10] strolling in the University gardens he saw one of the professors in the distance. And he called him:

"My dear colleague, would you be good enough[11] to come and lunch at my house?"

---

[1] Which tense of *haber*? [2] insert *que*   [3] § 23
[4] *cuestiones*   [5] *acerca de*   [6] use *tener prisa*
[7] *es*   [8] mood? § 73e   [9] use *irse a la cama*
[10] *otro día*   [11] use *tener la bondad de*

116

ENGLISH PROSE PASSAGES FOR TRANSLATION

"When?" asked his friend.

"On[1] Wednesday. The famous Professor Spencer will be one of my guests."

"Yes, I know already."[2]

"You knew?"

"Of course. I am Professor Spencer."

13. Absent-minded professors (c)

And here is the third anecdote.

One afternoon he was strolling in the street when a girl about ten years of age approached him. Thinking[3] he recognized her face, "She must be[4] the daughter of one of my colleagues," he thought.

The girl gave him her hand and began to walk by[5] his side, while he kept on wondering (asking himself): "I know[6] her, I'm sure I know her and she knows me too. But whose[7] daughter is she?"

As he did not wish to ask[8] her this question, he thought it would be better to ask[9] her her name and that perhaps this might help him to remember.

"Let's see[10], what is your name?"

"Elizabeth," she replied.

"Elizabeth what"? the professor asked, realizing[11] that he still did not know who the girl was.

"Elizabeth, your grand-daughter."

14. A Scotsman and his gardener

SOME years ago a Scotsman who had just bought a new hat decided to give his gardener the old one. That afternoon he gave it to him[12].

[1] *El* is sufficient	[2] *Ya lo sé*	[3] § 79m
[4] *Debe de ser*	[5] *a*	[6] § 79e
[7] not *cuyo*, § 20e	[8] § 79a, 5	[9] *preguntarle el nombre*
[10] *Vamos a ver*	[11] § 78b	[12] § 19d

117

SIMPLER SPANISH COURSE

But it was[1] so dirty that the gardener, ashamed to put it[2] on, threw it away.

In order not to annoy his master he bought a new hat like the old one.

The next week the Scot was taking a walk in his garden when he saw the gardener working in the distance. At once he noticed the hat and asked[3]:

"This hat looks like new. What have you done to it?"

"Oh, I had it cleaned[4] last week. It only cost me[5] four shillings."

"Good. Well, here are four shillings. I must have made a mistake. This hat is too good to[6] give away."

And taking the hat from[7] the gardener he put it on[2] and walked away.

15. The Indian and the Spaniard

MANY years ago in South America an Indian dying of hunger and thirst arrived at the house of a Spaniard.

The Indian asked[8] him for food and drink but the white man refused[9] to give him even[10] a cup of water.

Some months later the Spaniard was hunting in the forest when he lost his way[11]. At last he came across an Indian's tent which he entered.

The tent belonged to the Indian to whom he had refused[12] food and drink[13].

"Come in, my friend," said the Indian. "Here is some bread and some hot soup."

[1] *ser* or *estar*, § 76
[2] § 78j
[3] § 79a
[4] use *hacer limpiar*
[5] *No me costó más que*, § 24
[6] *para*
[7] § 75 and 79j
[8] § 79a
[9] use *no querer*
[10] *ni siquiera*
[11] use *extraviarse*
[12] use *negarse a dar*
[13] *de comer y de beber*

ENGLISH PROSE PASSAGES FOR TRANSLATION

Before leaving the next day[1], the white man, who had not recognized the Indian, offered him some money.

"Keep your money," replied the Indian, "but the next time I call[2] at your house, please do not treat me so badly!"

16. Majorcan Diary

LAST year my wife and I decided to spend our holidays in Majorca, at the same place where we had spent our honeymoon many years ago.

Instead of going by boat and by train — such a very long journey — we reserved seats on a plane which was due to leave London airport on Thursday, 3 April.

We left home in a friend's car and on arriving at the airport, we went to have our suitcases weighed. There we were asked to show[3] our tickets.

"Sir," said the clerk to us "you are too late; your plane has just taken off. Someone must have made a mistake. You ought to[4] have arrived an hour ago."

We were conducted to a small office from where the clerk tried to get us[5] seats of any of the other planes going to Majorca by other routes. Unfortunately, we had no luck.

17. Majorcan Diary (continued)

At last we were told that we could leave the following day at 3 p.m. in a plane belonging to Iberia, a Spanish airline.

So, we returned home. The weather was cold. We had, of course, no fire and no food. We were very sad and miserable.

However, the next day, Friday, 4 April, we asked our

[1] al día siguiente
[2] mood? why subjunctive?
[3] they asked us to show (subjunctive?)
[4] deberían
[5] conseguirnos, § 79c

119

SIMPLER SPANISH COURSE

friend again to take[1] us to the airport. This time everything was all right. We had time to eat a sandwich and drink a cup of good coffee at the canteen before passing through the Customs and showing our passports.

At last we were in the waiting room and could see the plane that was to take us, a short distance away. At ten minutes to three we were asked to go[2] and take our seats in the plane.

A few minutes later, with the safety belts[3] fixed and all cigarettes extinguished, the plane began to move smoothly along the runway.

After a short stop the engines were tested for the last time[4] and the plane started moving again, increasing speed till at last we took off[5].

18. *Majorcan Diary* (continued)

We soon found ourselves flying in the sun above the rain and the clouds. Seen[6] from above, the clouds were white, like masses of cotton wool[7] and the warmth of the sun, which was shining through the windows, made us feel happy and relaxed. Some passengers were smoking already, others sucking sweets, reading newspapers or, like us, looking through the windows at the beautiful white clouds, for we had lost sight of the land.

Soon the young, friendly air hostess[8] brought us lunch on a small tray. On the tray there were knives, forks and spoons and in a cardboard box was the cold lunch, consisting of cold chicken, cheese, salad and fruit. We ordered a bottle of Spanish white wine. It was a delicious lunch.

[1] Verb, § 79j, mood?
[2] mood ?
[3] *los cinturones de seguridad*
[4] *por última vez*
[5] mood?
[6] Agreement of Past Participle?
[7] cotton wool, *el algodón*
[8] *la azafata*

120

ENGLISH PROSE PASSAGES FOR TRANSLATION

Afterwards, we had a cup of coffee and very soon the passengers began smoking cigarettes or cigars and chatting happily.

Suddenly, through a gap[1] in the clouds, we saw the snow-covered Pyrenees, the frontier between France and Spain.

An hour later we could see the island of Majorca. It was getting dark. We fixed our belts, extinguished all cigarettes and cigars and landed on the air-strip.

After passing through the Customs and showing our passports we found a taxi which took us to our hotel,[2] four miles away.

19. *Majorcan Diary* (continued)

On arriving at the hotel we went up to our room but soon came down to have something to eat, because we wanted to see the Good Friday procession[3] passing through the streets of Palma.

As soon as we had[4] finished the meal, we went out of the hotel and made towards the centre of the city, where many people were waiting patiently for[5] the procession.

At last we heard the band playing[6] and soon, from behind several rows of animated spectators, we saw groups of soldiers and sailors pass by[7], followed by their respective bands and by many groups of men, women and children. Priests and municipal officials were also to be seen. Most of them were carrying candles and many were wearing[8] hoods. Then came the *pasos*, with the images from the cathedral.

[1] use *un jirón*
[2] *a* required before distance, § 33d
[3] *la procesión del Viernes Santo*
[4] *hubimos*
[5] omit
[6] § 79g
[7] why infinitive?
[8] use *llevar puestos*

121

SIMPLER SPANISH COURSE

Finally, we hurried to the main square where the procession came to an end. The square was full of people wearing all kinds of picturesque clothes, carrying candles and talking with great animation.

We went back to the hotel, tired and happy, about midnight. We went to bed at once and soon fell asleep.

20. *Majorcan Diary* (continued)

The morning of 14 April 1958, the weather was very bad. The wind was blowing hard[1] and there was plenty of rain. So, we had to stay in the hotel.

From the windows of the dining room we watched the enormous waves breaking against the rocks and the cliffs; and we did not envy the passengers on the ships coming from Barcelona, Valencia, Alicante or Ibiza. They must have[2] been seasick[3] in such terrible weather.

In the shelter of the hotel, many people were sitting in the lounge, some of them talking, others writing letters to friends spread all over the world. Near to us we could hear people speaking English, with French, German, Spanish, Welsh, Scottish and American accents. My wife and I were writing postcards which we had bought the previous day.

After writing the cards, we stuck on stamps before posting[4] them in the hotel letter-box. Then we went and sat in comfortable armchairs and read the newspapers and magazines till lunch time.

After lunch the weather improved and so we were able to go out and take the bus in order to go shopping in[5] Palma.

---

[1] *Soplaba un viento fuerte* use *echar* [2] use *deber de* [5] use *a* [3] use *mareado*

122

ENGLISH PROSE PASSAGES FOR TRANSLATION

21. *Majorcan Diary* (continued)

Yesterday was a beautiful day and the sun shone in a cloudless sky. Most people left the hotel as soon as possible to go to the beach where they spent the time bathing[1], sun-bathing, talking, reading and resting. We had no difficulty in[2] finding some chairs and did the same thing[3].

In the afternoon we decided to hire a car and go for a ride along the coast, visiting the little bays and fishing villages which are now losing much of their former charm. Many modern hotels, large, tall and white are being built everywhere to accommodate the increasing numbers of tourists from all parts of the world: the United States[4], England, France, Germany, Italy, Sweden, Denmark, Belgium, Austria, Portugal and, of course, the peninsula.

The car arrived at about 3 p.m. There were seats for ten passengers, although only eight seats were taken[5].

22. *Majorcan Diary* (continued)

"Good afternoon," we said to the driver, who appeared to be very friendly.

When we began to talk to him he said his name was Carlos, that he had three children and that his wife was French.

"Do you like French cooking?" I asked him.

"Yes," he replied, "I prefer it to Spanish."

I observed that he was a careful driver and he told me that he could drive all kinds of vehicles.

At his side he had a Spanish–English dictionary and he told me that he was trying to learn English, because so many of his passengers did not know Spanish.

"I already speak Majorcan, Spanish and French, but

---

[1] use *gerundio*   [2] *en* and infinitive   [3] *lo mismo*
[4] Appendix D   [5] use *ocupar*

123

SIMPLER SPANISH COURSE

there are so many English-speaking tourists, nowadays, that I would like to be able to talk to them."

Then he showed us a little book in English, *Alice in Wonderland*[1] which he was trying to read and which he liked very much.

23. *Majorcan Diary* (continued)

As[2] we travelled along we admired all the beautiful views and our driver showed us several interesting things. For instance, pointing to a large stone cross, which we visited later and which was situated on a cliff, he told us that this cross marked the spot where in 1292 James the Conqueror, of Aragon, landed when he came to conquer the island which was then occupied by the Moors.

A little further away, in a small wood, he showed us another cross, made of iron, which marked the place where the first battle was fought[3] between the Christians and the Moors centuries ago.

Later on, when the car stopped, we got out and strolled along a beautiful sandy beach towards a little café with tables in front on a sort of terrace. There we sat down and, like most English people, ordered tea from[4] a friendly waiter.

After tea we watched some children bathing in the sea and then we went back to the car and were back[5] at the hotel about 7 o'clock.

24. *Majorcan Diary* (continued)

Have you heard[6] of the fantastic caves of Drach situated in the middle of Majorca? During our stay we went to see

---

[1] *Alicia en el país de las maravillas* [2] *Según*
[3] use *tener lugar* [4] § 75
[5] use *estar de vuelta* [6] Insert *hablar*

124

ENGLISH PROSE PASSAGES FOR TRANSLATION

them and you must do the same when you go[1] to Majorca. While in the island we were told the following story:

On a certain occasion a guide was showing a group of foreign tourists the famous caves. Shortly after they had entered, they found themselves surrounded everywhere by hundreds of stalactites and stalagmites[2] whose strange shapes often make them resemble animals, human beings and even religious groups.

The guide suddenly pointed to a small group of stalactites and said:

"Here you have St. Christopher and behind him you see two monks and St. Bernard with their dogs."

"Excuse me," interrupted one of the tourists, shaking his head, "but I can't see anybody; I can only see[3] some stalactites and stalagmites."

"Sir," replied the guide, a little annoyed, "I am very sorry, but if you had[4] a little more patience and imagination you would be able to see what I want you to see[4]."

25. Majorcan Diary (continued)

After spending fifteen happy days in Palma we had to return to England on 19 April. We ordered a taxi for 2.30, went into the dining room for the last time and ate a delicious Spanish omelette, beefsteak with tomatoes and chips, followed by fresh salad, cheese and fruit. To drink with it and celebrate our last meal, we ordered a bottle of Spanish champagne, which is, by the way, comparatively cheap in Spain.

Saying good-bye to the manager and the friendly waiters and hotel servants, we got into the taxi which took us to the airport.

At 4 p.m. the plane took off. Another meal was served

[1] mood?   [2] *estalactitas y estalagmitas*
[3] § 24, *poder* is better omitted   [4] mood?

125

SIMPLER SPANISH COURSE

but we were not hungry, and we landed punctually at London airport at 7 o'clock.

We had asked our friend to meet us with his car and we were glad to see him waiting for us as we came out of the Customs.

We entered his car while the porters looked after our suitcases and soon we were travelling along the English roads.

On arriving home we thanked our friend and showed him our souvenirs and other things we had bought in Majorca. He took his leave and we went to bed, fell asleep and dreamed of[1] Majorca. What a[2] wonderful journey! What a[2] wonderful holiday!

26. A good idea

MR. Y. had worked hard all day in his office and returned home as usual rather tired at about 6.30.

He turned the corner[3] and found himself in the long street where he had lived for twenty years. But what a[4] surprise! In front of his house there was a group of people standing near a removal van.

"But what's happening here?" he asked his wife as he arrived home[5].

"It is the men from the furniture shop who have come to take away[6] the piano," replied the wife.

"But before leaving this morning I gave you the money so that you could[7] pay the last instalment[8]," shouted the angry Mr. Y.

"Please, dear, don't shout," she replied. "I will pay them when they have got[9] it down to the ground floor. I had been thinking[10] for a long time of moving it there."

[1] § 34a   [2] omit 'a', § 40   [3] use *doblar la esquina*
[4] omit a, § 40   [5] use *al* and infinitive, § 42   [6] § 79j, 4
[7] mood?   [8] *plazo*   [9] mood?
[10] use imperfect, § 78i, 2

126

ENGLISH PROSE PASSAGES FOR TRANSLATION

27. *A Scotsman leaves a hotel*

A WELL-KNOWN Scottish novelist was spending his summer holidays in a large hotel in[1] London; but he did not like the way he was treated.

The service was[2] so bad that he decided not to give a tip to any of the servants when he left.

On the day of his departure he thought he had cleverly avoided everybody and was about to leave the hotel, when he bumped into the porter.

The latter, who was an optimist, held out his hand and said with a smile,

"I am sure[2] you will not forget me."

The novelist shook hands with him and replied:

"No, I won't forget you: I'll write you a long letter when I arrive[3] home."

28. *Don Quixote (a)*

MANY years ago there[4] lived in La Mancha a Spanish nobleman. He had very few possessions: some lands, some property[5], a lance, a shield, an old horse and a dog. He lived in an old house with his twenty year old niece, and an old housekeeper[6] looked after them. His garden and horse were in the care[7] of his gardener. This nobleman spent all his time reading stories and adventures about knights. But to be able to buy these books he had to sell part of his property, so that his possessions gradually became less and less. He used to[8] read from morning till night, so much so that eventually he went mad[9] and imagined he was a knight errant[10], as heroic as the knights whose adventures he had read about in the books.

[1] *de*
[2] *ser* or *estar*? § 76
[3] mood?
[4] omit
[5] *propiedades*
[6] use *ama*
[7] *al cuidado*
[8] use *soler* § 781
[9] § 79b, (a) 2
[10] *caballero andante*

127

SIMPLER SPANISH COURSE

29. Don Quixote (b)

Having solved many domestic problems,[1] Don Quixote
cleaned and polished his armour and started making plans
for his first sally. After making[2] all these plans he put[3] on
his armour early one morning, mounted his horse and for
some time he rode[4] aimlessly in the burning sun, then suddenly he discovered an inn in the distance. In his imagination he considered it an old castle.

The following day he had an adventure in which he was
beaten[5] by a mule-driver and Don Quixote had to return
home.

30. Don Quixote (c)

While Don Quixote was recovering the priest ordered
all the books to be taken out of the library and placed in a
heap in the courtyard. When the last book had been
carried out he set fire to the heap. After some days Don
Quixote recovered and, feeling a little stronger, asked for
something to read. His niece told him that during his
absence all his books had been stolen by a magician who
seemed to have burned them. Fortunately this news did
not worry Don Quixote, but when his housekeeper advised
him to stay at home and not to go in search of new adventures, he exclaimed: "It is my fate and purpose to fight
against everything that is not fair and just, and nothing can
keep me back."

31. Don Quixote (d)

Poor Don Quixote fell asleep again and while he was
sleeping, the priest and the barber tied his hands and feet
and put him into a cage. When he woke up, the barber, who
had disguised himself as a ghost, told him that he was

[1] gender? § 1b   [2] § 42c   [3] § 78j
[4] Tense § 65c   [5] avoid passive § 77a

128

ENGLISH PROSE PASSAGES FOR TRANSLATION

under a spell and that the only way to break this spell was to agree to everything that they would ask him to do. Don Quixote could hardly move and so gladly agreed to everything. They carried him indoors, untied him and put him to bed. There he slept peacefully for several days. When he awoke he heard in the courtyard below the voice of Sancho Panza, a poor farm-labourer. He called for him and told him that he was planning new adventures. "I know that you will not let me go alone, Sancho," he said. Poor Sancho would have preferred to stay at home with his family, but felt it was his duty to follow Don Quixote. Before the other members of the household could notice what was going on, the two were off again.

32. Don Quixote (e)

They spent a night in a wayside inn. Next morning they decided to go on and while they were preparing their horse and donkey for the journey, the innkeeper came out into the yard. Don Quixote imagined that he had been the guest of a nobleman and had spent the night in a castle. He thanked him for the warm hospitality, but the innkeeper explained:

"Sire, I am only a simple man and do not want gratitude but[1] money for the meal and bed I gave you."

"But it is not the custom for knights to pay[2]," replied Don Quixote haughtily.

This made the innkeeper furious and he cried:

"Stop talking nonsense[3] and pay your bill."

"What an impertinent man! How dare you[4] tell me what I have to do!" shouted Don Quixote, and galloped out of the gate.

[1] use *sino*
[2] Mood, § 73g
[3] *Basta de decir tonterías*
[4] use *vosotros*

129

SIMPLER SPANISH COURSE

Sancho wanted to follow him, but was kept back by the innkeeper. All the guests came running out when they heard the noise, and on finding out what had happened, they dragged Sancho off his donkey, put him into a blanket and started tossing him into the air.

33. Don Quixote (f)

Continuing their journey they reached the Sierra Morena where they spent the night. While they were asleep, some brigands stole Sancho's donkey but left Rossinant, for the horse seemed to be too old and thin. Poor Sancho was very sad, but Don Quixote promised to give him three of his own donkeys as a compensation. This idea pleased Sancho so much that he asked his master to give him some days leave so that he could go and see how his family was getting on and at the same time take possession of the promised donkeys. Don Quixote agreed and even lent him Rossinant, as he intended to stay in the Sierra Morena for some time.

34. Don Quixote (g)

On his way home Sancho passed the inn where he had that nasty experience and hoped nobody would notice him. Suddenly he saw two men in the doorway. They were the priest and the barber who had burned the books which Don Quixote had treasured so much. They recognized Sancho and asked him what had happened to his master. "He is in the Sierra Morena where he wants to stay for a while and be prepared for new adventures," Sancho told them. "This is really serious," said the priest, "We must do everything we can to get him home before he goes completely mad. We must think of a plan to get him home as quickly as possible."

130

ENGLISH PROSE PASSAGES FOR TRANSLATION

35. Don Quixote (h)

He had several other adventures and many a disappointment and eventually he got tired of roaming about. His greatest disappointment was that the spell had no effect on his imaginary Dulcinea and that she continued being what she had always been, the simple peasant girl Aldonza. Don Quixote began to feel ill and was constantly cared for by his faithful servant Sancho. The priest and the barber often came to see him and comforted him as much as they could. But he remained dissatisfied with his fate, for he had had so much courage and hardly a chance to prove it. Before he died, he divided his possessions among his niece, his faithful Sancho and his housekeeper, who had all been so fond of him in spite of the dangerous adventures he had had.

36. A kind thought

A WELL-KNOWN Spanish dancer was in Barcelona where every night she danced in a fashionable[1] restaurant.

One night, among the beautiful flowers which were thrown on to the stage at the end of her act, she saw an envelope fall.

Immediately she bent down, picked it up, opened it and saw that there was a banknote inside. It was evident that some fan[2] had had the bad taste to throw it to her with the bouquet of flowers.

The public, who had seen the envelope fall, shouted to her to read the contents aloud. Her partner[3] took the piece of paper and read, "The Bank of Spain, will pay the bearer . . ."

The dancer interrupted him, took the banknote, and said, "Ladies and Gentlemen, there has been a mistake.

---

[1] de moda   [2] use entusiasta   [3] la pareja de baile

131

SIMPLER SPANISH COURSE

We beg you to excuse us. We have opened a letter addressed to 'the poor people of Barcelona'!"

37. A kind action

AFTER travelling for two days without eating, the orphan arrived one evening when it was very cold, at a village, where he saw some children playing before an old house. They all had blue eyes and fair hair and seemed to be enjoying themselves very much, and the little traveller, who was hungry and tired, sat down on the ground close to the gay children and began to wonder whether he would ever be happy.

All at once a little girl approached him, and asked him why he was so pale. "I am hungry," he said. "I have eaten nothing for two days, and if I am not soon given some food I shall be too weak to continue my journey. I am going to visit my uncle who lives in Germany. My mother who was a widow has just died and I had to leave the house."

The girl took him with her to see her mother, who soon prepared a meal for the poor traveller. After the meal, he felt sleepy and very tired.

The woman and her daughter went upstairs with him and showed him a small, clean bedroom. Taking off his shoes, he lay down on the bed, without undressing, and fell asleep at once.

38. Inconsolable

I HAVE just read the following story in an interesting book which my wife was given four years ago when she was on holiday in France.

A small girl called Mary had a beautiful cat which she loved very much and which she always spoiled. But, alas!,

132

ENGLISH PROSE PASSAGES FOR TRANSLATION

one day it was run over by a car in the street and died soon
afterwards.

Mary became very sad and wept bitterly and continu-
ously. She had been crying for several hours when her
mother told her to stop.

"That's enough, now, Mary," she said. "Dry your eyes
and remember that you did not cry so much when your
poor Aunt Caroline died last year."

"Yes, I know, Mother," replied Mary. "But Aunt
Caroline used not to sleep on my bed, catch mice and play
with them, or even lick my hands, did she?"

39. Pure luck!

ONE day in Madrid a beggar woman, blind from birth,
was standing on a busy[1] corner of the Calle de Alcalá
waiting for someone to help her to cross the street. Very
soon a gentleman arrived and asked her:

"May I[2] cross the road with you?"

"Yes, of course; thank you very much," said the woman.

When they had arrived safe and sound on the pavement
on the other side of the street the woman was about to begin to thank the gentleman once more when he interrupted
her.

"It is I who must thank you, madam. When one is
blind like me, it is a great consolation to meet someone who
will help one to cross a busy street."

40. In the fog

IN England it is often foggy, especially in the winter
months. In fact, a well-known Spanish novelist has called
London "the city of the fog".

Many strange stories have been told of adventures in

[1] *de mucha circulación*   [2] *¿Me permite que* and subjunctive § 73b, 5

133

SIMPLER SPANISH COURSE

London fog. This one is about a gentleman who, after spending a gay evening in London, was travelling home by car, all alone, when he lost his way in the fog. He couldn't see anything and at last found himself in the middle of one of the many open parks which are situated on the outskirts of London.

He got out of his car and went to find the main road which because of the fog he had inadvertently left. At last he reached the road he was looking for. He turned round and made for his car. But, alas! he couldn't find his car again and in the end had to return home in a taxi and to go back to look for his car the next day.

41. The film director

PEOPLE are still telling this amusing anecdote about a famous film director in Hollywood. It is a good example of what can happen, even to a director.

One day he told one of the doubles, whom he had just hired, to fall downstairs. But the man hesitated, somewhat scared; so the director, rather impatient, shouted to him as he ran upstairs, "Watch me, please, and see how I do it."

Then in a most spectacular way he let himself fall. Once at the bottom of the stairs, he asked the double, "Do you think you will be able to do it like that?"

"Of course," replied the double. "I realize now what you want me to do." "Magnificent!" exclaimed the director. "Go and do it at once, but, by the way, please ask somebody to send for an ambulance. I've broken my leg."

42. Smuggling does not pay

FOR many years an Englishman called Smith had been bringing watches from Switzerland to England without

134

ENGLISH PROSE PASSAGES FOR TRANSLATION

paying duty. On arriving in London he used to hand them over to a friend of his, a jeweller, for a large sum of money.

Naturally, the Customs officers soon began to recognize the traveller and frequently they would let him go through without even asking him to open his suitcases.

One day, the 11th of November, the boat arrived at Dover about 10.45 in the morning. Smith entered the Customs House as usual and put his luggage on the counter.

"Have you anything to declare?"

"No," replied Smith, "nothing."

The friendly Customs officer, chalk in hand, was about to let Smith pass when it began to strike eleven.

Immediately all noise ceased. There was silence; the traditional two minutes' silence to celebrate the armistice of 11 November 1918, which ended the First World War.

But, alas!, the ticking of the clocks and the watches, hidden in the secret compartment of his suitcase, was heard.

Mr. Smith had brought watches for the last time!

Examination Tests

43.

Translate into SPANISH:

John and Lisa Brown did not want to go shopping. Like most young people of fourteen and sixteen they preferred to be with their friends, listening to records or watching television.

There were only two weeks before Christmas, and their mother had told them that if they did not buy presents for certain relatives and friends they would not receive any from her or from their father.

135

SIMPLER SPANISH COURSE

Lisa decided to cycle to the nearby town but John, who was rather lazy, went to the bus-stop and waited for the bus to arrive. As they made independent plans about what they were going to buy, their greatest difficulty was to think of something interesting for their parents.

While the family were having supper that evening John and Lisa were feeling very pleased with themselves. Both told their mother that they had bought something for everyone in the family but they did not say what they had chosen.

Mr. Brown now has two instruments to clean the windscreen of his car and Mrs. Brown has two pairs of brown leather gloves.

Cambridge Local Examinations,
November 1980

44.

Translate into SPANISH:

"Come with me to the discotheque," said Paul to his sister Sara. "If we go tonight we shall see my friend John who wants to meet you."

"Don't be silly, Paul", replied Sara. "You know that I have to do at least two hours' homework. Besides, I have been told that John is not very nice. Nicola told me that last week at her house he talked only about himself all evening.

"But Sara," continued Paul, "you must realise that John did not want to go to that party and was very bored. The truth is that he is good-looking, intelligent and also a good sportsman."

136

ENGLISH PROSE PASSAGES FOR TRANSLATION

At that moment someone rang the doorbell. On opening the door, Paul found himself face to face with John. On the road behind him was an elegant, blue car.

"What do you think of my new car?" said John, smiling. "My father won some money last month and has just bought me this present. It's beautiful, isn't it?"

When Paul and John left for the town centre ten minutes later, Sara was with them.

Cambridge Local Examinations,
June 1980

45.

Translate into SPANISH:

After leaving school I spent seven months in Spain teaching English to enthusiastic Spaniards who paid for a course at a Language School or came to my flat as private pupils. I had the opportunity to meet a great number of very interesting people.

One of my most intelligent pupils was an old man whose favourite pastime was to read books by famous politicians. We had many long discussions about who was the most important man in Europe. These conversations became almost violent when another of my pupils, a young man from Barcelona, was with us. "No one," he declared, "has done as much for the ordinary man as Karl Marx."

However, my life consisted of more than the school work. Fortunately, I also taught many attractive girls and went with them to the beach, to the cinema and to parties. One of the girls invited me to her home when we had been going out together for several weeks. We

137

SIMPLER SPANISH COURSE

wrote to each other after I returned to England and, some months later, we got married.

Cambridge Local Examinations,
June 1979

46.

Translate into SPANISH:

John was about to leave the office when his wife telephoned him. "My parents are coming to dinner," she said. "I've bought all we need for the meal. But it was raining hard and it was so difficult to carry the baskets that I left them at the supermarket near the door. As you have the car, will you bring them home, dear?" He arrived at the supermarket at a quarter to six. He soon found the baskets and put them in the car. Before returning home, however, he decided to go and buy some flowers for his wife. The shop wasn't far and as he was in a hurry he didn't lock the car. He only realised that the baskets had disappeared when he stopped outside the house.

Joint Matriculation Board,
May 1977

47.

Translate into SPANISH:

Cristina was enjoying herself. She had come to the house, whose address her cousin had given her, without knowing if it would be worth the trouble. But the old woman who opened the door smiled kindly at her, and told her to go through the house into the garden at the back.

138

ENGLISH PROSE PASSAGES FOR TRANSLATION

There she found a man and a woman whom she had never seen before. They made her sit down and began to ask her questions about her life, at home and at school. After a while, the woman inquired what she wanted to do when she left school.

"I should like to travel", she said. "And I don't want to work in an office. But I don't know how I shall be able to find that sort of job."

"Do you like children?" the man asked her.

"I have four sisters, all younger than I," replied Cristina, "and I enjoy looking after them when my mother is working."

Oxford Local Examinations,
Summer 1977

48.

Translate into SPANISH, keeping the paragraphs separate as in the English:

One sunny Spring morning I was working in the garden when a handsome young man, wearing a blue uniform, came up to me. He greeted me and then asked: "Does someone called Conchita live here?"

"Yes" I replied anxiously. "She's my daughter and she's six years old. She's at school at the moment. Why are you looking for her?"

"It's nothing serious" he replied, smiling. "My wife wants me to find her. We were married two weeks ago and have just moved into the house on the corner of this street."

"Oh, I didn't know," I said, surprised.

He continued: "She wrote on our pavement in red

139

SIMPLER SPANISH COURSE

chalk 'Welcome! I am sure you will like it here. Conchita.'"

"I am very sorry" I said, feeling ashamed. "When she comes home for lunch, I will send her to clean the pavement."

"That's not necessary!" answered the young man. "Actually I've come to thank her for giving us such a warm welcome. Please give her these sweets."

Oxford and Cambridge Schools Examinations,
July 1981

49.

Translate into SPANISH, keeping the paragraphs separate as in the English:

A few years ago Mr. and Mrs. Jones and their nine-year-old daughter, Maria, who lived in the United States, came to spend their summer holidays in Britain.

They were greatly interested in Conway, the town in Wales where Mr. Jones's grandfather had been born. So they decided to stay there for several days.

As their flat on the outskirts of New York was so modern, the Joneses liked particularly the old cottages and shops. Unfortunately their American car was rather wide for the streets.

For Maria, however, the most interesting place was the ancient castle. She spent many hours exploring its narrow stairways and long passages. What an adventure!

Maria asked the guide* all kinds of questions about the castle and its history. To her surprise he knew nearly all the answers.

*guide, *el guía*

140

ENGLISH PROSE PASSAGES FOR TRANSLATION

Finally, as she and her parents were leaving the castle, Maria looked at the guide, smiled and said: "Tell me, sir, in which room did they watch television?"

Oxford and Cambridge Schools Examinations,
November 1980

50.

Translate into SPANISH, keeping the paragraphs separate as in the English:

One Saturday, a few weeks ago, I went shopping in Madrid and after buying what I needed I decided to visit the Museo del Prado.

So I took a bus, got off in front of the building and was walking up the staircase when a group of noisy children surrounded me.

Suddenly their young teacher in a firm voice told them to listen for a moment. Immediately there was silence. She said:

"When you are inside you must all walk and not run. You will try to talk quietly." Then she added:

"Please remember that you have come here to learn and that there are other people looking at the famous pictures too."

"Miss", I shouted, "may I go in now? I will not forget what you have just said." The young lady began to laugh. Why? Because I am her grandfather!

Oxford and Cambridge Schools Examinations,
June 1977

141

SIMPLER SPANISH COURSE

51.

Translate into SPANISH:

"Excuse me, please. Could you tell us the way to the main square?" Mr and Mrs Brown were a little lost on their first visit to the Spanish city.

The policeman smiled: "That's very easy. Take the second turning on the left, go straight ahead for a hundred metres, and then turn right opposite the church. If you continue along that road for about two hundred metres you will arrive at the main square. I'm going that way myself. Would you like me to accompany you?"

"Thank you very much. You are very kind" replied Mrs Brown. "All the streets look the same to us."

"Where are you from?" asked the policeman. "Although you speak the language very well, I don't think you are Spanish."

"We are English," said Mr Brown. "We are on holiday for two weeks in your country, and already I think it is a pity we cannot stay longer."

Southern Universities' Joint Board,
June 1977

52.

Translate into SPANISH:

Diego and María are very fond of films. Yesterday they spent the morning break talking about the one that is on at the local cinema. Diego said that it was rather silly and that he didn't very much want to go to see that film, but María was determined to see it. She likes love stories, this was a romantic film and it had her

142

ENGLISH PROSE PASSAGES FOR TRANSLATION

favourite actor in it. In the end Diego always lets her do what she wants, and he agreed, although he would have preferred to go for a walk. So last night they had their supper early in María's house and went off in Diego's car, arriving at the cinema in time to find a good seat.

Welsh Joint Education Committee,
May 1977

4
Summaries and Subjects for Free Composition

A

1. The wrong address

a. Una niña recibe una invitación — escribe una carta aceptándola — para estar segura, ella misma la echa al buzón — dos días más tarde le devuelven la carta — la niña había puesto en el sobre su propia dirección.

b. Write a suitable letter of apology with explanations to the person for whom the letter was intended.

2. In the nick of time

a. Usted y su familia van a pasar las vacaciones en el extranjero — llegan al aeropuerto una hora antes de salir el avión — usted ha dejado olvidado su pasaporte en casa — alquila un coche — regresa a casa — vuelve al aeropuerto sólo diez minutos antes de la salida.

b. Write a story saying what would have happened if you had arrived a quarter of an hour later.

3. The unexpected fire

a. Unos muchachos logran abrir de noche la ventana de detrás de un almacén — empiezan a fumar cigarrillos — tiran un fósforo encendido que cae entre unas cajas de fósforos — las llamas suben al techo.

b. Continue the story (How are they saved? What happens to them?).

SUMMARIES FOR FREE COMPOSITIONS

4. Noisy children

a. En el autobús — los niños cantan y hacen mucho ruido — una mujer vestida de luto (*in mourning*) pide al cobrador que les haga callar — cuando el cobrador explica a los niños que la mujer acaba de visitar el cementerio donde está enterrado su hijo, los niños se callan.

b. Invent a dialogue between two children as they get off the bus and go home.

5. An elephant never forgets

a. Un cazador encuentra en la selva un elefante herido — de una pata le saca una espina que tenía clavada — cinco años más tarde el elefante, ahora en el circo, reconoce al cazador sentado en una butaca ordinaria — le recoge con la trompa y le coloca en un magnífico palco (*box*) particular.

b. Continue the story (e.g., was the box occupied?) as if you were the hunter.

6. The picnic

a. Una familia prepara una merienda para comer en el campo — se oye el autobús — salen todos de prisa — cuando llegan al sitio, junto a un bonito lago, descubren que no han traído consigo la cesta de la merienda.

b. Continue the story (e.g., where is the picnic basket?).

7. The sailing accident

a. Un bote de vela en el mar — un viento súbito — una ráfaga (*squall*) lo hace zozobrar (*to capsize*) — un joven salva a una muchacha — se enamoran — un año después se casan.

145

SIMPLER SPANISH COURSE

b. Narrate the story as if you were either the boy or the girl.

8. *The baby-sitter*

a. Una noche está usted en casa de sus tíos haciendo de niñera (*baby-sitting*) — suena el teléfono — sus tíos están en el hospital a consecuencia de un accidente — volverán mañana a casa.

b. Give an account of your actions and reactions after receiving the telephone message.

9. *In the kitchen*

a. Una muchacha está haciendo una tortilla cuando las llamas del gas prenden fuego a su delantal — la madre acude y apaga las llamas, envolviéndola en una alfombra — llega el médico.

b. Continue the story (e.g., ambulance, hospital, letters to and from school friends, etc.).

10. *The missing book*

a. Su amigo (a) le pide a usted prestado un libro importante — un libro que necesitará el profesor en el colegio al día siguiente — su amigo (a) se pone enfermo (a) y no viene a la clase — explicación al profesor.

b. Invent a dialogue between you and your friend when you go to visit him (her).

146

SUMMARIES FOR FREE COMPOSITIONS

B

1. Imagine you are a taxi-driver. Tell the story of your encounter with some bandits.
2. You dream you are Lord Mayor (*alcalde de Londres*). Everything goes smoothly till the banquet. You can't taste the food or the wine.
3. You dream you are the pilot of a plane in difficulty. Relate how you try to land safely but crash! You wake up!
4. Imagine you are a keeper at the Zoo. What happens when one of the lions escapes?
5. Imagine you are a young man who dresses up as a ghost. Tell the story of his adventure.
6. Your canary escapes through a window. It is caught by your neighbour's cat. You rescue the canary and replace it in its cage.
7. Imagine you are a heroic policewoman (*una agente de policía*) who acts as a decoy (*un gancho*). You struggle with your assailant and manage to hold on to him till the detectives and policemen arrive.
8. Imagine you live in a village and you have to go to school in the neighbouring town. One day you can't reach home because of floods (*las inundaciones*). What do you do?
9. Imagine you are a captain of a ship in distress and explain how you are saved by a lifeboat (*bote salvavidas*), or by any other means (e.g., *helicóptero*).
10. Imagine you are learning to drive a car. You take it out without the permission of your parents and have (*sufrir*) an accident. Relate what happens and make up a conversation between yourself and your parents.

147

SIMPLER SPANISH COURSE

5

Free Compositions

1.

Write in Spanish *a letter of about* **100** *words on* **one** *of the following:*

Either (*a*) Vd. es jefe del Hotel de la Playa de Torremolinos. Acaba de recibir una carta de una familia inglesa que quiere pasar sus vacaciones en España. En esta carta pide el padre de familia toda clase de informaciones sobre su hotel — facilidades, distancia a la playa y a la ciudad, horas de las comidas, clases de habitaciones, precios. Conteste la carta y pida también detalles de las fechas probables de la visita de esta familia.

Or (*b*) Acaba de recibir la carta siguiente. Contéstela Vd.

Barcelona
8 de mayo de 1980

Querida Margaret:

Me ha dado tu nombre una organización madrileña que se especializa en poner en contacto a españoles con extranjeros, y me dice que te gustaría recibir una carta de España. Ahora que ya estamos en contacto, me gustaría saber lo que haces tú, cuántas personas hay en tu familia, si vives en un piso o en una casa y qué pasatiempos prefieres. Además, quizás el verano que viene podamos reunirnos aquí o en Inglaterra.

Contesta pronto y cuéntame qué clase de cosas

148

FREE COMPOSITIONS

españolas puedo mandarte para ayudarte con el estudio de mi lengua.

Recibe un abrazo de,

Maribel Moreno.

Associated Examining Board,
November 1980

2.

Write **in Spanish one** *composition of about* **100** *words on the following:*

Después de visitar los almacenes y grandes monumentos de Londres, Vd. volvió muy cansado, a la estación de ferrocarril. Subió al tren, halló un asiento y se durmió en seguida. Veinte minutos después de la salida del tren, le despertó el revisor para ver su billete. Al inspeccionarlo le explicó el revisor que Vd. viajaba en un tren que no pararía en su ciudad. ¿Qué hizo Vd?

Associated Examining Board,
November 1980

3.

Write **in Spanish** *a composition of about* **200** *words on one of the following subjects.*

1 Una conversación entre Vd. y un amigo o una amiga en la cual Vds. deciden pasar un fin de semana haciendo el camping.

2 Hace algún tiempo Vd. tuvo que hacer un importante viaje largo en tren o en avión o en barco.

149

SIMPLER SPANISH COURSE

Describa el proposito del viaje, la estación o el aeropuerto o el puerto, y lo que hizo Vd. durante el viaje.

Associated Examining Board,
June 1979

4.

Write in SPANISH a composition of 130–150 words on **one** of the following:

(*a*) Write a letter to a pen-friend who is coming to stay at your home. Give advice about the best way to travel to your country and how to get to your house once he/she arrives. Compare at least **two** methods of transport and finally say which you recommend.

(*b*) Write a conversation between two housewives who are discussing their family holiday for next year. Mention different types of holiday, the cost involved and the disagreements in each family.

(*c*) Write a story about two friends who spend a day at the seaside. Say how they travelled and mention a pleasant and an unpleasant thing which happened to them.

Cambridge Local Examinations,
November 1980

5.

Write in SPANISH a composition of 130–150 words on **one** of the following:

(*a*) Write a letter to a boy or girl in Spain or North America who is coming to your country for a year. You

150

FREE COMPOSITIONS

understand that he/she will attend your school.
Describe the school, the normal events of a school day
and tell him/her the best and worst things about your
school life.

(*b*) You go for an interview for a job. Write the
conversation which took place between the person (*el
director* or *el jefe*) who interviewed you and yourself.
Make clear what the job was, the salary offered, the
kind of person needed and whether or not you got the
job. (Use the *usted* form of address.)

*Do not write any narrative introduction or
conclusion.*

(*c*) Write an account of a fire which you recently
witnessed. Say what time it was and where the fire
occurred, and describe the arrival of the firemen. Say
also how long it took to put out the fire and how much
damage was done.

Cambridge Local Examinations,
November 1979

6.

Write in SPANISH a composition of 130–150 words on
one of the following:

(*a*) Write a letter to your aunt who is in hospital. Ask
about her illness and when she expects to leave
hospital. Tell her what has been happening at school
and of an incident which took place recently at your
home.

(*b*) Write a conversation between a man and his wife.
She wants to go out to the cinema, but he wants to
watch TV. Give the arguments of both sides and say

151

SIMPLER SPANISH COURSE

how the situation finally resolves itself. *Do not write any narrative introduction or conclusion.*

(*c*) Describe the visit of a young Spaniard to your home. Explain how the visit was arranged and how he/she travelled to your country. Say how long the visit lasted and what you did to entertain your guest.

Cambridge Local Examinations,
November 1978

7.

Read the following letter carefully; then write (in Spanish) a letter from Juan in answer to it. Use not fewer than 120 words and not more than 130 words. Count your words and state the number. Do not exceed the maximum number of words allowed.

Madrid, 31 de diciembre.

Querido Juan:

Espero que hayas llegado a Inglaterra sano y salvo y que te guste el trabajo del hotel. Tu amigo inglés ha sido muy amable buscándote trabajo. ¿Le has visto desde que llegaste? Escribe pronto diciéndome cómo es el trabajo y qué te parece Inglaterra.

Te echo mucho de menos,
tu hermano,
Enrique.

Joint Matriculation Board,
May 1977

8.

Write an essay in Spanish of about 150 *words on* **one** *of the following subjects. If you choose essay* (*a*) *you*

152

FREE COMPOSITIONS

should write in the past. If you choose essay (b) appropriate tenses should be used. State the number of words you have written.

(a) You needed to earn some money for a holiday; say how you did this, how long it took, where you went on holiday and how you spent your money.

(b) Write a letter to a friend explaining that you will soon have to move house. You do not know yet whether you will be living in a town or the country, in a house or in a flat, but discuss which of these you would prefer, and why.

London G.C.E.,
June 1981

9.

*Write an essay in Spanish of about 150 words on **one** of the following subjects. If you choose essay (a) you should write in the past. If you choose (b) appropriate tenses should be used.*

(a) Write about an evening you had out recently with a friend or friends when you got back home much later than you intended. Say where you went, what delayed you, and how your parents reacted when you got home.

(b) Write a letter to a prospective employer, giving him the details he would wish to know about yourself: your age, what you have done at school, your general interests and why the job he is offering appeals to you.

London G.C.E.,
June 1980

153

SIMPLER SPANISH COURSE

10.

*Write an essay in Spanish of about 150 words on **one** of the following subjects. If you choose essay (a) appropriate tenses should be used. If you choose essay (b) you should write in the past.*

(a) Assume you are in hospital. Write a *letter* to a friend telling him/her why you were taken there, your present state of health, about the daily routine in hospital and how soon you expect to be able to come out.

(b) Tell the following story: you were shopping in a big department store when you noticed another customer acting suspiciously. You alerted the manager and there was a chase through the store. Say how the adventure ended.

London G.C.E.,
January 1980

11.

*Write in Spanish, using past tenses wherever appropriate, at least 180 words, but not more than 200 words, on **one** of the following subjects. State at the end the number of words used.*

(a) Tell the story outlined below. You may use as you wish the suggestions given and may add any **relevant** detail. Use the title:

An absent-minded gentleman

Don José va de compras a un supermercado. — Sale con las provisiones que ha comprado. — Llega a su coche y pone las provisiones en el suelo, mientras abre

154

FREE COMPOSITIONS

la portezuela. — Se marcha sin las provisiones. —¿Qué ocurre después?

or (*b*) Escriba una carta a sus abuelos, describiéndoles las aventuras que ha tenido usted durante sus vacaciones en España.

Welsh Joint Education Committee,
May 1977

6

Outlines of Grammar

Grammar Sections

		page
1.	Gender of Nouns	161
2.	Plural of Nouns	162
3.	Definite Article	162
4.	Definite Article when needed in Spanish but not in English	162
5.	Definite Article omitted in Spanish but not in English	164
6.	Indefinite Article	165
7.	Omission of Indefinite and Partitive Articles in Spanish	165
8.	Partitive Article	166
9.	**LO** as a "Neuter Article"	166
10.	Agreement of Adjectives	167
11.	Position of Adjectives	168
12.	Shortening (or Apocopation) of Adjectives	168
13.	Comparison of Adjectives	170
14.	Superlative of Adjectives	171
15.	Possessive Adjectives	171
16.	Demonstrative Adjectives	172
17.	Demonstrative Pronouns	173
18.	Possessive Pronouns	174
19.	Personal Pronouns	174
20.	Relative Pronouns	178
21.	Interrogative Pronouns	182
22.	Interrogative Adjectives	183
23.	Indefinite Adjectives and Pronouns	184
24.	Negative Expressions	184

157

SIMPLER SPANISH COURSE

		page
25.	Ordinal Numbers	186
26.	Dates	186
27.	Time of the Day	187
28.	Position of Adverbs	188
29.	Formation of Adverbs	188
30.	Some Common Adverbs	189
31.	Comparison of Adverbs	189
32.	Comparisons with Clauses	190
33.	Preposition **A**	191
34.	Preposition **CON**	194
35.	Preposition **DE**	194
36.	Preposition **EN**	195
37.	Preposition **PARA**	197
38.	Preposition **POR**	197
39.	**PARA** and **POR** meaning *FOR*	198
40.	Some Common Exclamations	200
41.	Some Useful Spanish Words	201
42.	Infinitive	204
43.	Some Common Constructions with the Infinitive	204
44.	Verbs which require *no* preposition before the following infinitive	205
45.	Verbs which require **A** before the following infinitive	207
46.	Verbs which require **DE** before the following infinitive	207
47.	Verbs which require **EN** before the following infinitive	208
48.	Verbs which require **CON** before the following infinitive	210
49.	*El Gerundio*	210
50.	Past Participle	211
51.	Present Tense of Three Regular Model Verbs	213
52.	Present Tense of Four Key Irregular Verbs	213

158

OUTLINES OF GRAMMAR

		page
53.	Present Tense of Reflexive Verbs	214
54.	Present Tense of Irregular Verbs	215
55.	Present Tense of Radical-Changing Verbs	216
56.	Future Tense	217
57.	Conditional Tense	218
58.	Imperfect Tense	219
59.	Use of the Imperfect Tense	220
60.	Past Historic (*El Pretérito*)	220
61.	Past Historic of Radical-Changing—**IR** Verbs	221
62.	Past Historic of **SER** and **IR**	222
63.	Past Historic of **DAR**	222
64.	*Pretéritos Graves*	222
65.	Use of the Past Historic (*El Pretérito*)	224
66.	Compound Tenses	225
67.	Sequence of Tenses	225
68.	Familiar Imperative (Command)	227
69.	Polite Imperative (Command)	227
70.	Negative Imperative (Command)	228
71.	Present Tense of Subjunctive	229
72.	Past Tenses of Subjunctive	229
73.	Use of the Subjunctive Mood	230
74.	Sequence of Tenses in the Subjunctive Mood	237
75.	Special Idiomatic Construction with Direct and Indirect Objects	239
76.	Use of **SER** and **ESTAR**	239
77.	Avoidance of the Passive	241
78.	Some Idiomatic Spanish Verbs	242
	a. **caber**	242
	b. **dar**	242
	c. **dejar**	243
	d. **doler**	244
	e. **echar**	244
	f. **estar**	244

159

SIMPLER SPANISH COURSE

		page
g.	**gustar**	245
h.	**haber**	246
i.	**hacer**	247
j.	**poner**	248
k.	**ser**	249
l.	**soler**	249
m.	**tener**	249
n.	**valer**	250

79. Some English Verbs difficult to translate ... 251

a.	to ask	251
b.	to become	252
c.	to get	253
d.	to go	253
e.	to know	254
f.	to need	255
g.	to play	255
h.	to put	256
i.	to succeed	256
j.	to take	256
k.	to tell	258
l.	to thank	258
m.	to think	258
n.	to turn	259

An Outline of Spanish Grammar

THIS does not profess to be an exhaustive treatment of Spanish Grammar. The following outline, however, is detailed enough for the average candidate who wishes to pass the G.C.E. examination at O Level and similar examinations.

In an attempt to keep only essentials, some apparent inaccuracies may have crept in; we hope that the critical teacher will be indulgent. We feel that a list of unimportant

160

OUTLINES OF GRAMMAR

details and exceptions would be out of place in this Simpler Spanish Course.

Nouns

1. GENDER OF NOUNS

Spanish nouns are either masculine or feminine. Nouns referring to males are obviously masculine; those referring to females are obviously feminine. The best way to learn the gender of a noun is to learn it with the article in the first place; e.g. *el lápiz*, not *lápiz*. In any case these elementary rules are useful.

a. Nouns ending in -o are **masculine**:
   e.g. el libro, el río, el amigo
   (Exceptions: la mano, la radio.)

b. Nouns ending in -a are **feminine**:
   e.g. la ventana, la mesa, la silla
   (Exceptions: el día, el mapa, el sofá, el poema, el clima, el telegrama and most nouns ending in -ma.)

c. Nouns ending in -d, -ión and -z are **feminine**:
   e.g. la verdad, la nación, la vez
   (Exceptions: el avión, el camión, el lápiz, el arroz.)

d. Many other nouns ending in a consonant and referring to things are **masculine**:
   e.g. el tenedor, el papel, el reloj

e. Nouns representing rivers (*los ríos*), mountains (*los montes*), seas (*los mares*), oceans (*los océanos*), months (*los meses*), days of the week (*los días*) and languages (*los idiomas*) are **masculine**:
   e.g. el Ebro, el Everest, el Mediterráneo,
   el Pacífico, el (mes de) agosto, el viernes,
   el español.

f. Nouns representing islands (*las islas*) and the letters of the alphabet (*las letras*) are **feminine**:
   e.g. las (islas) Baleares, la erre (r)

161

SIMPLER SPANISH COURSE

2. PLURAL OF NOUNS

To form the plural, add -s if the word ends in a vowel and add -es if the word ends in a consonant:
> e.g. amigos, ventanas, calles
> naciones, verdades, ingleses

Note: To form the plural of a word ending in -z, change the z into ces:
> e.g. el lápiz, los lápices

Articles

3. THE DEFINITE ARTICLE

Singular (*m*) el libro; (*f*) la mesa
Plural (*m*) los libros; (*f*) las mesas
The masculine singular, el, combines with:
> de to form del (libro)
> a to form al (libro):
> e.g. **Escribo una carta al autor del libro.**
> I am writing a letter to the author of the book.
> **Vamos al cine del pueblo.**
> We go to the village cinema.

Note: La becomes el before a noun beginning with a stressed a or ha:
> e.g. **el agua fría,** the cold water
> **el hacha inglesa,** the English axe
> **el hambre espantosa,** the frightful hunger
> but not if the noun begins with an unstressed a or ha:
> **la actriz famosa,** the famous actress
> **la hacienda argentina,** the Argentinian farm

4. CONTRARY TO ENGLISH usage, the definite article is needed in Spanish:

a. before parts of the body, clothing and often personal

162

OUTLINES OF GRAMMAR

possessions. The possessor is frequently indicated
by the corresponding indirect object pronoun:

e.g. **Me pongo el sombrero.** I put my hat on.
Se lavan las manos. They wash their hands.
He perdido los anteojos. I've lost my spectacles.

b. before titles and proper nouns with adjectives
(though not when addressing the person):

e.g. **El capitán García no está en casa.**
Captain García is not at home.
El doctor Rodríguez tiene dos hijas.
Doctor Rodríguez has two daughters.
El tío Pepe trabajaba en el jardín.
Uncle Joe was working in the garden.

but,

Buenas tardes, señor Pascual.
Good afternoon, Mr. Pascual.

c. before nouns used in a general sense:

e.g. **Los automóviles son útiles siempre.**
Cars are always useful.
La vida es sueño.
Life is a dream.
El té es bueno en Inglaterra.
Tea is good in England.
El agua abunda en Escocia.
Water is plentiful in Scotland.

d. before days of the week, school subjects and
languages: (but *not* after the prepositions **en** or **de**
or the verb **hablar**):

e.g. **Llegarán el lunes próximo.**
They will arrive on Monday next.
Enseño la Geografía y las Matemáticas.
I teach Geography and Mathematics.

163

SIMPLER SPANISH COURSE

Aprendemos el español y el francés.
We learn Spanish and French.
Traducen el libro al alemán.
They are translating the book into German.
but,
Escríbame en inglés.
Write to me in English.
¿Habla usted español?
Do you speak Spanish?
Doy lecciones de matemáticas.
I give mathematics lessons.

e. before a number of names of countries, continents, etc. (especially masculine ones) and usually before any that are qualified:
e.g. el Canadá, **la** China, **el** Perú, **la** Argentina, **el** Japón, **la** India, **el** Brasil, **el** Uruguay, **las** Antillas, **los** Estados Unidos.
but,
Sudamérica, Norteamérica
La semana que viene iré a Sudamérica y visitaré Chile, pero no el Uruguay.
Next week I shall go to South America and visit Chile, but not Uruguay.
Disfruté del viaje por mar, sobre todo de la llegada al África del Norte.
I enjoyed the voyage, above all the arrival in North Africa.

5. CONTRARY TO ENGLISH usage, the definite article is omitted:

a. before a noun in apposition:
e.g. Buenos Aires, capital de la Argentina
Buenos Aires, the capital of Argentina

164

OUTLINES OF GRAMMAR

el jueves, trece de abril
Thursday, the thirteenth of April

b. in many idiomatic expressions, such as:
en casa del doctor, in the doctor's house
en medio de la calle, in the middle of the street
a orillas del mar, at the sea-side
a obscuras, in the darkness
en manos del abogado, in the hands of the lawyer

Note: see, also, lists of phrases on p. 191 onwards.

6. THE INDEFINITE ARTICLE

Singular (m) **un** libro; (f) **una** mesa
Plural see Partitive Article (§ 86)

7. CONTRARY TO ENGLISH usage, the indefinite article
and the partitives are omitted after:

a. a negative verb with the meaning "not any" and
also after *ni* and the preposition *sin*:
e.g. **No tengo dinero.** I haven't any money.
No tienen casa. They haven't a house.
Ella salió sin paraguas.
She went out without an umbrella.
No tengo ni perro ni gato.
I have neither a dog nor a cat.

b. before nouns of professions when they are com-
plements of **ser, hacerse** (in the sense of becoming),
except when qualified by adjectives:
e.g. **Es médico.** He is a doctor.
Llegó a hacerse actor. He became an actor.

c. before nouns in apposition (see § 5 a):
e.g. **Burgos, vieja ciudad castellana**
Burgos, an old Castilian city

165

SIMPLER SPANISH COURSE

d. usually before the following words **otro, medio, tal, cierto, semejante, ciento, mil** and **qué** (in exclamations):

    e.g. **otro libro,** another book

       hora y media, an hour and a half

       tal idea, such an idea

       en cierto modo, in a certain way

       cien libros, a hundred books

       mil gracias, a thousand thanks

       ¡Qué idea! What an idea!

       ¡Qué vista tan maravillosa!

       What a marvellous view!

8. THE PARTITIVE ARTICLE

a. "Some" or "any" is not necessary:

    e.g. **Compro comestibles en la tienda.**

       I buy some provisions in the shop.

       No tengo dinero. I haven't any money.

b. "A few" is rendered in Spanish by **unos, unas**

    e.g. **Vendió unas casas.** He sold a few houses.

9. THE "NEUTER ARTICLE" LO

Lo is sometimes considered a "neuter article". In this connection it is used only with the masculine singular form of an adjective, or past participle:

    e.g. **Lo visto, visto está.**

    What has been seen, is seen.

    Era lo suficiente.

    It was enough.

    Lo principal es encontrar el dinero.

    The main thing is to find the money.

    Lo primero que hizo,

    The first thing he did.

166

OUTLINES OF GRAMMAR

en lo alto de la sierra,
on the top of the mountain range

Note: Here are a few further examples worth learning:
lo mío; lo que es mío, my property
a lo lejos, in the distance
a lo largo de, along
a lo mejor, at the best
lo único,
la única cosa } the only thing
lo inesperado, the unexpected
lo eterno, the eternal

Adjectives

10. AGREEMENT OF ADJECTIVES

Adjectives agree in number and gender with the noun they qualify.

a. If an adjective ends in **-o,** its feminine form will end in **-a:**
e.g. **el libro rojo,** the red book
la casa roja, the red house

b. The masculine plural form is **-os,** the feminine plural is **-as:**
e.g. **los libros rojos,** the red books
las casas rojas, the red houses

c. If an adjective ends in a consonant, its feminine form will normally be the same:
e.g. **el libro difícil,** the difficult book
la lección difícil, the difficult lesson
It will form its plural by adding **-es:**
e.g. **los libros difíciles,** the difficult books
las lecciones difíciles, the difficult lessons

167

SIMPLER SPANISH COURSE

d. However, adjectives of nationality and those ending in **-án, -ón** and **-or** have a feminine form:

e.g. **el libro inglés,** the English book
los libros ingleses, the English books
la casa inglesa, the English house
las casas inglesas, the English houses
el hombre hablador, the talkative man
la mujer habladora, the talkative woman

e. But irregular comparatives and superlatives, like **mejor, menor** and **mayor** follow rule c. (p. 156):

e.g. **la mejor escuela del país,**
the best school in the country
las mejores escuelas, the best schools
mi hermana mayor, my elder sister

11. POSITION OF ADJECTIVES

Many adjectives follow the noun, especially those of shape, colour and nationality:

e.g. **la lengua castellana,** the Castilian language
un lápiz azul, a blue pencil
una mesa redonda, a round table
una calle larga, a long street

12. SHORTENING (OR APOCOPATION) OF ADJECTIVES

a. The following adjectives drop the final **-o** when they precede a noun which, of course, is masculine singular:

uno	**bueno**	**primero**
alguno*	**malo**	**tercero**
ninguno*		

Note:* In their shortened form these adjectives take an accent: **algún, ningún.

e.g. **Leo un libro.** I read a book.
Leo un mal libro. I read a bad book.

168

OUTLINES OF GRAMMAR

Es un buen perro. It is a good dog.
Algún día se lo diré. I will tell you some day.
No veo ningún sombrero.
I do not see any hat.
Adán fue el primer hombre.
Adam was the first man.
Leemos el tercer capítulo.
We read the third chapter.

b. The adjective **grande** drops **-de** before a singular noun whether masculine or feminine. When it follows the noun it is not shortened and indicates size:

e.g. **un gran hombre,** a great man
una gran reina, a great queen

but,

un caballo grande, a big horse

c. The numeral **ciento** drops **-to** unless followed by another numeral:

e.g. **cien personas,** 100 persons
ciento cinco pesetas, 105 pesetas

d. **Santo** when preceding a name is shortened to **San:**
e.g. **San Pedro,** St. Peter
San Jorge, St. George
But the following are exceptions:
Santo Tomás, St. Thomas
Santo Domingo, St. Dominic
Santo Toribio, St. Toribio

Note: The feminine **Santa** should never be shortened:
e.g. **Santa Teresa,** Saint Teresa
though in writing it may be abbreviated to **Sta.** (not to be confused with **Srta., señorita**)

169

SIMPLER SPANISH COURSE

13. **COMPARISON OF ADJECTIVES**

a. The comparative forms are introduced by the insertion of *más* (more) and *menos* (less) before the adjective (*que* is used for "than"):

e.g. **Este libro es** { **más** / **menos** } **interesante que el otro.**

This book is { more / less } interesting than the other.

Esta iglesia es { **más** / **menos** } **antigua que las otras.**

This church is { more / less } ancient than the others.

Note: There are four common irregular comparatives, viz.:

bueno, good	**mejor,** better
malo, bad	**peor,** worse
grande, big	**mayor,** senior or older
pequeño, small	**menor,** junior or younger

Note: **más grande,** larger (in size)
más pequeño, smaller (in size)

b. Equality is indicated by **tan . . . como:**

e.g. **Esta casa es tan antigua como la otra.**
This house is as old as the other.
Esta aldea es tan pintoresca como la otra.
This village is as picturesque as the other.
Estos libros son tan interesantes como los otros.
These books are as interesting as the others.
Mi amigo es tan alto como yo.
My friend is as tall as I (am).

170

OUTLINES OF GRAMMAR

14. SUPERLATIVE OF ADJECTIVES

    a. The **relative superlative** is formed by inserting the corresponding definite article before the comparative form:

    e.g. **Esta casa es la más antigua de la ciudad.**
    This house is the oldest in the town.
    Carlitos es el menor de la familia.
    Charlie is the youngest member of the family.

If there is already one article and the adjective is placed before or just after the noun, then no article should precede the comparative form:

    e.g. **Se dice que el libro más interesante es la Biblia.**
    They say that the most interesting book is the Bible.
    Hemos visto el avión más moderno del mundo.
    We have seen the most modern aeroplane in the world.
    Este hombre es el torero más valiente de España.
    This man is the bravest bullfighter in Spain.

   Note: de is used after the superlative where in English "in" is frequently found.

    b. The **absolute superlative** is formed by using **muy** (very) before the adjective; or by adding **-ísimo** (**-ísima**, etc.) to the adjective after removing the final vowel:

    e.g. **Es una traducción muy difícil.**
    or **Es una traducción dificilísima.**
    It is a very difficult translation.

15. POSSESSIVE ADJECTIVES

    The Spanish possessive adjective agrees with the noun it qualifies:

171

SIMPLER SPANISH COURSE

	Singular		*Plural*	
My	mi libro	mi casa	mis libros	mis casas
Thy	tu libro	tu casa	tus libros	tus casas
His Her Your Its	su libro	su casa	sus libros	sus casas
Our	nuestro libro	nuestra casa	nuestros libros	nuestras casas
Your	vuestro libro	vuestra casa	vuestros libros	vuestras casas
Their Your	su libro	su casa	sus libros	sus casas

Note: If the use of **su** causes ambiguity, **de él, de ella, de usted, de ellos,** etc., may be added:

e.g. **su libro de él,** his book.

su libro de ella, her book.

su libro de ellos, their book.

16. DEMONSTRATIVE ADJECTIVES

The Spanish have three forms of demonstrative adjectives:

(1) this, meaning this (here) **este**

(2) that, meaning that (nearby) **ese**

(3) that, meaning that (over there) **aquel**

Singular		
este libro	**esta casa**	this
ese libro	**esa casa**	this or that
aquel libro	**aquella casa**	that (over there)
Plural		
estos libros	**estas casas**	these
esos libros	**esas casas**	these or those
aquellos libros	**aquellas casas**	those (over there).

172

OUTLINES OF GRAMMAR

Pronouns

17. DEMONSTRATIVE PRONOUNS

a. These are spelt like the demonstrative adjectives, but require an accent on the stressed syllables to distinguish them from the adjectives.
They mean "this one", "that one", "that one over there".

e.g. **Este libro es más aburrido que ése.**
This book is more boring than that one.
Ese libro no es tan aburrido como aquél.
That book is not so boring as that one over there.

b. In addition there is a neuter form of demonstrative pronoun referring to ideas, statements which obviously has no gender and requires no accent:

e.g. **¿Qué es esto? (eso? aquello?)**
What is this? (that? that over there?)
Eso es. That's right, that's it.

c. Before a relative clause or **de** the demonstrative pronoun is usually replaced by **el, la, los** or **las.**

e.g. **Esta casa y la de mi hermano son antiguas.**
This house and my brother's are old.
Aquel libro y los que tengo en casa son difíciles.
That book and those I have at home are difficult.

Note: The neuter form of this is **lo.** Hence the English "what" (that which) is **lo que**:

e.g. **No sabe lo que tengo.**
He does not know what I have.

(see §20. d.)

173

SIMPLER SPANISH COURSE

18. POSSESSIVE PRONOUNS

a. These mean "mine", "thine", "ours", "yours", "theirs", etc.

	Singular		*Plural*	
Mine	el mío	la mía	los míos	las mías
Thine	el tuyo	la tuya	los tuyos	las tuyas
His Hers Yours	el suyo	la suya	los suyos	las suyas
Ours	el nuestro	la nuestra	los nuestros	las nuestras
Yours	el vuestro	la vuestra	los vuestros	las vuestras
Theirs *masc.* Theirs *fem.* Yours *plur.*	el suyo	la suya	los suyos	las suyas

e.g. **Este libro no es tan interesante como el mío.**
This book is not so interesting as mine.
Nuestra casa y la suya son antiguas.
Our house and his are old.

b. The article is omitted when the pronoun is a predicate object of the verb **ser** (to be):
e.g. **Esta casa es mía.** This house is mine.

c. **El suyo, la suya,** etc. has six possible meanings: his, hers, yours (sing.) theirs (masc.) theirs (fem.)

174

OUTLINES OF GRAMMAR

yours (pl.), and to avoid ambiguity should be replaced or reinforced by:

Sing.	*Plural*
de él, his	**de ellos,** theirs
de ella, hers	**de ellas,** theirs (fem)
de usted, yours	**de ustedes,** your (pl.)

e.g. **Esta casa es la de ella, no la de él.**
This house is hers, not his.

19. PERSONAL PRONOUNS

1	2	3	4	5
Subject	Object	Indirect Object	Direct or Indirect Reflexive Object	Prepositional or Separated
yo	me	me	me	mí
tú	te	te	te	ti
él	lo or le	le	se	sí, él
ella	la	le or la	se	ella
usted	lo, la or le	le or la	se	usted
nosotros	nos	nos	nos	nosotros
vosotros	vos	os	os	vosotros
ellos	los or les	les	se	ellos
ellas	las	les or las	se	ellas or sí
ustedes	los, las or les	les or las	se	ustedes

a. *Use of* **usted.**

Usted, written sometimes **Vd., Ud.** or **V.,** comes from the old Spanish **vuestra merced,** meaning "your honour" and is followed by a verb in the third person. Its plural is **ustedes.** It is the normal form of address, but among close friends and relations **tú** and **vosotros** are used. A common greeting is:

¿Cómo está usted? How are you?

(Originally: How is your honour?)

175

SIMPLER SPANISH COURSE

b. *Use of Subject Pronouns* (column 1).

As the subject can usually be inferred from the ending of the Spanish verb e.g. **hablo,** I speak, the subject pronouns are only used for emphasis. **Usted** and **ustedes,** however, are often inserted to avoid ambiguity with the other third person pronouns, as well as to show respect and politeness to the person addressed:

e.g. **¿Cómo está usted?** How are you?
¿Adónde van ustedes? Where are you going?

Note: **Ello,** a neuter pronoun meaning *it*, refers to some idea or statement which obviously is neither masculine nor feminine.

e.g. **Iremos a Madrid. Estamos contentos de ello.**
We shall go to Madrid. We are happy about it.

c. *The position and order of the Object Pronouns* (columns 2, 3, 4).

Normally the object pronouns precede the verb. When two pronouns of columns 2, 3 and 4 are governed by the same verb, the pronoun from column 2 comes last:

e.g. **(Él) me lo lee.**
He reads it to me.
(Él) no nos los ha leído.
He has not read them to us.

In other words, the indirect object pronoun is placed before the direct object pronoun.
But when the verb is in the form of:

(1) *an infinitive,*
(2) *a gerund,* or
(3) *a positive command,*

176

OUTLINES OF GRAMMAR

the pronouns are usually joined to the end of the verb:

e.g. **antes de leerlo,** before reading it

leyéndolo, while reading it

Léalo usted. Read it.

This does not apply when the command is negative:

e.g. **No lo lea.** Don't read it.

d. *Substitution of* se *for* le, la, les *or* las.

Le, la, les or **las** become **se** when followed immediately by **lo, los, la, las** of column 2. The pronouns in column 5 are then sometimes needed to indicate which pronoun has been substituted:

e.g. **Se lo leo** can have six meanings:

	a él.	I read it to him
	a ella	,, ,, ,, her
Se lo leo	**a usted**	,, ,, ,, you (sing.)
	a ellos.	,, ,, ,, them (masc.)
	a ellas.	,, ,, ,, them (fem.)
	a ustedes.	,, ,, ,, you (plural)

Similarly,

Quiero dárselo a él.

I want to give it to him.

Quiero dárselo a usted.

I want to give it to you.

etc.

and,

Léaselo a él. Read it to him.

Léaselo a ellas. Read it to them (fem.). etc.

e. *Other uses of* se.

Se is also used:

(1) As an ordinary reflexive pronoun:

e.g. **Ellos se lavan.** They wash themselves.

Él se levanta. He gets up.

177

SIMPLER SPANISH COURSE

(2) As an alternative to the passive voice:

e.g. **Se venden libros.** Books are sold.

(3) To form a kind of impersonal verb:

e.g. **Se dice que . . .** It is said that . . .

Se me dice que . . . I am told that . . .

(*Literally:* It is said to me that . . .)

f. *Use of Prepositional Pronouns* (see Column 5). These are separated from the verb and are most frequently found after prepositions, usually for the sake of emphasis, or, as mentioned in (d) above, to avoid ambiguity:

e.g. **A mí, me lo ha leído.** He has read it, *to me.*

A usted le gusta leer. You like reading.

Se lo daré a ella, no a usted.

I shall give it to her, not to you.

Han salido sin ella.

They have gone out without her.

Vino hasta mí. He came up to me.

Note:

conmigo, with me

contigo, with you

consigo, with him(self), her(self), them(selves).

e.g. **Vendrán conmigo.** They will come with me.

Ella lo lleva consigo. She carries it with her.

20. RELATIVE PRONOUNS (who, which, etc.)

		Persons	*Things*
a.	*Subject*	**que** (who)	**que** (which)
	Object	**que** (whom)	**que** (which)
	Whose	**cuyo (a, os, as)**	**cuyo (a, os, as)**
	Prepositional	**de** ⎫	**de** ⎫
	(Simple pre-	**a** ⎬ **quien (es)**	**a** ⎬ **que** (which)
	positions)	**con** ⎭ (whom)	**con** ⎭
		etc.	etc.

178

OUTLINES OF GRAMMAR

e.g. **el periódico que compro,** the paper which I buy
el muchacho que canta, the boy who is singing
el libro de que hablamos,
the book we are talking about
el hombre de quien hablo,
the man I am talking about.
los soldados con quienes viajé,
the soliders with whom I travelled

Que may refer to $\left\{ \begin{array}{l} (1)\ things \\ (2)\ persons \end{array} \right\}$ when it is the
subject or object of a relative clause:

e.g. **¿Cómo se llama la muchacha (que está cantando?)**
What is the name of the girl (*who is singing?*) } *subject*

El muchacho (que conozco) acaba de llegar.
The boy (*whom I know*) has just arrived. } *object*

El lápiz (que compré) está en la mesa.
The pencil (*which I bought*) is on the table. } *object*

Los aviones (que aterrizan aquí) son españoles.
The planes (*which land here*) are Spanish. } *subject*

b. Quien (plural **quienes**)

This refers to *persons* only and usually replaces **que** after the one-syllable prepositions **a, de, con** and **en:**

e.g. **El torero** $\left\{ \begin{array}{l} \textbf{que} \\ \textbf{a quien} \end{array} \right\}$ **vi era valiente.**
The bullfighter (*whom I saw*) was brave.

179

SIMPLER SPANISH COURSE

El profesor (de quien hablamos) está enfermo.
The teacher (*we are talking about*) is ill.
Los amigos (en quienes piensa Vd.) se fueron a Francia.
The friends (*you are thinking of*) went off to France.
¿Dónde están los niños (con quienes suele jugar)?
Where are the children (*you usually play with*)?

Notes:

(i) **Quien** may mean *and he* (study the example):
e.g. **Entregó las monedas al abogado, quien las pesó una a una.**

He gave the coins to the lawyer $\left\{ \begin{array}{l} \text{who} \\ \text{and he} \end{array} \right\}$ weighed them one by one.

(ii) **Quien**, especially in **refranes**, means *he who*:
e.g. **Quien busca, halla** (Seek and ye shall find!).
He who looks, finds.

(iii) **Quien(es)** . . . **quien(es)** are correlatives meaning one . . . another, some . . . others:
e.g. **Los pescadores dormían: quienes de bruces, quienes boca arriba.**
The fishermen were sleeping: some face downwards, others face upwards (on their backs).

c. **El cual, la cual, los cuales, las cuales**
El que, la que, los que, las que
These are used to replace **que, quien, quienes:**

(i) to avoid ambiguity:
e.g. **He escrito a la hija del señor García, la cual está enferma.**
I have written to Mr. García's daughter who is ill.

180

OUTLINES OF GRAMMAR

(ii) after **por, sin, tras** and all other prepositions, either compound or with more than one syllable:

e.g. **Las calles por las cuales nos paseamos son anchas.**
The streets through which we strolled are wide.
No hablo de esas muchachas para las cuales el "cricket" es incomprensible.
I'm not talking about those girls for whom cricket is incomprehensible.
El colegio está situado en un campo detrás del cual corre el río.
The school is situated in a field behind which the river runs.

Note: **El que, la que, los que, las que** are used in normal language where **quien** is used in proverbs (20b, *Note* (ii)):

e.g. **Los que fueron, se pusieron sanos.**
Those who went became fit.

d. **Lo que** = what (both subject and object of relative clause).

e.g. **¿Sabe usted lo que está en la caja?**
Do you know what is in the box.?
Eso es lo que quería saber.
That is what I wanted to know.

Note: **Lo que** or **lo cual** are used for **que** (which) referring to a previous idea, a whole clause, etc.:

e.g. **Su marido ha muerto, lo** $\left\{\begin{array}{l}\textbf{que}\\\textbf{cual}\end{array}\right\}$ **me apena mucho.**

Her husband has died, which grieves me very much.

181

SIMPLER SPANISH COURSE

e. **Cuyo, -a, -os, -as** = whose, of which, agrees with the following noun:

e.g. **¿Conoce usted al señor cuya casa hemos comprado?**

Do you know the gentleman whose house we have bought?

Ha perdido un billete de lotería con cuya venta habría podido obtener quinientas pesetas.

He has lost a lottery ticket, the sale of which could have brought him five hundred pesetas.

Note: **Cuyo** can never be an interrogative adjective. **¿De quién?** is used, instead:

e.g. **¿De quién es el libro?** Whose book is it?

21. INTERROGATIVE PRONOUNS

a. **¿Quién?** = who? whom?

e.g. **¿Quién es?** Who is it?

¿A quién escribió usted?

To whom did you write?

¿A quién vieron? Whom did you see?

¿Con quiénes viajaban?

With whom were they travelling?

¿De quién es el lápiz? Whose pencil is it?

b. **¿Qué? (¿Qué es lo que . . .?)** = what?

e.g. **¿Qué hacen ellos?** What are they doing?

¿Qué pasa? What's the matter?

¿Qué desea usted? What do you want?

¿De qué está hablando?

What is he talking about?

¿De qué es el reloj?

What is the watch made of?

182

OUTLINES OF GRAMMAR

¿Por qué corren?
Why (for what reason) are they running?
¿En qué piensas tú? What are you thinking of?
¿Para qué sirve la tiza?
What is the chalk used for?
¿Con qué escribe el profesor?
What does the teacher write with?

c. **¿Cuál?** = which? which one?
e.g. **¿Cuál es su casa?** Which is his house?
¿Cuáles de los periódicos compró usted?
Which of the newspapers did you buy?

22. INTERROGATIVE ADJECTIVES.

a. **¿Qué?** = what? which?
e.g. **¿Qué hora es?** What's the time?
¿Qué ventana está abierta?
Which window is open?
¿Qué cartas ha escrito Vd.?
Which letters have you written?
¿A qué hora sale el tren?
What time does the train leave?
¿De qué país es usted?
What country do you come from?
¿De qué color es el vestido?
What colour is the dress?

b. **¿Cuánto (-a, -os, -as)?** = how much (many)?
e.g. **¿Cuántas hermanas tiene usted?**
How many sisters have you?
¿Cuántos días tiene la semana?
How many days are there in the week?
¿Cuánto queso desea usted?
How much cheese do you want?

183

SIMPLER SPANISH COURSE

23. Indefinite adjectives and pronouns

Adjectives	*Pronouns*
mucho (-a, -os, -as), much, many	**alguien,** someone
alguno (-a, -os, -as), some(one)	**algo,** something
poco (-a, -os, -as), not much, few	**cada cual,** each one
tanto (-a, -os, -as), so (as) much, so (as) many	**todo,** everything
	todos, everybody

ambos (-as), both
cada (invariable), each
otro (-a, -os, -as), other, another
tal (-es), such
cierto (-a, -os, -as), certain
mismo (-a, -os, -as), same, self (see § 41b)

> e.g. **Lea usted otra cosa.**
> Read something else.
> **Tales hombres son peligrosos.**
> Such men are dangerous.
> **Ambos trenes acaban de llegar.**
> Both trains have just arrived.
> **Ella misma los conoce a todos.**
> She knows them all herself.
> **Compro tantos libros como él.**
> I buy as many books as he does.

24. Negative expressions

no —— **nada,** nothing
no —— **nadie,** nobody
no —— $\left\{ \begin{array}{l} \textbf{nunca,} \\ \textbf{jamás} \end{array} \right.$ never
ni —— **ni,** neither —— nor
ni siquiera, not even
no —— **ninguno (-a, -os, -as)**, no (+noun)
ya no, no longer

184

OUTLINES OF GRAMMAR

no ——— más, no longer (Latin America)
no ——— más que, only
no ——— sino, not ——— but, only
nada más, nothing else
tampoco, neither

Note: If the negative word precedes the verb, *no* is not required:

e.g. **No viene nadie.** }
Nadie viene. } No one comes.

No le importa nada. }
Nada le importa. } Nothing matters to him.

The following are some examples of sentences with negative expressions:

Nadie sabía nada.
No one knew anything.

No hemos visto ningún autobús.
We have not seen a bus.

Sin ninguna importancia.
Without any importance.

No ocurrió nada más.
Nothing else happened.

Ella no admite en casa ni perros ni gatos.
She doesn't allow either dogs or cats in the house.

No pudo encontrar ni (siquiera) un trozo de pan.
He couldn't find even a bit of bread.

Ni tú ni yo jugamos bien al fútbol.
Neither you nor I play football well.

No he visto nunca ciudad más bella. }
Nunca he visto ciudad más bella. }
I've never seen a more beautiful city.

No juega más. }
Ya no juega. } He no longer plays.

No tiene más que dos libros en el saco.
He has only two books in the bag.

185

SIMPLER SPANISH COURSE

La campana no sonaba sino de hora en hora.
The bell tolled only from hour to hour.
Yo no voy tampoco.
Tampoco yo voy. } I'm not going either.

25. ORDINAL NUMBERS* UP TO TWELFTH

1st	**primer(o) (-a)**	7th	**séptimo (-a)**
2nd	**segundo (-a)**	8th	**octavo (-a)**
3rd	**tercer (o) (-a)**	9th	**noveno (-a)**
4th	**cuarto (-a)**	10th	**décimo (-a)**
5th	**quinto (-a)**	11th	**undécimo (-a)**
6th	**sexto (-a)**	12th	**duodécimo (-a)**

Note:

a. **Primero** and **tercero** drop the final **-o** before a masculine singular noun:
  e.g. **en primer lugar,** in the first place.
  el tercer hombre, the third man.

b. These ordinals are used with names of monarchs up to and including **décimo:**
  e.g. **Isabel Segunda** Isabel II
  Carlos Quinto Charles V
  Enrique Octavo Henry VIII
  Luis Décimo Louis X
  but, **Alfonso Once** Alfonso XI

* See Appendix A for List of NUMERALS.

26. DATES

The months of the year (**los meses del año**) are:

enero	**mayo**	**setiembre**
febrero	**junio**	**octubre**
marzo	**julio**	**noviembre**
abril	**agosto**	**diciembre**

186

OUTLINES OF GRAMMAR

The days of the week (los días de la semana) are:

domingo	**martes**	**viernes**
lunes	**miércoles**	**sábado**
	jueves	

El primero de abril de 1958 (mil novecientos cincuenta y ocho).
April 1st, 1958.
El dos de junio de 1805 (mil ochocientos cinco).
June 2nd, 1805.
El lunes, quince de agosto de 1500 (mil quinientos).
Monday, August 15th, 1500.
El jueves, treinta y uno de diciembre de 1750 (mil setecientos cincuenta).
Thursday, December 31st, 1750.

Note:
a. **Primero** is the only ordinal number used.
b. **De** is inserted before the month and the year.
c. **El** is placed before the day of the week if mentioned, otherwise in front of the day of the month.
d. To find out the day of the month ask:
  ¿A cuántos estamos hoy?
  Hoy estamos a veintiuno (de mayo) (May 21st).

27. THE TIME OF THE DAY (la hora)

Son las once de la mañana.	It is 11 a.m.
Son las cinco de la tarde	It is 5 p.m.
Son las once y cinco de la noche.	It is 11.5 p.m.
Son las once y cuarto de la mañana.	It is 11.15 a.m.
Son las once y media de la mañana.	It is 11.30 a.m.
Son las doce menos cuarto.	It is 11.45.

187

SIMPLER SPANISH COURSE

Son las doce menos diez. It is 11.50.
Son las doce del día. It is 12 noon.
Son las doce de la noche. It is 12 midnight.

Note:

a. **Son** is plural because the hours are plural.
$Y = +$ sign = "after" or "past".
Menos = $-$ sign, equivalent to English "to".
De la mañana = a.m.
De la tarde = p.m.
De la madrugada = early morning hours.
De la noche = night hours.

b. Between 12.30 and 1.30 the hour is singular, and
so **son** becomes **es**:

e.g. **Es la una.** It is *one* o'clock.
Es la una y media. It is half past *one*
(1.30).
Es la una menos cuarto. It is a quarter to *one*
(12.45).

Adverbs

28. POSITION OF ADVERBS

The usual practice is to place adverbs immediately
after the verb; although short adverbs of time, like
hoy, ayer, ya, etc., frequently stand first in the sentence:

e.g. **Hablaba despacio.** He spoke slowly.
Hoy me tropecé con él. I met him today.

29. FORMATION OF ADVERBS

a. Add **-mente** to the feminine of the adjective to form
some adverbs of manner:

e.g. **intenso, -a, intensamente**
loco, -a, locamente
considerable, considerablemente

188

OUTLINES OF GRAMMAR

Note: The **-mente** is removed from the first adverb if two or more adverbs ending in **-mente** are used after one another:

  e.g. **Escribe correcta y elegantemente.**
  He writes correctly and elegantly.

b. Sometimes **con** plus a noun is used to form an adverb:

  e.g. **rápidamente** or **con rapidez**
  cuidadosamente or **con cuidado.**

30. SOME COMMON ADVERBS

siempre, always	**desde luego,** of course
acaso, perhaps	**despacio,** slowly
en seguida, immediately	**de prisa,** fast
de nuevo, again	**también,** also
bastante, enough	**tampoco,** neither
demasiado, too (much)	**claro,** evidently
a menudo, often	**todavía,** still
a veces, sometimes	**pronto,** soon

31. COMPARISON OF ADVERBS

This is achieved by using **más,** (**lo más** for the superlative):

  e.g. **Hable más despacio, por favor.**
  Please speak more slowly.
  Vendré lo más pronto posible.
  I will come as fast as possible.

Note these irregular comparatives:

well, **bien**	better, **mejor**	best, **lo mejor**
badly, **mal**	worse, **peor**	worst, **lo peor**
much, **mucho**	more, **más**	most, **lo más**
little, **poco**	less, **menos**	least, **lo menos**

189

SIMPLER SPANISH COURSE

32. COMPARATIVES AND CLAUSES

a. *Comparison of adjectives and adverbs with a clause.* **De lo que** is required instead of **que** when the adjective or adverb is compared with a clause:

e.g. **Es más rico que yo** (*adjective + pronoun*).
He is richer than I.

Es más rico de lo que parece (*adjective + clause*).
He is richer than he appears.

Va a escribir más de lo que creen (*adverb + clause*).
He is going to write more than they think.

Hoy hemos dormido un poco más que ayer (*adverb*).
Today we have slept a little longer than yesterday.

Hoy hemos dormido un poco más de lo que nos habíamos propuesto (*adverb + clause*).
Today we have slept a little longer than we had intended.

Further examples for study:

Adjective

Estos ejercicios son más fáciles
These exercises are easier
{ **que los otros.**
than the others.
de lo que creía.
than I thought.

Adverb

El pescador me recibió mejor que su mujer.
The fisherman received me better than his wife.

El pescador me recibió mejor de lo que esperaba.
The fisherman received me better than I expected.

Gracias a Dios que me da más de lo que merezco.
Thanks be to God who gives me more than I deserve.

b. *Comparison of nouns with a clause.*
When a noun is compared with a clause, **del que,**

190

OUTLINES OF GRAMMAR

de la que, de los que or **de las que** is used, according to the gender and number of the noun "understood" in the clause:

> **Recibe más dinero que yo.**
> He receives more money than I.
> **Recibe más dinero del que gasta.**
> He receives more money than (the money) he spends.
> **Llegó más gente de la que invitaron.**
> More people came than were invited.
> **Tenemos más empleados de los que necesitamos.**
> We have more employees than we need.
> **Voy a escribir más cartas de las que pensaba.**
> I am going to write more letters than I thought.

Note: In all the above sentences **menos,** in place of **más** is, of course, used if "less" or "fewer" is required.

Prepositions

33. THE PREPOSITION **A** means "to", "at" and sometimes "from", and "after":

a. **A** is used after verbs of motion to mean "to":
> e.g. **Vamos a España, a Madrid.**
> We are going to Spain, to Madrid.
> **Todo el mundo corre a verle.**
> Everybody is running to see him.

Note: Consider **llegar** as a verb of motion:
> e.g. **El presidente ha llegado a la plaza.**
> The president has arrived at the square.

b. **A** is used after verbs of beginning, preparing and teaching to introduce the infinitive which follows:
> e.g. **Empezaron a cantar.** They began to sing.
> **Estamos dispuestos a salir.**
> We are ready to go out.

191

SIMPLER SPANISH COURSE

Aprende a hablar español.
He is learning to speak Spanish.

c. A is used after verbs implying separation, and means "from" in this context:

e.g. **Robaron el dinero a su abuelo.**
They stole the money from their grandfather.
Compraré el libro al profesor.
I shall buy the book from the teacher.

d. A is inserted before expressions of distance:

e.g. **La iglesia está a dos kilómetros de mi casa.**
The church is two kilometres from my house.

e. A is sometimes inserted before expressions of time and means "after" in this context:

e.g. **A los dos días de estar allí, murió.**
He died after two days there.

f. **Personal A** is used before a personal object, direct or indirect:

e.g. **Van a ver a sus parientes.**
They are going to see their relatives.
Visitaba a mi tío todos los días.
I used to visit my uncle every day.

g. Useful phrases with **A.** Learn these and add others:

(i) *Place:*

a la mesa, at table
a la derecha, on the right
a la izquierda, on the left
a lo lejos, far away, in the distance
al pie del árbol, at the foot of the tree
a caballo, on horseback
a orillas del mar, at the seaside

192

OUTLINES OF GRAMMAR

al sol, in the sun
a la sombra, in the shade
a la luz de las estrellas, in the starlight
a la luz de la luna, in the moonlight
al final de la calle, at the end of the street
al lado de la casa, at the side of the house
ir a casa, to go home

(ii) *Time:*

al día siguiente, (on) the next day
a la semana siguiente, the next week
al año siguiente, the following year
a las diez, at ten o'clock
a eso de las diez, (at) about ten o'clock
a principios del (de) mes, at the beginning of the month
a mediados del (de) año, in the middle of the year
a fines de abril, at the end of April
de sol a sol, from dawn to dusk
al amanecer, at dawn
al anochecer, at nightfall
al atardecer, at eventide
al mismo tiempo, at the same time

(iii) *Manner:*

a la española, in the Spanish way
a la francesa, in the French way
a ciegas, blindly
a gatas, on all fours
a tientas, gropingly
a oscuras, in the dark
a mano, by hand
a pie, on foot
a toda prisa, at full speed
a toda velocidad, at full speed
llover a cántaros, to pour with rain

193

SIMPLER SPANISH COURSE

(iv) *Others:*

al parecer, apparently
a mi parecer, in my opinion
a menudo, often
a veces, sometimes
al menos, at least
a lo menos, at least
a lo más, at most
a condición de que, on condition that
a propósito, by the way, on purpose
poco a poco, bit by bit
a pesar de, in spite of
a causa de, because of

34. THE PREPOSITION **CON** means "with". There are, however, important idiomatic uses in which other English prepositions must be used when translating:

    a. **Soñar con algo (alguien).** To dream of s.t. (s.o.):
       e.g. **Sueño con mis vacaciones.**
       I am dreaming of my holidays.

    b. **Casarse con alguien.** To marry s.o.:
       e.g. **María va a casarse con el hijo de mi amigo.**
       Mary is going to marry my friend's son.

    c. **Contar con algo (alguien).** To rely on s.t. (s.o.):
       e.g. **El médico cuenta con la ayuda de su mujer.**
       The doctor relies on his wife's help.

    Note: See (§ 19 f.) for **conmigo, contigo, consigo,** and (§ 29 b.) for use of "**con**" +noun to form adverbs.

35. THE PREPOSITION **DE** means "of", "from" and indicates possession:
       e.g. **Estoy comprando un kilo de azúcar.**
       I am buying two pounds of sugar.

194

OUTLINES OF GRAMMAR

El avión llega de Madrid a las diez.
The plane arrives from Madrid at ten o'clock.
Aquí tienen ustedes la casa de mi abuelo.
Here is my grandfather's house.
Es de madera. It is made of wood.

De is used after verbs of ending and other verbs, to introduce the infinitive which follows:

e.g. **Cesó de llover.** It stopped raining.
Acaba de cantar. She has just sung.
Trataré de escribir la carta mañana.
I'll try to write the letter tomorrow.

(See list on page 208.)

Useful phrases with **DE**:

de esta manera,
de este modo, } in this way
de esta forma,
de ninguna manera, not at all
de buena gana, willingly
de mala gana, unwillingly
de día, by day
de noche, by night
de vez en cuando, occasionally
de una vez, in one go
de pronto, suddenly
de repente, suddenly
a las nueve de la mañana, at nine a.m.
a las diez de la noche, at ten p.m.
de memoria, from memory
de nuevo, again
de nada, don't mention it!
¡ay de mí! woe is me!
de todos modos, in any case
como de costumbre, as usual

195

SIMPLER SPANISH COURSE

de cerca, nearby
ir de compras, to go shopping
cubierto de polvo, covered with dust
seguido de los niños, followed by the children
contento de descansar, happy to rest
camino de Londres, on the way to London

36. THE PREPOSITION **EN** means "in", "on", "at" and indicates "place where":

> e.g. **Estamos en Inglaterra, en Londres.**
> We are in England, in London.
> **No ponga usted el mantel en la mesa.**
> Don't put the tablecloth on the table.
> **Ella no está en casa.** She is not at home.

En also has the following important idiomatic uses:

a. **Pensar en algo (alguien).** To think of s.t. (s.o.):

> e.g. **Piensan en su hermanito.**
> They are thinking of their little brother.
> **No pienso en la película.**
> I'm not thinking of the film.

b. **Tardar en hacer algo.** To take (time) in doing s.t.:

> e.g. **Mi padre tardó una hora en llegar.**
> It took my father one hour to arrive.

c. **Ocuparse en hacer algo.** To be busy doing s.t.:

> e.g. **Ella se ocupaba en cocinar.**
> She was busy cooking.

Useful phrases with **EN**:

en casa, at home
en voz alta, aloud
en voz baja, in a low voice
en cuanto a, as for
en busca de, in search of

196

OUTLINES OF GRAMMAR

en vano, in vain
en seguida, at once
en medio de, in the middle of
en lugar de, instead of
en vez de, instead of
de vez en cuando, from time to time
de día en día, from day to day

37. THE PREPOSITION **PARA**, besides its ordinary meaning of "for" (see § 39A), means also: "in order to", "so as to" or "to":

e.g. **Hay que trabajar para vivir.**
You must work in order to live.
Fui a su casa para verle.
I went to his house to see him.
Habla para sí. He talks to himself.

Useful phrases with **PARA**:

para siempre, for ever
¿para qué? for what purpose?
Estamos para salir. We are about to leave.

38. THE PREPOSITION **POR** besides its ordinary meaning of "for" (see § 39B), can also mean:

a. by (after passive voice):
e.g. **El perro fue atropellado por el camión.**
The dog was run over by the lorry.

b. via *or* by way of:
e.g. **Fuimos a Madrid por Barcelona.**
We went to Madrid via Barcelona.

c. through:
e.g. **El ejército pasó por la ciudad.**
The army passed through the city.

197

SIMPLER SPANISH COURSE

Useful phrases with **POR**:

por avión, by air
por primera vez, for the first time
por si acaso, in case
por casualidad, by chance
por eso, therefore, for that reason
por fin, at last
por último, at last
por ejemplo, for example
por todas partes, everywhere
por aquí, this way
por la mañana, in the morning
por supuesto, of course

39(A). **PARA** is translated by "for" when it implies:

a. Purpose:

e.g. **Ella compra un traje de noche para ir al baile.**
     She buys an evening dress for the ball.
     Desean sacar entradas para la corrida de toros.
     They want to get tickets for the bullfight.
     Un libro para ciegos. A book for blind people.
     ¿Para qué van a Londres? Para divertirse.
     For what purpose do they go to London? To
     have a good time.

b. Destination: (place, people or time):

(i) *Place:*

e.g. **¿A qué hora sale el tren para Madrid?**
     What time does the train leave for Madrid?
     Necesitamos una mesa para la cocina.
     We need a table for the kitchen.

(ii) *People:*

e.g. **¿Hay cartas para mí?**
     Are there any letters for me?

198

OUTLINES OF GRAMMAR

Han construído una casa para los viejos.
A house (destined) for the old people has been built.

(iii) *Time:*

e.g. **Lo terminaremos para Navidad.**
We shall finish it for Christmas.
Están preparando la casa para el día de fiesta.
They are getting the house ready for the feast day.

c. Suitability (or unsuitability):

e.g. **El fútbol es un deporte difícil para las mujeres.**
Football is a difficult game for women.
La leche es muy buena para los niños.
Milk is very good for children.

39(B). **POR** translates "for" when it implies:

a. Exchange:

e.g. **Dieron cien pesetas por el libro.**
They gave one hundred pesetas for the book.
Ojo por ojo, diente por diente.
An eye for an eye, a tooth for a tooth.

b. Reason (because of, on account of):

e.g. **Por esta razón.** For this reason.
Por miedo a la policía. For fear of the police.

c. On behalf of (in favour of), for the sake of:

e.g. **Murieron por España.** They died for Spain.
No te preocupes por mí.
Don't worry about me (on my behalf).
El arte por el arte. Art for art's sake.
Habló por su hermano pequeño.
He spoke on behalf of his small brother.

d. Introduction to the object of a feeling:

e.g. **Tienen cariño por su madre.**
They have affection for their mother.

199

SIMPLER SPANISH COURSE

Tuvo miedo por el niño.
He felt frightened for the child.

e. Length of time (sometimes similar to **durante**):
   e.g. **Iremos a Madrid por seis meses.**
   We shall go to Madrid for six months.
   Por un instante tuvo miedo.
   He was frightened for a moment.

f. Send for, go for, ask for = to ask to see:
   e.g. **Mandaron por el dinero.**
   They sent for the money.
   Fueron (a) por agua.
   They went for (to fetch) water.
   Preguntó por el secretario.
   He asked for (to see) the secretary.

40. SOME COMMON EXCLAMATIONS

¡**Buenos días**! Good morning!
¡**Buenas tardes**! Good afternoon!
¡**Buenas noches**! Good evening!
¡**Muchas gracias**! Many thanks!
¡**De nada**! Don't mention it! (You're welcome)
¡**Muy bien**! Very good (well)!
¡**Está bien**! It is all right!
¡**Buen viaje**! Have a good trip!
¡**Hasta la vista**! "Au revoir"!
¡**Vamos a ver**! Let's see, Come!
¡**Ay de mí**! Alas!
¡**Madre mía**! 'Pon my soul! (Bless me!)
¡**Caramba**! an expression denoting surprise
¡**Qué lástima**! ⎫
¡**Qué pena**! ⎭ What a pity!

200

OUTLINES OF GRAMMAR

¡**Dígame**! ⎫ I say!
¡**Oiga**! ⎭

¿**Qué pasa**? What's the matter?
¡**Qué sorpresa**! What a surprise!
¡**Qué suerte**! What luck!
¡**Qué alegría**! How marvellous!
¡**Es estupendo**! It's wonderful!
¡**Qué coche tan estupendo**! What a wonderful car!
¡**Qué perezoso**! How lazy!
¡**Por si acaso**! Just in case!
¡**Socorro**! Help!
¡**Menos mal**! A good job!
¡**Feliz año nuevo**! Happy New Year!
¡**Felices Navidades**! Happy Christmas!
¡**Felices Pascuas**! Happy Easter!
¡**Feliz cumpleaños**! Happy Birthday!
¡**Enhorabuena**! ⎫
¡**Muchas felicidades**! ⎭ Congratulations

41. SOME USEFUL SPANISH WORDS
41a. demasiado—bastante

1. As *adjectives* they agree with the noun they modify:
   e.g. **Hay demasiada agua.** There is too much water.
   Tienen demasiados libros.
   They have too many books.
   ¿**Tiene usted bastantes lápices**?
   Have you enough pencils?
   No tengo bastante azúcar.
   I haven't enough sugar.

2. As *adverbs* there is, of course, no change:
   e.g. **Está demasiado ocupada.** She is too busy.
   Son bastante ricos.
   They are pretty (rather, very) wealthy.

Note: **Suficiente** may be used for **bastante**.

201

SIMPLER SPANISH COURSE

41b. mismo

ahora mismo, at this very moment
lo mismo, the same thing
la misma cosa, the same thing
Es el mismo libro. It is the same book.
Lo mismo me da. It's all the same to me.
El mismo rey se inclinó para saludar.
The same king bent down to salute.

But,

El rey mismo se inclinó para saludar.
The king himself bent down to salute.
Ellos mismos lo compraron.
They themselves bought it.

41c. mitad—medio

la mitad is a *noun*:

e.g. **La mitad de la cosecha es buena; la otra, no.**
Half the crop is good; the other is not.
¿Quiere usted la mitad de esta tortilla?
Do you want half of this omelette?

It is also used in a compound phrase:

e.g. **Estamos a mitad del camino.**
We are half-way there.
Estaban a mitad del trabajo.
They were half-way through the work.

Medio is usually an *adjective* (notice the omission of the article before **medio**):

e.g. **Comió medio pollo.** He ate half a chicken.
Media hora después. Half an hour later.

202

OUTLINES OF GRAMMAR

Es la una y media. It is half past one.
(*Literally:* it is one and a half).

It is used often in the phrase **en medio de:**

e.g. **El guardia estaba en medio de la gente.**
The policeman was in the middle of the people.

41d. **todo**

1. As an *adjective* it agrees with the noun it qualifies:

e.g. **todo el día,** all day (long)
todos los días, everyday
todo el mundo, everybody
toda la gente, all the people
a toda velocidad, at full speed

2. As a *pronoun* (note the additional pronoun **lo** before the verb):

e.g. **Lo sabe todo.**
Todo lo sabe. } He knows everything.
El dinero lo puede todo.
Money can do everything.
Llegaban llenos de curiosidad de verlo todo.
They came full of curiosity to see everything.
Todo lo habían dejado para venir aquí.
They had left everything in order to come here.
Conocemos a todos. We know everybody.

41e. **sino**

Sino replaces **pero** after a negative sentence to express contradiction:

e.g. **No es rojo sino azul.** It's not red but blue.
No sólo es inteligente sino también rico.
He is not only clever but wealthy too.

203

SIMPLER SPANISH COURSE

Verbs

42. INFINITIVE

a. The infinitive (e.g. to do, to sing, etc.) ends in:

-**ar,** e.g. **cantar,** to sing
-**er,** e.g. **comer,** to eat
or -**ir,** e.g. **vivir,** to live

Except the first and second person plural of the present tense and the familiar plural imperative, the verbs ending in -**er** and -**ir** are conjugated similarly.

b. Like a noun, the infinitive can be used as the subject of a verb. It is always masculine and sometimes has the article in front:

e.g. **Me gusta (el) viajar.**
I like travelling (to travel).
(*Literally:* (to) travel gives me pleasure.)
Hablar idiomas es útil.
It is useful to speak languages.

c. When a Spanish verb is governed by a preposition it is almost always in the infinitive mood:

e.g. **después de hablar,** after talking
Llegó sin ver a nadie.
He arrived without seeing anyone.

43. SOME COMMON CONSTRUCTIONS WITH THE IN-FINITIVE

a. **Al** + infinitive:

e.g. **al llegar,** on arriving
al hablar, on speaking
al salir, on leaving

204

OUTLINES OF GRAMMAR

b. **Después de** + infinitive:

e.g. **después de llegar,** after arriving
después de cantar, after singing
después de comer, after eating

c. **Antes de** + infinitive:

e.g. **antes de comer,** before eating
antes de acostarse, before going to bed
Antes de acostarnos decimos: "buenas noches".
Before going to bed we say: "good night".

d. **Sin** + infinitive:

e.g. **sin decir nada,** without saying anything
sin cesar, without stopping

Note: the adjectival use:
un hombre sin afeitar, an unshaven man
una lata sin abrir, an unopened tin
un jardín sin cuidar, an uncared for garden

44. SOME VERBS WHICH REQUIRE **NO** PREPOSITION
BEFORE THE FOLLOWING INFINITIVE:

a. *Verbs of command, permission and advice* (but see
§ 73b):

hacer salir a alguien, to cause s.o. to go out
mandar „ „ „ to order „ „ „ „
ordenar „ „ „ „ „ „ „ „ „
dejar entrar a alguien, to let s.o. come in
permitir entrar a alguien, to allow s.o. to come in
impedir pasar a alguien, to prevent s.o. passing
prohibir pasar a alguien, to forbid s.o. to pass
aconsejar trabajar a alguien, to advise s.o. to work
recomendar trabajar a alguien, to recommend s.o.
to work
proponer trabajar, to propose to work

205

SIMPLER SPANISH COURSE

b. *Verbs of mood:*

poder nadar, to be able to swim
saber nadar, to know how to swim
querer nadar, to want to swim
desear nadar, to wish to swim
deber nadar, to have to swim

c. *Verbs of the mind:*

pensar escribir, to intend to write
creer escribir, to think to write
olvidar escribir, to forget to write
esperar escribir, to hope to write
decidir escribir, to decide to write
determinar escribir, to decide to write
parecer escribir, to seem to write
recordar escribir, to remember to write

d. *Verbs of sense perception:*

escuchar cantar a alguien, to listen to s.o. singing
oír   ,,   ,,   ,,   ,, hear   ,,   ,,
ver   ,,   ,,   ,,   ,, see   ,,   ,,
mirar   ,,   ,,   ,,   ,, watch   ,,   ,,
percibir   ,,   ,,   ,,   ,, perceive   ,,   ,,
observar   ,,   ,,   ,,   ,, observe   ,,   ,,
sentir   ,,   ,,   ,,   ,, feel   ,,   ,,

e. *Verbs of statement, etc.:*

asegurar no haber robado, to assure not to have stolen
admitir haber robado, to admit   having stolen
confesar   ,,   ,,   ,, confess   ,,   ,,
negar   ,,   ,,   ,, deny   ,,   ,,
declarar   ,,   ,,   ,, declare   ,,   ,,

206

OUTLINES OF GRAMMAR

Others:

lograr escaparse, to manage to escape
procurar escaparse, to try to escape
necesitar escaparse, to need to escape

45. SOME VERBS FOLLOWED BY AN **A** AND AN INFINITIVE:

a. *Verbs of beginning:*

comenzar a
empezar a
ponerse a
principiar a
} **leer,** to begin to read

b. *Verbs of learning, teaching and preparing:*

aprender a		to learn how to
enseñar a		„ teach how to
aplicarse a		„ apply oneself to
prepararse a	**coser,**	„ prepare oneself to
disponerse a		„ get ready to
dedicarse a		„ devote oneself to
consagrarse a		„ dedicate oneself to

} sew

} sewing

c. *Verbs of motion and haste:*

acercarse a		to approach to
ir a		„ go to
venir a		„ come to
correr a	**jugar,**	„ run to
acudir a		„ run up to
apresurarse a		„ hasten to
precipitarse a		„ rush to
entrar a		„ enter to

} play

207

SIMPLER SPANISH COURSE

d. *Verbs of persuading, encouraging and forcing:*

persuadir a		to persuade	
animar a		„ encourage	
ayudar a		„ help	
inducir a		„ induce	
incitar a	alguien a correr,	„ incite	s.o. to run
invitar a		„ invite	
forzar a		„ force	
obligar a		„ oblige	
mandar a		„ order	

e. *Verbs of deciding and refusing, when reflexive:*

determinarse a		to determine to	
decidirse a	beber,	„ decide to	drink
negarse a		„ refuse to	
limitarse a		„ limit oneself to	

f. *Other verbs frequently used:*

atreverse a		to dare to swim	
acertar a	nadar,	„ succeed in swimming	
renunciar a		„ give up swimming	
volver a		„ swim again	

46. SOME VERBS FOLLOWED BY **DE** AND AN INFINITIVE:

a. *Verbs of ending:*

acabar de		to finish	
cesar de		„ cease	
dejar de	leer,	„ stop	reading
parar de		„ stop	
terminar de		„ end	

208

OUTLINES OF GRAMMAR

b. *Verbs of emotion:*

alegrarse de		to be glad to sing
arrepentirse de		„ repent of
avergonzarse de		„ be ashamed of
cansarse de		„ be weary of
desesperar de	cantar,	„ despair of
gozarse de		„ enjoy
gustar de		„ take delight in
quejarse de		„ complain of

} singing

c. *Verbs + a noun:*

tener el derecho de hablar, to have the right to speak
tener el deseo de comer, to have the desire to eat
tener la intención de irse, to have the intention to go away
hacer el favor de callarse, to be silent, please

d. *Other useful verbs:*

acordarse de		to remember to
olvidarse de		„ forget to
tratar de	escribir,	„ try to
haber de		„ have to
aprovecharse de		„ benefit from
no poder menos de		not to be able to help

} write

} writing

47. SOME VERBS WHICH REQUIRE EN BEFORE THE FOLLOWING INFINITIVE:

consentir en venir, to consent to come
quedar en pagar, to agree to pay
convenir en viajar juntos, to agree to travel together
interesarse en cocinar, to be interested in cooking
ocuparse en leer, to be busy reading
consistir en escribir, to consist of writing

SIMPLER SPANISH COURSE

insistir en hablar, to insist on talking
persistir en cantar, to persist in singing
pensar en nadar, to think about swimming
tardar en llegar, to take time in arriving
vacilar en saltar, to hesitate to jump
hacer bien (mal) en partir, to do well (wrong) in leaving

48. SOME VERBS WHICH REQUIRE **CON** BEFORE THE FOLLOWING INFINITIVE:

contar con salir pronto, to count on leaving soon
contentarse con mirar, to confine oneself to looking
soñar con volar, to dream of flying

49. **El gerundio**

a. This is formed by adding to the stem of the verb, the ending:

> **-ando** for **-ar** verbs; e.g. **hablando**
> **-iendo** for **-er** verbs; e.g. **comiendo**
> **-iendo** for **-ir** verbs; e.g. **viviendo**

Note: i becomes y when unstressed and between two vowels; .eg. **leyendo, creyendo, oyendo.**

b. This form is called **gerundio** in Spain, but in England it is often referred to as a Present Participle.

c. The **gerundio** of radical-changing **-ir** verbs has a change of stem, the **e** becoming **i** and the **o** becoming **u.**
   e.g. **preferir, prefiriendo**
   sentir, sintiendo
   pedir, pidiendo
   reír, riendo
   dormir, durmiendo

210

OUTLINES OF GRAMMAR

d. For the **gerundio** of irregular verbs see Verb Lists, Appendix E (page 267).

e. The **gerundio** is used:

1. with the verb **estar** (and sometimes **ir,** to go, and **seguir,** to follow) to form continuous tenses:
   e.g. **Estoy escribiendo.** I am writing.
   Estaban comiendo. They were eating.
   Siguen jugando. They go on playing.

2. to translate the English "by", "while", "through" with the -ing form of the verb:
   e.g. **Trabajando mucho, ganará mucho dinero.**
   By working hard, you will earn a lot of money.
   No pierda usted el tiempo diciendo tonterías.
   Don't waste time (through) talking nonsense.

50. PAST PARTICIPLE

a. *Infinitive*   *Past Participle*

hablar	**hablado**
comer	**comido**
vivir	**vivido**
tener	**tenido**
haber	**habido**
ser	**sido**
estar	**estado**

Note: -**AR** verbs have the ending -**ado**;
      -**ER** and -**IR** verbs have the ending -**ido**.

Irregular Past Participles

escribir	**escrito**	written
poner	**puesto**	put
hacer	**hecho**	done, made
volver	**vuelto**	returned

211

SIMPLER SPANISH COURSE

decir	dicho	said
abrir	abierto	opened
ver	visto	seen
romper	roto	broken or torn
cubrir	cubierto	covered
morir	muerto	dead
imprimir	impreso	printed
freír	frito	fried

b. *The Past Participle is used:*

1. with the verb **haber** to form compound tenses (see § 66).

   e.g. **He hablado.** I have spoken.

   Habían comido. They had eaten.

2. with the verb **ser** to form the passive voice, in which case the Past Participle agrees with the subject.

   e.g. **Fueron asesinados.** They were assassinated.

   Ha sido aplaudida. She has been applauded.

3. with the verb **estar** to express a state or condition resulting from previous action. Here, too, the Past Participle agrees with the subject.

   e.g. **Estamos sentados.** We are seated (sitting down).

   Estaba cansada. She was tired.

c. *Note the following Past Participles and their meanings:*

aburrido, boring	**colgado,** hanging
acostado, lying down	**divertido,** amusing
apoyado, leaning	**dormido,** sleeping
asomado, leaning out	**sentado,** sitting
atrevido } daring	**reclinado,** reclining
osado	**ruborizado,** blushing

212

OUTLINES OF GRAMMAR

51. PRESENT TENSE OF THREE REGULAR MODEL VERBS

	HABLAR	**COMER**	**VIVIR**
	(*to speak*)	(*to eat*)	(*to live*)
Yo	**hablo**	**como**	**vivo**
tú	**hablas**	**comes**	**vives**
él	**habla**	**come**	**vive**
nosotros	**hablamos**	**comemos**	**vivimos**
vosotros	**habláis**	**coméis**	**vivís**
ellos	**hablan**	**comen**	**viven**

Note 1: **Comer** has the same endings as **hablar,** except that there is an **e** instead of an **a** in the endings.

Note 2: **Vivir** has the same endings as **comer,** except that **-imos** and **-ís** replace **-emos** and **-éis.**

52. REVISION OF THE PRESENT TENSE OF THE FOUR KEY IRREGULAR VERBS

	a. **TENER**	**HABER**
	(*to have*)	(*to have*)
	tengo	**he**
	tienes	**has**
	tiene	**ha**
	tenemos	**hemos**
	tenéis	**habéis**
	tienen	**han**

Note 1: **Haber** is normally used as a helping or auxiliary verb, to form compound tenses, e.g. **hemos hablado,** we have spoken; **han hablado,** they have spoken. (See p. 235).

Note 2: **Tener** usually means "to possess", "to hold". (See p. 249).

213

SIMPLER SPANISH COURSE

b. **SER**	**ESTAR**
(*to be*)	(*to be*)
soy	**estoy**
eres	**estás**
es	**está**
somos	**estamos**
sois	**estáis**
son	**están**

Note 1: **Estar** is used with the **gerundio** to form a Present Continuous Tense:

　e.g. **Estamos hablando.** We are talking.

Note 2: See p. 239 for the differences between these two verbs.

53. REFLEXIVE VERBS

The reflexive pronouns are:

　Sing.: **me, te, se**
　Plural: **nos, os, se**

LAVARSE
to wash (oneself)

Present	*Perfect*
me lavo	**me he lavado**
(*I wash myself*)	(*I have washed myself*)
te lavas	**te has lavado**
se lava	**se ha lavado**
nos lavamos	**nos hemos lavado**
os laváis	**os habéis lavado**
se lavan	**se han lavado**

Note the position of pronouns in the:

　Infinitive: **lavarse**
　Imperative (Polite): **lávese, lávense**
　Affirmative (Familiar): **lávate, lavaos**

214

OUTLINES OF GRAMMAR

Present { **estoy lavándome,** or
Continuous: { **me estoy lavando**

54. PRESENT TENSE OF IRREGULAR VERBS

GROUP 1

hacer (*to do*)	**HAGO**	**haces hace hacemos** etc.
poner (*to put*)	**PONGO**	**pones pone ponemos** etc.
salir (*to go out*)	**SALGO**	**sales sale salimos** etc.
caer (*to fall*)	**CAIGO**	**caes cae caemos** etc.
traer (*to bring*)	**TRAIGO**	**traes trae traemos** etc.
oír (*to hear*)	**OIGO**	**oyes oye oímos** etc.
valer (*to be worth*)	**VALGO**	**vales vale valemos** etc.
saber (*to know*)	**SÉ**	**sabes sabe sabemos** etc.
caber (*to fit in, hold*)	**QUEPO**	**cabes cabe cabemos** etc.
conducir (*to drive*)	**CONDUZCO**	**conduces conduce conducimos** etc.

Note: The above tenses are only irregular in the 1st person singular.

GROUP 2

dar (*to give*)	**DOY**	**das**	**da**	**damos**	**dais**	**dan**
ir (*to go*)	**VOY**	**vas**	**va**	**vamos**	**vais**	**van**
estar (*to be*)	**ESTOY**	**estás**	**está**	**estamos**	**estáis**	**están**

Note: Once you know the 1st person singular, the rest is very easy.

215

SIMPLER SPANISH COURSE

GROUP 3

Decir DIGO dices dice decimos decís dicen
(*to say*)
Venir VENGO vienes viene venimos venís vienen
(*to come*)
Poder PUEDO puedes puede podemos podéis pueden
(*to be able*)

Note: In the present, **decir** has a radical change like
pedir (see below); and **poder** like **volver** (see below):

55. PRESENT TENSE OF RADICAL-CHANGING VERBS

a. **o** becomes **ue** when stressed:

VOLVER	**ACOSTARSE**	**DORMIR**
(*to return*)	(*to go to bed*)	(*to sleep*)
vuelvo	me acuesto	duermo
vuelves	te acuestas	duermes
vuelve	se acuesta	duerme
volvemos	nos acostamos	dormimos
volvéis	os acostáis	dormís
vuelven	se acuestan	duermen

Note: The 1st and 2nd persons plural do not change
because the stress is not on the **o** syllable.

b. **e** becomes **ie** when stressed:

SENTARSE	**ENTENDER**	**PREFERIR**
(*to sit down*)	(*to understand*)	(*to prefer*)
me siento	entiendo	prefiero
te sientas	entiendes	prefieres
se sienta	entiende	prefiere
nos sentamos	entendemos	preferimos
os sentáis	entendéis	preferís
se sientan	entienden	prefieren

216

OUTLINES OF GRAMMAR

c. e becomes i when stressed:

PEDIR	**SEGUIR**	**REÍRSE**
(*to ask for*)	(*to follow*)	(*to laugh*)
pido	**sigo**	**me río**
pides	**sigues**	**te ríes**
pide	**sigue**	**se ríe**
pedimos	seguimos	nos reímos
pedís	seguís	os reís
piden	**siguen**	**se ríen**

Note:

1. **Seguir:** the **u** is not needed before an **o** or an **a**.
2. **Reírse:** an accent is needed on the **í** in this tense.
3. **Servir, medir** (to measure) are similar verbs.

56. THE FUTURE TENSE

a. This is normally formed by adding these endings
to the infinitive of the verb.

Sing.: **-é, -ás, -á**
Plural: **-emos, -éis, -án**

HABLAR	**COMER**	**VIVIR**
hablaré	**comeré**	**viviré**
hablarás	**comerás**	**vivirás**
hablará	**comerá**	**vivirá**
hablaremos	**comeremos**	**viviremos**
hablaréis	**comeréis**	**viviréis**
hablarán	**comerán**	**vivirán**

Note:

1. The endings are the same for all verbs.
2. There is an accent on the last syllable of each part
   but not on **-emos**.
3. Some of the verbs have an irregular Future stem.

217

SIMPLER SPANISH COURSE

b. *Verbs with irregular future stem*

caber	has **cabré,** etc.,	I shall fit in, etc.
decir	has **diré,** etc.,	I shall say, etc.
haber	has **habré,** etc.,	I shall have, etc.
hacer	has **haré,** etc.,	I shall do (make), etc.
poder	has **podré,** etc.,	I shall be able, etc.
poner	has **pondré,** etc.,	I shall put, etc.
querer	has **querré,** etc.,	I shall wish, etc.
saber	has **sabré,** etc.,	I shall know, etc.
salir	has **saldré,** etc.,	I shall go out, etc.
tener	has **tendré,** etc.,	I shall have, etc.
valer	has **valdré,** etc.,	I shall be worth, etc.
venir	has **vendré,** etc.,	I shall come, etc.

57. THE CONDITIONAL TENSE

a. This is a comparatively easy tense to form if you know the Future stem. All you have to do is to add to the Future stem these endings:

Sing.: -ía, -ías, -ía
Plural: -íamos, -íais, -ían

In other words, the Imperfect endings of **-er** and **-ir** verbs are added to the Future stem.

HABLAR	**COMER**	**VIVIR**
hablaría	**comería**	**viviría**
hablarías	**comerías**	**vivirías**
hablaría	**comería**	**viviría**
hablaríamos	**comeríamos**	**viviríamos**
hablaríais	**comeríais**	**viviríais**
hablarían	**comerían**	**vivirían**

Note:

1. There is an accent on the "**í**" throughout the tense.

218

OUTLINES OF GRAMMAR

2. It is used almost the same as the English Conditional:

e.g. **Nos gustaría muchísimo.**
We should like it very much.
Juanito quería saber cómo conduciría su tío.
Johnny wanted to know how his uncle would drive.
El tío dijo que irían al cine.
The uncle said they would go to the cinema.

b. Verbs with irregular Futures like **haré, pondré, tendré** will begin their Conditional tense:

haría, *I should do* (*make*),
pondría, *I should put,*
tendría, *I should have, etc.*

58. THE IMPERFECT TENSE

a. This is straightforward:

HABLAR	COMER	VIVIR
hablaba	comía	vivía
hablabas	comías	vivías
hablaba	comía	vivía
hablábamos	comíamos	vivíamos
hablabais	comíais	vivíais
hablaban	comían	vivían

Note:

1. **Hablábamos:** there is an accent on the middle **a**, to keep the stress on that syllable.
2. All **-er** and **-ir** verbs have an accented **í** in each person.
3. The only irregular Imperfect Tenses are those of **ser, ir** and **ver** (to see):

SER	IR	VER
era	iba	veía

219

SIMPLER SPANISH COURSE

eras	ibas	veías
era	iba	veía
éramos	íbamos	veíamos
erais	ibais	veíais
eran	iban	veían

59. Use of the Imperfect

It is used in writing and conversation to express:

a. *habitual actions* (what used to happen)
  e.g. **Me levantaba a las siete.**
  I used to get up at seven o'clock.

b. *interrupted action* (what was already going on when something else happened)
  e.g. **Íbamos por una calle silenciosa cuando se abrió una puerta.**
  We were going along a silent street, when a door opened.

c. *past description* (e.g. of people, "scenery" etc.)
  e.g. **La mujer era bonita.** The woman was pretty.
  El sol brillaba. The sun was shining.
  Hacía mucho calor. It was very hot.
  Las ventanas daban a la calle.
  The windows looked on to the street.

60. El pretérito or (Past Historic Tense)

a. This is formed by adding to the stem of the verb the following endings:

  -AR verbs *Singular:* **-é, -aste, -ó**
  _____ *Plural:* **-amos, asteis, -aron**
  -ER verbs ⎫ *Singular:* **-í, -iste, -ió**
  -IR verbs ⎭ *Plural:* **-imos, isteis, -ieron**

Note: Accents are placed over 1st and 3rd person singular.

220

OUTLINES OF GRAMMAR

HABLAR	COMER	VIVIR
hablé (*I spoke*)	comí (*I ate*)	viví (*I lived*)
hablaste	comiste	viviste
habló	comió	vivió
hablamos	comimos	vivimos
hablasteis	comisteis	vivisteis
hablaron	comieron	vivieron

Note: This tense is used chiefly to recount events which took place at a particular time in the past:

e.g. **Me levanté, salí a la pizarra,** etc.

I got up, I went to the blackboard, etc.

(see § 65)

b. *Spelling changes* (see also Appendix C)

Just as **lápiz** becomes **lápices,** so in verbs **z** becomes **c** before **i** and **e:**

e.g. **empezar**	**empecé**	**empezó**
cruzar	**crucé**	**cruzó**

Similarly a hard **g** becomes **gu** before **i** and **e:**

e.g. **llegar**	**llegué**	**llegó**
pagar	**pagué**	**pagó**
seguir	**seguí**	**siguió**

Rule: an "**i**" unaccented between two vowels becomes a **y:**

e.g. **OÍR** (*to hear*): **oí, oyó, oímos, oyeron.**

CAER (*to fall*): **caí, cayó, caímos, cayeron.**

HUIR (*to flee*): **huí, huyó, huímos, huyeron.**

61. The pretérito of radical-changing verbs ending in -ir

These are only irregular in the 3rd person where the radical **e** becomes **i,** and **o** becomes **u:**

221

SIMPLER SPANISH COURSE

1st person singular	3rd person singular	3rd person plural
sentí	sintió	sintieron
pedí	pidió	pidieron
dormí	durmió	durmieron

62. THE PRETÉRITO OF **SER** AND **IR**

These two verbs have the same form—a difficult one to remember because it is so irregular:

SER *and* **IR**
fui (*I was*, or *I went*, etc.)
fuiste
fue
fuimos
fuisteis
fueron

63. THE PRETÉRITO OF **DAR**

di (*I gave*, etc.)
diste
dio
dimos
disteis
dieron

64. LOS PRETÉRITOS GRAVES

An important group of common irregular verbs have what are called in Spanish **Pretéritos Graves**. The endings of these tenses are:

Singular: **-e, -iste, o,**
Plural: **-imos, isteis, ieron.**

(However, **-ieron** becomes **-eron** after a **j**; e.g. **dijeron**.)

Note:

1. The stem is the same throughout the tense.
2. No accents are placed on **pretéritos graves.**

222

OUTLINES OF GRAMMAR

Here are three samples of **pretéritos graves**:

TENER	**VENIR**	**DECIR**
(**tuv** *stem*)	(**vin** *stem*)	(**dij** *stem*)
tuve (*I had*)	**vine** (*I came*)	**dije** (*I said*)
tuviste	**viniste**	**dijiste**
tuvo	**vino**	**dijo**
tuvimos	**vinimos**	**dijimos**
tuvisteis	**vinisteis**	**dijisteis**
tuvieron	**vinieron**	**dijeron**

Other **pretéritos graves**

estar estuve, -iste, -o, -imos, -isteis, -ieron
  (*to be*)
caber cupe, -iste, -o, -imos, -isteis, -ieron
  (*to fit in*)
haber hube, -iste, -o, -imos, -isteis, -ieron
  (*to have*)
saber supe, -iste, -o, -imos, -isteis, -ieron
  (*to know*)
poner puse, -iste, -o, -imos, -isteis, -ieron
  (*to put*)
suponer supuse, -iste, -o, -imos, -isteis, -ieron
  (*to suppose*)
andar anduve, -iste, -o, -imos, -isteis, -ieron
  (*to walk*)
poder pude, -iste, -o, -imos, -isteis, -ieron
  (*to be able*)
querer quise, -iste, -o, -imos, -isteis, -ieron
  (*to wish*)
conducir conduje, -iste, -o, -imos, -isteis, -eron
  (*to drive*)
traer traje, -iste, -o, -imos, -isteis, -eron
  (*to bring*)

223

SIMPLER SPANISH COURSE

But,

HACER
(*to do, make*)

hice	hicimos
hiciste	hicisteis
hizo	hicieron

Note: **hizo**; to keep the soft "th" sound, the **c** becomes **z**.

65. THE USE OF THE PRETÉRITO (PAST HISTORIC)

Whereas the Imperfect is a tense of description, the Pretérito is one which relates mainly events. It is used in writing and conversation to express:

a. *events or actions which took place at some particular time:*

e.g. **Fui a Madrid hace dos años.**
I went to Madrid 2 years ago.
En aquel momento estalló la bomba.
At that moment the bomb went off.
En seguida la gente salió corriendo de la casa.
Immediately the people ran out of the house.
Los guardias empezaron a llegar.
The police began to arrive.

b. *interrupting actions*, that is, actions or events that began (or ended) while other events were in progress:

e.g. **Los niños hablaban cuando entró el tío.**
The children were talking when their uncle came in.
Estábamos cenando cuando sonó el teléfono.
We were having supper when the telephone rang.

c. *events or actions of limited or definite duration:*

e.g. **Durante dos minutos guardaron silencio.**
They remained silent for two minutes.

224

OUTLINES OF GRAMMAR

66. COMPOUND TENSES

The *Perfect* and other *compound tenses* are formed by placing the appropriate tense of **haber** before the Past Participle:

e.g. Perfect: **he hablado,** I have spoken
Pluperfect: **había hablado,** I had spoken
Past Anterior: **hube hablado,** I had spoken
Future Perfect: **habré hablado,** I shall have spoken
Conditional Perfect: **habría hablado,** I should have spoken

Note:

1. Reflexive and object pronouns are placed in front.
   e.g. **Se había levantado a las siete.**
   He had got up at 7 o'clock.
   Se lo había dado.
   He had given it to him.

2. The verb **haber** should never be separated from the Past Participle by any other word.
   e.g. **¿No han comprado ustedes el pan?**
   Haven't you bought the bread?

3. The Perfect Tense is used when the period of the time of the action has not yet elapsed.
   e.g. **No ha trabajado mucho este año.**
   He has not worked hard this year.

67. SEQUENCE OF TENSES

Study carefully the tense changes in the following sentences:

a. *Direct Statements*
   1. **Voy a Madrid**   I am going to Madrid
   2. **He ido a Madrid**   I have been to Madrid
   3. **Iré a Madrid**   I shall go to Madrid

225

SIMPLER SPANISH COURSE

b. *Indirect Statements*

(introduced by another verb in the Present Tense.)

Me dice que:	He tells me that:
1. **va a Madrid**	he is going to Madrid
2. **ha ido a Madrid**	he has been to Madrid
3. **irá a Madrid**	he will go to Madrid

(introduced by another verb in the Past Tense.)

Me dijo que:	He told me that:
1. **iba a Madrid**	he was going to Madrid (Imperfect)
2. **había ido a Madrid**	he had been to Madrid (Pluperfect)
3. **iría a Madrid**	he would go to Madrid (Conditional)

c. *Direct Questions*

1. **¿Va usted a Madrid?**	Are you going to Madrid?
2. **¿Ha ido usted a Madrid?**	Have you been to Madrid?
3. **¿Irá usted a Madrid?**	Will you go to Madrid?

d. *Indirect Questions*

(introduced by a verb in the Past Tense)

Me preguntó si:	He asked me whether:
1. **iba a Madrid**	I was going to Madrid
2. **había ido a Madrid**	I had been to Madrid
3. **iría a Madrid**	I should go to Madrid

Note: When introduced by a verb in the Past Tense, the Present Tense usually becomes the Imperfect; the Perfect „ „ „ „ Pluperfect; the Future „ „ „ „ Conditional.

226

OUTLINES OF GRAMMAR

68. **FAMILIAR IMPERATIVE (COMMAND)**

a. *Regular*

The singular has the same form as the 3rd person singular of the Present Indicative Tense. To form the plural, change the final **r** of the infinitive into a **d**:

Singular	Plural
habla (tú)	**hablad** (vosotros)
come (tú)	**comed** (vosotros)
vive (tú)	**vivid** (vosotros)

b. *Reflexive*

Add **-te** to form the singular form and **-os** to form the plural after removing **-d**:

levantarse	**levántate** (tú)	**levantaos** (vosotros)
sentarse	**siéntate** (tú)	**sentaos** (vosotros)
vestirse	**vístete** (tú)	**vestíos** (vosotros)

Remember the accents!

c. *Irregular*

salir	**sal**	**salid**
poner	**pon**	**poned**
decir	**di**	**decid**
hacer	**haz**	**haced**
ser	**sé**	**sed**
venir	**ven**	**venid**
tener	**ten**	**tened**
ir(se)	**ve(te)**	**idos**

Note: **Idos** is the only exception to b. above.

69. **POLITE IMPERATIVE (COMMAND)**

a. *Regular*

To form the Polite Command (with **usted**), the ending **-o** of the first person singular of the Present Indicative is replaced by:

227

SIMPLER SPANISH COURSE

-e and -en for -AR verbs
-a and -an for -ER and -IR verbs

e.g.

Infinitive	Pres. Ind.	Polite Command	
	(1st pers. sing.)	usted	ustedes
hablar	hablo	**hable**	**hablen**
comer	como	**coma**	**coman**
vivir	vivo	**viva**	**vivan**
tener	tengo	**tenga**	**tengan**
sentarse	me siento	**siéntese**	**siéntense**
pedir	pido	**pida**	**pidan**
volver	vuelvo	**vuelva**	**vuelvan**
coger	cojo	**coja**	**cojan**
pagar	pago	**pague***	**paguen***
conocer	conozco	**conozca**	**conozcan**

Note: The **u** is inserted to keep the hard **g** sound in the Infinitive (see Appendix C, p.264.)

b. *Irregular*

In a few instances the 1st person singular of the Present Indicative does not end in **-o.** Here are some of the most important exceptions:

ser	soy	**sea**	**sean**
estar	estoy	**esté**	**estén**
dar	doy	**dé**	**den**
ir	voy	**vaya**	**vayan**
saber	sé	**sepa**	**sepan**
haber	he	**haya**	**hayan**

70. Negative imperative (command)

In negative commands, whether familiar or polite, the Subjunctive form is always used:

228

OUTLINES OF GRAMMAR

e.g.		*Positive*	*Negative* (always Subjunctive form)
Polite	{	**hable** (usted)	**no hable** (usted)
		hablen (ustedes)	**no hablen** (ustedes)
Familiar	{	**habla** (tú)	**no hables** (tú)
		hablad (vosotros)	**no habléis** (vosotros)
Polite	{	**coma** (usted)	**no coma** (usted)
		coman (ustedes)	**no coman** (ustedes)
Familiar	{	**come** (tú)	**no comas** (tú)
		comed (vosotros)	**no comáis** (vosotros)
Polite	{	**salga** (usted)	**no salga** (usted)
		salgan (ustedes)	**no salgan** (ustedes)
Familiar	{	**sal** (tú)	**no salgas** (tú)
		salid (vosotros)	**no salgáis** (vosotros)

Note: The Subjunctive form is always used except in Positive Familiar Commands.

71. THE PRESENT SUBJUNCTIVE

Polite commands and also indirect commands require the same form of the verb, that of the Subjunctive Mood, which in the Present has the six endings:

-AR verbs { *Sing.:* **-e, -es, -e**
{ *Plural:* **-emos, -éis, -en**

-ER, -IR verbs { *Sing.:* **-a, -as, -a**
{ *Plural:* **-amos, -áis, -an**

The stem is, of course, that of the Polite Command (see § 69).

72. THE PAST SUBJUNCTIVE

Although there are two forms of this tense (one ending in **-ra**, the other in **-se**) both have more or less the same uses.

229

SIMPLER SPANISH COURSE

To form these two tenses you need to know the Past Historic (or Pretérito) of the verb. Take the 3rd person plural, which always ends in **-ron**:

e.g. **hablaron, pusieron, dijeron.**

Remove the **-ron** and add:

either: **-se, -ses, -se, -semos, -seis, -sen;**

or: **-ra, -ras, -ra, -ramos, -rais -ran.**

hablase	**hablara**	**pusiese**	**pusiera**
hablases	**hablaras**	**pusieses**	**pusieras**
hablase	**hablara**	**pusiese**	**pusiera**
hablásemos	**habláramos**	**pusiésemos**	**pusiéramos**
hablaseis	**hablarais**	**pusieseis**	**pusierais**
hablasen	**hablaran**	**pusiesen**	**pusieran**
	dijese	**dijera**	
	dijeses	**dijeras**	
	dijese	**dijera**	
	dijésemos	**dijéramos**	
	dijeseis	**dijerais**	
	dijesen	**dijeran**	

Similarly:

bebie**ron**	**bebiese**	**bebiera**
hicie**ron**	**hiciese**	**hiciera**
pidie**ron**	**pidiese**	**pidiera**
conduje**ron**	**condujese**	**condujera**

73. USE OF THE SUBJUNCTIVE MOOD

The following general points may be worth considering before studying this subject in detail: The Subjunctive is hardly ever used to state definite actions or facts; it is used rather:

1. To express direct or indirect commands, requests and similar ideas.

230

OUTLINES OF GRAMMAR

2. In dependent clauses which express what is going on in the mind and what is probably not yet confirmed.

3. Similarly, in clauses which express what may happen in the future.

73a. The Subjunctive Mood is used, in MAIN CLAUSES, for all imperatives—except Positive Familiar Commands—and to express wishes and prayers:

> e.g. **¡Oiga usted!** Listen!, I say!
> **¡Viva el Presidente!** Long live the President!
> **Siga cantando.** Go on singing.
> **Tenga la bondad de sentarse.** Please sit down.
> **Quédese un ratito más.** Stay a little longer.
> **Bebe el vino, no bebas el agua.**
> Drink the wine, don't drink the water. *Familiar Negative*
> **No hables tanto.** Don't talk so much.
> **¡Ojalá fuera posible!**
> Would to God it were possible!

73b. In NOUN CLAUSES depending on verbs expressing *Indirect Requests, Commands, Advice* and *Permission*, that is, verbs of:

1. Wishing **(querer que, desear que,** etc.):

> e.g. **¿Qué quiere usted que yo haga?**
> What do you want me to do?

But, of course, when both clauses have the same subject, the Infinitive is used in the subordinate clause:

> e.g. **Quiero ver a mi hija.**
> I want to see my daughter.
> **Deseaban visitar el palacio.**
> They wanted to visit the palace.

231

SIMPLER SPANISH COURSE

2. Requesting (**rogar que, pedir que,** etc.):

e.g. **La señora les ruega que no fumen en la habitación del enfermo.**

Madam requests you not to smoke in the patient's room.

Nos piden que entremos sin hacer ruido.

They ask us to enter quietly.

But: **Se ruega no fumar.** ⎤ Infinitive with a general re-
No smoking. ⎦ quest

3. Ordering (**decir que, mandar que, ordenar que,** etc.):

e.g. **Dígale que llame al coronel.**

Tell him to call the colonel.

Me dice que lo venda.

He tells me to sell it.

But: **Me dice que lo venderán.** ⎤ Indirect
He tells me that they will sell it. ⎦ speech

4. Advising (**aconsejar que, sugerir que, recomendar que,** etc.):

e.g. **El profesor aconseja a los alumnos que vayan a España.**

The teacher advises the students to go to Spain.

Sugiere que escribamos una carta al hotel.

He suggests we write a letter to the hotel.

5. Permitting and preventing (**dejar que, prohibir que,** etc.):

e.g. **Por favor, permita que mi hija se siente en esa silla.**

Please allow my daughter to sit on that chair.

232

OUTLINES OF GRAMMAR

La madre prohibe que su hijo salga de noche.
The mother won't let her son go out at night.

Note: If a pronoun is the object of the verbs **dejar, permitir, aconsejar, mandar, ordenar,** the Infinitive may be used instead of the Subjunctive:

e.g. **No le deja salir.** He won't let him come out.
El profesor les aconsejó ir a España.
The teacher advised them to go to Spain.

73c. In Clauses depending on verbs and phrases expressing EMOTION (*joy, sorrow, surprise, hope, fear, doubt, pity,* etc.):

e.g. **Me gusta que jueguen.** } joy
I like them to play.

Siento que estén enfermos. } sorrow
I'm sorry they are ill.

Me extraña que no hayan llegado. } surprise
I'm surprised they haven't arrived.

Espero que no nos vean. } hope
I hope they don't see us.

Tienen miedo de que el agua esté envenenada. } fear
They are afraid the water may be poisoned.

Dudamos que hayan ido a la corrida. } doubt
We doubt whether they have gone to the bullfight.

Note: When both clauses have the same subject, it is better to use the Infintive in the dependent clause:

e.g. **Siento llegar tarde.** I'm sorry I'm late.
Temo no tener bastante paciencia.
I'm afraid I haven't enough patience.

233

SIMPLER SPANISH COURSE

73d. In TEMPORAL CLAUSES depending on conjunctions such as: **cuando, antes de que, después que, siempre que, mientras, luego que, en cuanto, hasta que** when no definite fact is implied or when future possibility is referred to:

e.g. **Vendrá cuando se lo diga.**
He will come when I tell him to.

Queremos salir antes de que ella se ponga a cantar.
We want to go out before she begins to sing.

¿Qué hará usted después que haya muerto su padre?
What will you do after your father has died?

Iremos a verles siempre que no llueva.
We shall go to see them as long as it doesn't rain.

Viviremos juntos hasta que la muerte nos separe.
We shall live together till death do us part.

The Infinitive, governed by the corresponding preposition, is often used in the dependent clause when both subjects are the same:

e.g. **Después de lavarse las manos entraron al comedor.**
After they had washed their hands they went into the dining-room.

Note: **Antes de que** is nearly always followed by the Subjunctive:

e.g. **Buscó trabajo antes de que se le acabase el dinero.**
He looked for work before he used up all his money.

234

OUTLINES OF GRAMMAR

73e. In ADVERB CLAUSES depending on the following CONJUNCTIONS: **para que** (in order that), **sin que** (without), **con tal que** (provided that), **siempre que** (provided that), **a menos que** (unless) **a no ser que** (unless) **aunque** (although, *when no fact is implied*).

e.g. **Voy a comprar el periódico para que sepamos lo que ha ocurrido.**
I'm going to buy the newspaper so that we know what has happened.

Quiere marcharse sin que le vean.
He wants to go away without their seeing him.

A menos que ustedes trabajen mejor no les ayudaremos.
Unless you work better we shall not help you.

Se lo regalaré con tal que usted no lo venda.
I'll give it to you provided you don't sell it.

Aunque sea rico no me comprará nada.
Although (even if) he is (may be) rich he will not buy me anything.

But:

Aunque es rico, no me compra nada.
Although he is (*definitely*) rich, he doesn't buy me anything.

73f. In ADJECTIVAL CLAUSES depending on an *INDEFINITE* or *NEGATIVE ANTECEDENT*.

e.g. **Necesito un empleado que hable español.**
I want a clerk who speaks Spanish.

But:

Tengo un empleado (*definite person*) que habla español.
I have a clerk who speaks Spanish.

235

SIMPLER SPANISH COURSE

Desean una casa que dé al parque.
They want a house which looks on to the park.

But:

Compran una casa que da al parque.
They are buying a house (*definite house*) which looks on to the park.

No hay nada que podamos hacer.
There is nothing we can do.

No conocemos a nadie que sepa hablar ruso.
We don't know anyone who can speak Russian.

73g. In NOUN CLAUSES depending on IMPERSONAL VERBS; however, if a definite fact is implied, the Indicative is used.

e.g. **Es posible que llueva esta noche.**
It is possible it will rain tonight.

Es importante que los alumnos vayan a España.
It is important for the students to go to Spain.

Es probable que usted perdiera el reloj en la calle.
You probably lost your watch in the street.

Es cierto que venderán el coche.
It is certain they will sell the car.

¿Es cierto que vendan el coche?
Is it certain they will sell the car? (doubt is implied).

Era preciso que el avión despegara en seguida.
It was necessary for the plane to take off at once.

236

OUTLINES OF GRAMMAR

73h. In clauses, *past tenses only*, depending on **si** (meaning *if*) when the fulfilment was impossible or improbable and always after **como si** (meaning *as if*):

e.g. **Si yo $\left\{\begin{array}{l}\textbf{fuera}\\\textbf{fuese}\end{array}\right\}$ médico, iría en seguida.**

If I were a doctor (but I'm not!) I should go at once. (*Note:* English subjunctive "I were").

Si $\left\{\begin{array}{l}\textbf{vinieran}\\\textbf{viniesen}\end{array}\right\}$ los recibiríamos.

If they $\left\{\begin{array}{l}\text{came}\\\text{were to come}\end{array}\right\}$ we should receive them.

Si $\left\{\begin{array}{l}\textbf{hubieran}\\\textbf{hubiesen}\end{array}\right\}$ venido, los habríamos recibido.

If they had come (but they didn't!) we should have received them.

Estaba hablando como si no supiese lo que decía.
He was talking as if he didn't know what he was saying.

El gato negro maullaba como si llorase.
The black cat mewed as if it were crying.

Note: When **si** means *whether*, the above rules do not apply:

e.g. **No sabían si los libros estaban allí.**
They didn't know whether the books were there.

74. SEQUENCE OF TENSES IN SUBJUNCTIVE MOOD

This change, or sequence of tenses as it is called, is very common in Spanish; in fact it is usually found when the introductory (or main) clause is already in a Past Tense:

237

SIMPLER SPANISH COURSE

e.g. **No me gusta que fumen aquí.**
I don't like them to smoke here.

becomes:

No me gustaba que $\begin{Bmatrix} \textbf{fumasen} \\ \textbf{fumaran} \end{Bmatrix}$ aquí.

I didn't like them to smoke here.

Quiero que me ponga con el coronel.
I want you to put me on to the colonel.

becomes:

Quería que me $\begin{Bmatrix} \textbf{pusiese} \\ \textbf{pusiera} \end{Bmatrix}$ con el coronel.

I wanted you to put me on to the colonel.

In the same way:

$\begin{matrix} \textbf{Era importante} \\ \textbf{Importaba} \end{matrix}$ $\begin{Bmatrix} \textbf{que} \end{Bmatrix}$ $\begin{Bmatrix} \textbf{llegasen} \\ \textbf{llegaran} \end{Bmatrix}$ temprano.

It was important $\begin{Bmatrix} \text{that they should} \\ \text{arrive} \\ \text{for them to} \\ \text{arrive} \end{Bmatrix}$ early.

And just as the Imperfect and Conditional Tenses are used in indirect statements, so the Imperfect and Conditional Subjunctives are used in indirect commands, requests, etc.

e.g. **Me dijo** $\begin{Bmatrix} \textbf{que venían.} \\ \textbf{que vendrían.} \end{Bmatrix}$ (*Indirect Statement*)

He told me $\begin{Bmatrix} \text{they were coming.} \\ \text{they would come.} \end{Bmatrix}$

Les dijo $\begin{Bmatrix} \textbf{que viniesen.} \\ \textbf{que vinieran.} \end{Bmatrix}$ (*Indirect Command*)

He told them to come.

238

OUTLINES OF GRAMMAR

75. SPECIAL IDIOMATIC CONSTRUCTIONS WITH DIRECT AND INDIRECT OBJECTS

Study the construction after the following verbs and notice the Spanish and English preposition before the personal object:

Le robaron una vaca al labrador.
They stole a cow *from* the farmer.

No se la compraron a él.
They did not buy it *from* him.

Esconderé el ratón a la profesora.
I shall hide the mouse *from* the teacher.

No le quitan los pendientes a la actriz.
They do not remove the earrings *from* the actress.

Pedirán té al camarero.
They will order tea *from* the waiter.

Les agradezco el regalo.
I am grateful to them *for* the gift.

Pagaré los comestibles al tendero.
I shall pay the shopkeeper *for* the provisions.

No les perdonaremos esta falta.
We shall not forgive them this mistake.

76. THE USES OF SER AND ESTAR

a. **Ser** is used:

1. With *predicate nouns:*

   e.g. **¿Qué es esto? Es un libro.**
   Son papeles importantes.
   Somos alumnos.

2. With *adjectives* to express *permanent* qualities, character, origin, possession, etc.:

239

SIMPLER SPANISH COURSE

e.g. ¿De qué color son sus ojos?
Este hombre es español.
Es de Madrid.
El alumno es inteligente.
La muchacha es fea.
La casa es mía.
El reloj es de plata.

3. With *Past Participles* to form *passive voice:*
e.g. La isla fue descubierta por Colón.
The island was discovered by Columbus.

b. **Estar** is used:

1. To express *position:*
e.g. ¿Dónde está el libro?
El libro está encima de la mesa.
Estamos en Madrid.
La tiza estaba en el cajón.

2. With *adjectives* to express *transitory* qualities, state
of health, etc.:
e.g. El pañuelo está limpio.
El café está caliente.
¿Cómo está usted?
Mi madre está enferma.
Mi hermano no está bien.
Estamos de pie.
Están contentos.
La caja está llena.

3. With *Past Participles* to express a *state resulting
from a previous action:*
e.g. Están sentados.
Estamos cansados.
La ventana estaba abierta.

240

OUTLINES OF GRAMMAR

77. To avoid the passive

In Spanish the Passive Voice is not used as often as in English. The following cases show how to avoid the Passive in Spanish:

a. Use the agent as a subject:
  e.g. The suitcase was opened by the policemen
    becomes:
    The policemen opened the suitcase.
    Los guardias abrieron la maleta.

b. If no agent is mentioned use the unknown "they":
  e.g. The suitcase was opened in the Customs
    becomes:
    They opened the suitcase in the Customs.
    Abrieron la maleta en la Aduana.

  The burglar was caught
  becomes:
  They caught the burglar.
  Detuvieron al ladrón.

c. Use the reflexive pronoun where appropriate:
  e.g. Oranges are sold here
    becomes:
    Oranges sell themselves here.
    Aquí se venden naranjas.

d. Use the impersonal reflexive, **se**, which almost corresponds to the English "one".

e.g. 1. It is said (one says), **Se dice.**
  2. I am told (one tells me), **Se me dice.**
  3. We were led to the courtyard.
    Se nos condujo al patio.
  4. The people of Madrid used to be called cats.
    A los madrileños se les llamaba gatos.

Note: When the direct or indirect object comes in front of the verb a corresponding pronoun is also used.

241

SIMPLER SPANISH COURSE

78. SOME IDIOMATIC SPANISH VERBS

78a. **CABER**

This very irregular verb (of capacity) means literally
"to be able to be contained" and translates the
English verbs "to hold" and "to fit in". It is best
studied from examples:

e.g. **En esta sala caben treinta alumnos.**
This room holds thirty pupils.
(*Literally:* Thirty pupils are able to be con-
tained in this room.)
No cabemos todos en el coche.
The car does not hold us all.
(*Literally:* We are not all able to be contained
in the car.)

Note: A common phrase is:
No cabe duda. There is no doubt.
(*Literally:* there is no room for doubt.)

78b. **DAR**

Doy las gracias a alguien por algo. I thank s.o. for s.t.
Dan los buenos días. They say good morning.
Dan las buenas noches. They say good night.
Damos un paseo en coche. We go for a drive.
Dan las doce. It is striking twelve.
El reloj dio las doce. The clock struck twelve.
Todo el mundo daba palmadas.
Everybody was clapping.
Me di con él en la calle. I ran into him in the street.
No nos dimos cuenta de que llovía.
We didn't realize it was raining.
Daba de comer a los animales.
He was feeding the animals.

242

OUTLINES OF GRAMMAR

Las ventanas dan a la calle.
The windows look on to the street.
Di puntapiés al balón. I kicked the ball.
Se dieron prisa. They hurried.
Dan la vuelta al mundo. They go round the world.
Se dio por vencido. He considered himself defeated.
Lo mismo me da. It's all the same to me.

78c. DEJAR

1. **dejar la casa, la ciudad,** etc., to leave the house, the city, etc.:
   e.g. **Dejaron la habitación juntos.**
   They left the room together.

2. **dejar olvidado algo,** to leave s.t. behind, to forget s.t.:
   e.g. **Mi esposa dejó olvidado el pasaporte.**
   My wife forgot her passport.

3. **dejar atrás a alguien,** to leave s.o. behind:
   e.g. **El caballo negro dejó atrás al blanco.**
   The black horse left behind the white one.

4. **dejar + infinitive a alguien,** to allow, to let:
   e.g. **Antes de entrar dejen salir a los demás.**
   Before getting in let the others come out.

5. **dejar caer algo,** to let fall (drop) s.t.:
   e.g. **El hombre dejó caer la llave.**
   The man let the key fall.

6. **dejar de hacer algo,** to stop doing s.t.:
   e.g. **No puedo dejar de trabajar.**
   I cannot stop working.

7. **no dejar de hacer algo,** not to fail to do s.t.:
   e.g. **No dejes de venir mañana.**
   Don't fail to come tomorrow.

243

SIMPLER SPANISH COURSE

78d. DOLER

doler, to ache, to give pain, to grieve (Radical-changing verb):

    e.g. **Me duele la cabeza.** I have a headache.
        (*Literally:* my head aches.)
        Me duelen los dientes, las muelas.
        I have toothache.
        (*Literally:* my teeth ache.)

Note: **el dolor** = pain, ache, grief or sorrow:

    e.g. **Tengo un fuerte dolor de cabeza.**
        I have a strong headache.
        No puede consolarnos en nuestro dolor.
        He cannot console us in our grief.

78e. ECHAR

1. **echar a correr,** to begin to run.

2. **echar una carta al buzón, (al correo),** to post a letter.

3. **echar de menos una cosa,** to miss something.
    e.g. **Echamos de menos la televisión.**
        We miss the television.
        Al contar el dinero echamos de menos un duro.
        When we counted the money we missed one duro.

4. **echar de menos a alguien,** to miss someone.
    e.g. **Echan de menos a su madre.**
        They miss their mother.

78f. ESTAR
(see page 240)

estar contento, triste, to be happy, sad (temporarily).
estar malo, enfermo, to be ill.
estar sano y salvo, to be safe and sound.

244

OUTLINES OF GRAMMAR

estar seguro, to be sure.

estar listo para salir, to be ready to go out.

estar loco de furia, to be mad with rage.

estar de buen (mal) humor, to be in good (bad) temper.

estar de compras, to be shopping.

estar de vacaciones, to be on holiday.

estar de servicio, to be on duty.

estar de vuelta, to be back

estar de maestro, de médico, etc.,
to be working as a teacher, as a doctor, etc.

estar para comer, estar a punto de comer,
to be about to eat, on the point of eating.

¿A cuántos estamos? What's the date today?

Estamos a quince, It's the fifteenth.

¿Está el señor Rodríguez? Is Mr. Rodríguez at home?

78g. GUSTAR

Gustar = to give pleasure

1. This verb is normally used in the third person.

2. A personal subject is rarely used.

3. The subject is usually a singular or plural thing or idea.

4. The subject usually follows the verb.

   e.g. **Me gustan las naranjas.** I like oranges.
      (*Literally:* oranges give me pleasure.)

      Me gusta nadar. I like swimming.
      (*Literally:* swimming gives me pleasure.)

      Les gusta que vayamos al teatro.
      They like us to go to the theatre.
      (*Literally:* that we should go to the theatre gives them pleasure.)

245

SIMPLER SPANISH COURSE

Note:

Tendré mucho gusto en hacerlo.
Lo haré con mucho gusto.
I'll do it with great pleasure.

78h. HABER

1. Used with the past participle to form compound tenses:
   e.g. **¿Han comprado ustedes la pintura?**
   Have you bought the paint?

Note: the past participle when thus used:

1. is invariable;
2. is never separated from **haber** by any other word.

2. It is the infinitive of **hay**, there is (are), **había**, there was (were); **hubo, habrá,** etc.
   e.g. **Había tres coches en la calle.**
   There were three cars in the street.
   Ayer hubo muchos niños en la fiesta.
   Yesterday there were many children at the party.

3. **hay que** followed by the infinitive denotes necessity:
   e.g. **Hay que trabajar mucho.**
   It is necessary to work a lot.
   Habrá que correr para llegar a tiempo.
   It will be necessary to run to arrive in time.

4. **haber de** followed by the infinitive is nearly as strong as **deber**, to have to:
   e.g. **He de ir a Madrid esta tarde.**
   I am to (have to) go to Madrid this afternoon.
   Habíamos de volver por la orilla del río.
   We had to return along the bank of the river.

246

OUTLINES OF GRAMMAR

78i. HACER

Here are a few of the many idiomatic phrases with the verb **hacer**.

1. **¿Qué tiempo hace?** What's the weather like?
   Hace buen (mal) tiempo. The weather is fine (bad).
   Hace frío (calor). It is cold (hot).
   Hace un tiempo espléndido. It is marvellous weather.
   Hace sol (lluvia). It is sunny (rainy).

2. **¿Cuánto tiempo hace que están ustedes aquí?**
   How long have you been here?
   Hace dos horas que estamos aquí.
   We have been here (still are) for two hours.

3. **Llegaron hace media hora.**
   They arrived half an hour ago.

4. **Hágame el favor de cantar.** Please sing.

5. **Hicieron muchas preguntas a los alumnos.**
   They asked the students many questions.

6. **Hace falta una prueba definitiva.**
   A definite proof is needed.

7. **Vamos a hacer las maletas.**
   Let's go and pack the suitcases.

8. **La gente hacía cola en la calle.**
   The people were queuing in the street.

9. **Después de hora y media hizo alto.**
   After an hour and a half he stopped.

10. **No le hicimos caso.** We paid no heed to him.

11. **No se había hecho daño.** He had not hurt himself.

12. **Los madrileños hacen regalos a los guardias.**
    The people of Madrid give presents to the police-
    men.

247

SIMPLER SPANISH COURSE

13. **Los soldados hicieron fuego contra el enemigo.**
The soldiers fired against the enemy.

14. **El árbitro hizo señas de que encendieran las luces.**
The referee made a signal for them to switch on the lights.

15. **Hago lo posible.** I do my best.

16. **Se va haciendo famoso.** He is becoming famous.

17. **No les haga esperar.** Don't keep them waiting.

18. **Haré entrar a los visitantes.**
I will show the visitors in.

78j. PONER

poner la mesa, to lay the table
ponerse los zapatos, el sombrero, etc.,
to put on one's shoes, hat, etc.
ponerse pálido, to turn pale
ponerse a jugar, to begin to play
ponerse en pie, to stand up
ponerse en camino,
to begin a journey, to set off on the road
ponerse en marcha, to set off, to start
poner en marcha el motor, to start the engine
poner en libertad, to set free
poner huevos, to lay eggs
ponerse de acuerdo, to come to an agreement
el sol se pone, the sun sets
la puesta del sol, the sunset
Note:
El sol sale, the sun rises
La salida del sol, the sunrise

248

OUTLINES OF GRAMMAR

78k. SER
(see page 239)

ser feliz, triste, to be happy, sad (by nature)
ser joven, viejo, to be young, old
ser rico, pobre, to be rich, poor
ser médico, to be a doctor (profession)
ser verdad; ¿no es verdad? to be true; is it not so?
ser aficionado al fútbol, a los toros,
to be keen on football, bullfighting
¿Qué hora es? What's the time?

78l. SOLER

This verb, used only in the present and imperfect indicative, means "to be in the habit of"

    e.g. **Suelen cenar a las diez.**
        They have supper at ten o'clock.
        (*Literally:* They are in the habit of having
            supper at ten o'clock.)
        María solía ir a misa todos los días.
        Mary went to mass every day.
        (*Literally:* Mary used to go to mass every day.)

78m. TENER

tener frío, calor, to be (feel) hot, cold
tener razón, to be right
no tener razón, to be wrong
tener sed, hambre, to be thirsty, hungry
tener sueño, vergüenza, to be sleepy, ashamed
tener miedo de algo (de alguien),
to be afraid of s.t. (s.o.)

249

SIMPLER SPANISH COURSE

tener éxito, to be successful
tener lugar, to take place
tener gana(s) de hacer algo, to feel like doing s.t.
tener sesenta años, to be sixty years old
tener prisa, to be in a hurry
tener cuidado, to be careful, to take care
tener suerte, to be lucky
tener la suerte de hacer algo, to have the luck to do s.t.
tener (la) intención, to intend
tener (la) ocasión, to have the chance, opportunity
tener en cuenta, to bear in mind, take into account
tener presente, to bear in mind
tener que hacer algo, to have to do s.t.
Aquí tiene usted el billete. Here is the ticket.
¿Qué tiene usted? What's the matter with you?
Mi hermana tiene los ojos verdes.
My sister's eyes are green. (My sister has green eyes).

78n. VALER

1. **valer,** to be worth:

   e.g. **¿Cuánto vale el coche?**
   How much is the car (worth)?
   Más vale no ir a Londres.
   It is better not to go to London.
   No vale nada. It's worth nothing.

2. **valer la pena,** to be worth while:

   e.g. **No vale la pena ir al extranjero.**
   It's not worth while going abroad.

3. **valerse de algo,** to use s.t.:

   e.g. **Se valió de mis servicios.**
   He used my services.

4. **¡Válgame Dios!** Good Heavens!

250

OUTLINES OF GRAMMAR

79. SOME ENGLISH VERBS DIFFICULT TO TRANSLATE

79a. TO ASK

1. **pedir algo,** to ask for s.t. (to order s.t.):

   e.g. **Pido pan.** I am asking for bread.
      Hemos pedido vino tinto.
      We have ordered red wine.

2. **pedir algo a alguien,** to ask s.o. for s.t.:

   e.g. **Les pidieron dinero.**
      They asked them for money.

3. **pedir a alguien que** + subjunctive, to ask s.o. to do s.t.:

   e.g. **Les pido que se marchen en silencio.**
      I ask them to go away silently.
      Me pidió que le trajera las cartas.
      He asked me to bring him the letters.

4. **preguntar,** to ask (to inquire, etc.)

   e.g. — **¿Adónde vas?** — **preguntó.**
      "Where are you going?", he asked.
      Pregunté por qué no habían venido antes.
      I asked why they had not come before.

5. **hacer preguntas,** to ask questions:

   e.g. **Les hizo preguntas difíciles.**
      He asked them difficult questions.

6. **preguntar por alguien,** to ask for (to see) s.o.:

   e.g. **Preguntó por el director.**
      He asked $\left\{ \begin{array}{l} \text{for} \\ \text{to see} \end{array} \right\}$ the director.

7. **rogar,** to request:

   e.g. **Se ruega no fumar.** No smoking.
      (*Lit.* You are asked (requested) not to smoke.)

251

SIMPLER SPANISH COURSE

79b. **TO BECOME**

(a) *with adjectives*

1. **crecer, hacerse, salir** + *adjective* = gradual growth or change:

    e.g. **Se hace cada día más fuerte.**
    He is becoming stronger every day.

2. **ponerse** and **volverse** + *adjective* = definite change of state, health, temper, etc. Usually, sudden change.

    e.g. **Se puso pálido, alegre,** etc.
    He became pale (went), gay, etc.
    Se puso roja como una cereza.
    She went as red as a beetroot (*literally:* cherry).
    Se han vuelto locos. They have gone mad.

3. **quedar(se)** + *adjective* = accidental (or involuntary) change:

    e.g. **Quedó estupefacto de la noticia.**
    The news left him stupefied.
    Había quedado ciego de un accidente.
    He had become blind after an accident.

4. **estar** and **ir** + gerundio and usually + adjective = continual change:

    e.g. **Va siendo tarde.** It is $\left\{\begin{array}{l}\text{becoming}\\\text{getting}\end{array}\right\}$ late.
    La planta está verdeando.*
    The plant is turning green.

    Note: * Similarly, **oscurecer, anochecer, amanecer, enriquecer(se)**.

(b) *with nouns*

1. **llegar a ser, venir a ser** + *noun*:

    e.g. **Llegó a ser capitán.** He became a captain.

252

OUTLINES OF GRAMMAR

2. **hacerse** + *noun* (personal effort):
    e.g. **Se ha hecho médico, general,** etc.
    He has become a doctor, a general, etc.

3. **ser de** + *pronoun* (or *noun*) = what's become of?:
    e.g. **¿Qué ha sido de ellos?**
    What has become of them?

79c. TO GET

to get down, **bajar**
to get up, **levantarse**
to get up early, **madrugar**
to get dressed, **vestirse**
to get lost, **perderse**
to get into the train, **subir al tren**
to get to the station, **llegar a la estación**
to get out, **salir**
to get s.t. out, **sacar algo**
to get into the house, **entrar en la casa**
to get to know s.o., **conocer a alguien**
to get angry, **enfadarse**
to get s.t. done, **mandar hacer algo**
to get s.o. to do s.t., **mandar hacer algo a alguien**
to get s.t., **conseguir algo**
to get ready, **prepararse**
to get rich, **enriquecerse**

79d. TO GO

to go to Madrid, **ir a Madrid**
to go to Spain, **ir a España**
to go to the blackboard, **salir a la pizarra**
to go to his help, **salir en su ayuda**
to go to bed, **acostarse (ir a la cama)**
to go to sleep, **dormirse**
to go away, **irse, salir, marcharse**

253

SIMPLER SPANISH COURSE

to go abroad, **ir al extranjero**
to go back home, **volver (a casa), regresar**
to go downstairs, **bajar la escalera**
to go into the cinema, **entrar al cine**
to go into the cave, **penetrar en la caverna**
to go on reading, **seguir leyendo**
to go out of the room, **salir de la sala**
to go up in the lift, **subir en el ascensor**
to go with s.o., **acompañar a alguien, ir con alguien**
to go shopping, **ir de compras**
to go on holiday, **ir de vacaciones**
to go by air, **ir en avión**
to go by car, **ir en coche**
to go by train, **ir en tren**
to go by bicycle, **ir en bicicleta**
to go on foot, **ir a pie**
to go on horseback, **ir a caballo**
to go mad, **volverse loco, enloquecer**
to go pale, **ponerse pálido, palidecer**

79e. **TO KNOW**

saber = to have knowledge:

> e.g. **Yo no lo sé todo.** I don't know everything.
> **Sabemos que nuestra madre está enferma.**
> We know that our mother is ill.
> **Supo que estallaría la guerra.**
> He knew the war would break out.

saber + *infinitive* = to know how to:

> e.g. **No sé nadar.** I can't (I don't know how to) swim.

Note:
> **No puedo nadar.**
> I am unable to swim (because of physical reasons).

254

OUTLINES OF GRAMMAR

conocer = to be acquainted with:
  e.g. **Conozco a su primo.** I know his cousin.
  ¿Conoce usted Madrid? Do you know Madrid?
  La conocí en España.
  I got to know (knew, met) her in Spain.

79f. TO NEED

necesitar usually has a personal subject:
  e.g. **Necesito un diccionario.** I need a dictionary.
  Necesitábamos dinero. We needed money.

hacer falta usually, without a personal subject:
  e.g. **Me hace falta un abrigo.** I need an overcoat.
  Nos hacen falta muchas cosas. We need many things.

faltar = to be missing (to any one):
  e.g. **Me falta un sello para completar la colección.**
  One stamp is (still) missing to complete the collection.
  or I need one stamp to complete the collection.
  En este juego de sillas falta una.
  In this set of chairs one is missing.

79g. TO PLAY

Game, **jugar a un juego:**
  e.g. **Jugaban al fútbol.** They were playing football.
  Mi amigo juega a la pelota los jueves.
  My friend plays *pelota* on Thursdays.

Musical instruments, **tocar un instrumento:**
  e.g. **La señorita estaba tocando el piano.**
  The young lady was playing the piano.
  Sabe tocar la trompeta. He can play the trumpet.

Acting: **representar (un papel teatral):**
  e.g. **Quería representar el papel de Hamlet.**
  He wanted to play the part of Hamlet.

255

SIMPLER SPANISH COURSE

Note: **desempeñar (una función, una tarea):**
e.g. **Mi tío desempeñaba el papel de gerente.**
My uncle acted as a manager.

79h. **TO PUT**

1. to put something somewhere, **poner:**
   e.g. **Puso el libro en la mesa.**
   He put the book on the table.

2. to put s.t. in, **meter:**
   e.g. **Metió los guantes en el bolsillo.**
   He put his gloves into his pocket.

3. to put on a garment, **ponerse una prenda:**
   e.g. **Me pongo el sombrero.** I put my hat on.

4. to put on (out) lights, switches, etc., **encender (apagar) luces, llaves,** etc.:
   e.g. **Enciendo la radio.** I put on the wireless set.
   Apago la vela. I put out the candle.

79i. **TO SUCCEED** (*To manage to*)

to succeed in doing s.t., **lograr, (conseguir) hacer algo:**
e.g. **El prisionero logró escaparse.**

The prisoner $\begin{cases} \text{managed to escape.} \\ \text{succeeded in escaping.} \end{cases}$

to be successful, **tener éxito:**
e.g. **Tuvimos mucho éxito.** We were very successful.

79j. **TO TAKE**

1. to consume, **tomar algo:**
   e.g. **¿Qué va a tomar?**
   What are you going to have?

256

OUTLINES OF GRAMMAR

Los ingleses toman el té a las cuatro.
The English have (take) tea at 4 o'clock.

2. to take a bus, a taxi, etc., **tomar un autobús, un taxi,** etc.:
   e.g. **Tomamos el metro.** We took the Underground.

3. to carry, **llevar:**
   e.g. **Yo mismo llevaré la maleta a casa.**
   I myself will take the suitcase home.
   El coche me llevó a la escuela.
   The car took me to school.

4. to carry away, **llevarse:**
   e.g. **Se llevó la carta consigo.**
   He took the letter away with him.

5. to take (up), **coger:**
   e.g. **Cogió el libro.** He took (up) the book.

6. to take (pick) up, **recoger:**
   e.g. **Recogió el papel que estaba en el suelo.**
   He picked up the paper on the floor.

7. to take off, **quitarse** (a garment):
   e.g. **Se quitó los guantes.** He took his gloves off.

8. to take away, **quitar, robar:**
   e.g. **Me quitaron la cartera.**
   They took away my wallet.

9. to take s.t. out of s.t., **sacar algo de algo:**
   e.g. **Le sacó las cartas del bolsillo.**
   He took the letters out of his pocket.

10. to take pictures, **sacar (tomar) fotografías:**
    e.g. **Sacó varias fotografías del castillo.**
    He took several pictures of the castle.

11. to take time in doing s.t., **tardar en:**
    e.g. **Tarda mucho en contestar a mi carta.**
    He takes a long time to reply to my letter.

257

SIMPLER SPANISH COURSE

79k. **TO TELL**

1. to tell a story, **contar (referir) una historia:**
   e.g. **El médico contó una historia interesante.**
   The doctor told an interesting story.

2. to tell s.o. to do s.t., **decir a alguien que** + subjunctive:
   e.g. **Dígale que nos traiga el café.**
   Tell him to bring us the coffee.

3. to tell a lie, **mentir:**
   e.g. **No miente nunca.** He never tells lies.

79l. **TO THANK**

1. **dar las gracias a alguien por algo:**
   e.g. **Doy las gracias a mis padres por el regalo.**
   I thank my parents for the gift.

2. **agradecer(le) algo a alguien:**
   e.g. **Agradezco el libro a mi amigo.**
   I thank my friend for the book.
   (*Literally:* I'm grateful for the book to my friend.)
   Se lo agradezco. I thank him for it.

3. **Muchas gracias,** many thanks.
   Muchísimas gracias, very many thanks.

79m. **TO THINK**

1. **pensar en algo (en alguien),** to think of s.o. (s.t.):
   e.g. **Pienso en mis padres.** I'm thinking of my parents.
   Pensaba siempre en los exámenes.
   He always used to think of the exams.

2. **pensar** + infinitive = to think of (intend to):
   e.g. **Pensábamos visitar la iglesia.**
   We thought of visiting (intended to visit) the
   church.

258

OUTLINES OF GRAMMAR

3. **creer** + infinitive = to think (imagine):
　　e.g. **Cree ver elefantes.**
　　　　He thinks he can see elephants.
4. **creer que,** to think:
　　e.g. **Creo que no.** I think not.
　　　　Creo que sí. I think so.
5. **Me parece que va a llover.**
　　I think (it seems to me) that it is going to rain.
6. **¿Qué le parece el dibujo?**
　　What do you think of the drawing?

79n. TO TURN

to turn up, (appear), **aparecer, acudir**
to turn on the light, **encender la luz**
to turn on the tap, **abrir el grifo**
to turn off the light, **apagar la luz**
to turn off the tap, **cerrar el grifo**
to turn the corner, **doblar (dar vuelta a) la esquina**
to turn round, **volverse**
to turn to the right, **torcer a la derecha**
to turn pale, red, etc., see "To become" page 241.
It's my turn to speak. **Me toca a mí hablar.**

7

Appendices A to E

APPENDIX A
NUMERALS

1	uno, a	28	veintiocho
2	dos	29	veintinueve
3	tres	30	treinta
4	cuatro	31	treinta y uno
5	cinco	32	treinta y dos
6	seis	40	cuarenta
7	siete	41	cuarenta y uno
8	ocho	42	cuarenta y dos
9	nueve	50	cincuenta
10	diez	60	sesenta
11	once	70	setenta
12	doce	80	ochenta
13	trece	90	noventa
14	catorce	100	cien(to)
15	quince	101	ciento uno
16	dieciséis or diez y seis	102	ciento dos
17	diecisiete or diez y siete	110	ciento diez
18	dieciocho or diez y ocho	120	ciento veinte
19	diecinueve or diez y nueve	200	doscientos
20	veinte	300	trescientos
21	veintiuno	400	cuatrocientos
22	veintidós	500	quinientos
23	veintitrés	600	seiscientos
24	veinticuatro	700	setecientos
25	veinticinco	800	ochocientos
26	veintiséis	900	novecientos
27	veintisiete	1000	mil

261

SIMPLER SPANISH COURSE

1001	mil uno	2000	dos mil
1010	mil diez	3000	tres mil
1020	mil veinte	100.000	cien mil
1021	mil veintiuno	200.000	doscientos mil
1555	mil quinientos cin-cuenta y cinco	1.000.000	un millón
		2.000.000	dos millones

Note:

1. **Ciento** is shortened to **cien** before nouns, ordinary adjectives and **mil**; e.g. **cien casas, cien buenas casas, cien mil hombres.**

2. **Doscientos, trescientos,** etc., have a feminine form for use with feminine nouns; e.g. **trescientas páginas, quinientas ventanas.**

3. **Y** (or **i**) is only used in compound numerals between the tens and the units:

   e.g. 105 **ciento cinco**
   115 **ciento quince**
   118 **ciento dieciocho (diez y ocho)**
   121 **ciento veintiuno**
   137 **ciento treinta y siete**
   888 **ochocientos ochenta y ocho**

APPENDIX B

PUNCTUATION VOCABULARY FOR DICTATION

The usual names in Spanish are:

El dictado	*Dictation*
(el) punto (final)	full stop
(la) coma	comma

262

APPENDICES

El dictado	*Dictation*
; (el) punto y coma	semicolon
: (los) dos puntos	colon
. . . (los) puntos suspensivos	used instead of the English dash to show unfinished sentences
·· (la) diéresis	diaeresis
- (el) guión	hyphen
— (la) raya	dash (for introducing direct speech)
" " (las) comillas	quotation marks
( ) (el) paréntesis	brackets, parenthesis

Just as we have inverted quotation marks in English to show the beginning of a quotation so the Spaniards have inverted question and inverted exclamation marks:

¿ (la) apertura de interrogación	open the question mark
? (el) cierre de interrogación	close the question mark
¡ (la) apertura de admiración	open exclamation mark
! (el) cierre de admiración	close exclamation mark
párrafo	paragraph
nuevo párrafo	fresh paragraph
(la) línea siguiente	next line
(la) letra mayúscula	capital letter
(la) letra minúscula	small letter
subrayar algo	to underline s.t.

263

SIMPLER SPANISH COURSE

APPENDIX C
TABLE OF SPELLING CHANGES IN VERBS

Verbs ending in	change,	before:	Examples:
-car	c > qu	e	**sacar,** to take out **saqué,** I took out
-gar	g > gu	e	**llegar,** to arrive **llegué,** I arrived
-zar	z > c	e	**empezar,** to begin **empecé,** I began
-guar	gu > gü	e	**averiguar,** to verify **averigüé,** I verified
-cer, -cir (prec. by consonant)	c > z	a, o	**vencer,** to conquer **venzo,** I conquer
-cer, -cir (prec. by vowel)	c > zc	a, o	**conocer,** to know **conozco,** I know
	"	"	**conducir,** to drive **conduzco,** I drive
-ger, -gir	g > j	a, o	**dirigir,** to direct **dirijo,** I direct
-guir	gu > g	a, o	**seguir,** to follow **sigo,** I follow

APPENDIX D
LIST OF COUNTRIES

España	Spain	**español**	Spanish Spaniard
Inglaterra	England	**inglés**	English, Englishman

264

APPENDICES

Escocia	Scotland	escocés	Scottish, Scot
Gales	Wales	galés	Welsh (man)
la Gran Bretaña	Great Britain	británico	British
Irlanda	Ireland	irlandés	Irish (man)
Portugal	Portugal	portugués	Portuguese
Francia	France	francés	French
Italia	Italy	italiano	Italian
Alemania	Germany	alemán	German
Bélgica	Belgium	belga	Belgian
Holanda	Holland	holandés	Dutch (man)
Dinamarca	Denmark	danés	Danish (Dane)
Suecia	Sweden	sueco	Swedish (Swede)
Noruega	Norway	noruego	Norwegian
Austria	Austria	austríaco	Austrian
Rusia	Russia	ruso	Russian
Grecia	Greece	griego	Greek
Suiza	Switzerland	suizo	Swiss
Europa	Europe	europeo	European
Los Estados Unidos / EE.UU.	United States / U.S.A.	norte-americano	North American
Las Filipinas	Philippines	filipino	Philippine
Canadá	Canada	canadiense	Canadian
Méjico*	Mexico	mejicano*	Mexican
Costa Rica	Costa Rica	costarricense	Costa Rican
El Salvador	Salvador	salvadoreño	Salvadorean
Guatemala	Guatemala	guatemalteco	Guatemalan
Honduras	Honduras	hondureño	Honduran
Nicaragua	Nicaragua	nicaragüense	Nicaraguan
Panamá	Panama	panameño	Panamanian
Argentina	Argentina	argentino	Argentine

* **México** and **mexicano** in Latin America

APPENDICES

Bolivia	Bolivia	**boliviano**	Bolivian
Brasil	Brazil	**brasileño**	Brazilian
Chile	Chile	**chileno**	Chilean
Colombia	Colombia	**colombiano**	Colombian
Ecuador	Ecuador	**ecuatoriano**	Ecuadorean
Paraguay	Paraguay	**paraguayo**	Paraguayan
Perú	Peru	**peruano**	Peruvian
Uruguay	Uruguay	**uruguayo**	Uruguayan
Venezuela	Venezuela	**venezolano**	Venezuelan
Australia	Australia	**australiano**	Australian
China	China	**chino**	Chinese
Japon	Japan	**japonés**	Japanese
Africa	Africa	**africano**	African
La India	India	**indio**	Indian
Antillas	West Indies	**antillano**	West Indian
Jamaica	Jamaica	**jamaicano**	Jamaican
Cuba	Cuba	**cubano**	Cuban
Trinidad	Trinidad	**trinitario**	Trinidadian

266

APPENDIX E   VERB TABLES

Infinitive and Meaning	Gerundio and Past Participle	Present Indicative		Present Subjunctive and Polite Imperative		Familiar Imperative
Models						
Hablar, *to speak*	hablando hablado	hablo hablas habla	hablamos habláis hablan	hable hables hable	hablemos habléis hablen	habla hablad
Comer, *to eat*	comiendo comido	como comes come	comemos coméis comen	coma comas coma	comamos comáis coman	come comed
Vivir, *to live*	viviendo vivido	vivo vives vive	vivimos vivís viven	viva vivas viva	vivamos viváis vivan	vive vivid
Radical Changing						
Pensar, *to think*	pensando pensado	**pienso** **piensas** **piensa**	pensamos pensáis **piensan**	**piense** **pienses** **piense**	pensemos penséis **piensen**	**piensa** pensad
Volver, *to return*	volviendo **vuelto**	**vuelvo** **vuelves** **vuelve**	volvemos volvéis **vuelven**	**vuelva** **vuelvas** **vuelva**	volvamos volváis **vuelvan**	**vuelve** volved
Sentir, *to feel,* or *be sorry*	**sintiendo** sentido	**siento** **sientes** **siente**	sentimos sentís **sienten**	**sienta** **sientas** **sienta**	**sintamos** **sintáis** **sientan**	**siente** sentid
Dormir, *to sleep*	**durmiendo** dormido	**duermo** **duermes** **duerme**	dormimos dormís **duermen**	**duerma** **duermas** **duerma**	**durmamos** **durmáis** **duerman**	**duerme** dormid
Pedir, *to ask for*	**pidiendo** pedido	**pido** **pides** **pide**	pedimos pedís **piden**	**pida** **pidas** **pida**	**pidamos** **pidáis** **pidan**	**pide** pedid
Irregular						
Andar, *to go, walk*	andando andado	**ando** **andas** **anda**	andamos andáis **andan**	**ande** **andes** **ande**	andemos andéis **anden**	anda andad
Caber *see p. 231*	cabiendo cabido	**quepo** **cabes** **cabe**	cabemos cabéis **caben**	**quepa** **quepas** **quepa**	**quepamos** **quepáis** **quepan**	cabe cabed
Conducir, *to drive, lead*	conduciendo conducido	**conduzco** **conduces** **conduce**	conducimos conducís **conducen**	**conduzca** **conduzcas** **conduzca**	**conduzcamos** **conduzcáis** **conduzcan**	conduce conducid

The parts that are irregular are printed in bold type.

267

APPENDIX E

Preterite or Past Historic		Past Subjunctive	Future Indicative	Imperfect
hablé	hablamos	hablara or	hablaré, etc.	hablaba, etc.
hablaste	hablasteis	hablase, etc.		
habló	hablaron			
comí	comimos	comiera or	comeré, etc.	comía, etc.
comiste	comisteis	comiese, etc.		
comió	comieron			
viví	vivimos	viviera or	viviré, etc.	vivía, etc.
viviste	vivisteis	viviese, etc.		
vivió	vivieron			
pensé	pensamos	pensara or	pensaré, etc.	pensaba, etc.
pensaste	pensasteis	pensase, etc.		
pensó	pensaron			
volví	volvimos	volviera or	volveré, etc.	volvía, etc.
volviste	volvisteis	volviese, etc.		
volvió	volvieron			
sentí	sentimos	**sintiera** or	sentiré, etc.	sentía, etc.
sentiste	sentisteis	**sintiese**, etc.		
sintió	**sintieron**			
dormí	dormimos	**durmiera** or	dormiré, etc.	dormía, etc.
dormiste	dormisteis	**durmiese**, etc.		
durmió	**durmieron**			
pedí	pedimos	**pidiera** or	pediré, etc.	pedía, etc.
pediste	pedisteis	**pidiese**, etc.		
pidió	**pidieron**			
anduve	**anduvimos**	**anduviera** or	andaré, etc.	andaba, etc.
anduviste	**anduvisteis**	**anduviese**, etc.		
anduvo	**anduvieron**			
cupe	**cupimos**	**cupiera** or	cabré, etc.	cabía, etc.
cupiste	**cupisteis**	**cupiese**, etc.		
cupo	**cupieron**			
conduje	**condujimos**	**condujera** or	conduciré, etc.	conducía, etc.
condujiste	**condujisteis**	**condujese**, etc.		
condujo	**condujeron**			

268

VERB TABLES

Infinitive and Meaning	Gerundio and Past Participle	Present Indicative		Present Subjunctive and Polite Imperative		Familiar Imperative
ar, give	dando dado	doy das da	damos dais dan	dé des dé	demos deis den	da dad
ecir, say, tell	diciendo dicho	digo dices dice	decimos decís dicen	diga digas diga	digamos digáis digan	di decid
tar, be	estando estado	estoy estás está	estamos estáis están	esté estés esté	estemos estéis estén	está estad
aber, have	habiendo habido	he has ha	hemos habéis han	haya hayas haya	hayamos hayáis hayan	he habed
acer, do, make	haciendo hecho	hago haces hace	hacemos hacéis hacen	haga hagas haga	hagamos hagáis hagan	haz haced
go	yendo ido	voy vas va	vamos vais van	vaya vayas vaya	vayamos vayáis vayan	ve id
r, hear	oyendo oído	oigo oyes oye	oímos oís oyen	oiga oigas oiga	oigamos oigáis oigan	oye oíd
der, be able	pudiendo podido	puedo puedes puede	podemos podéis pueden	pueda puedas pueda	podamos podáis puedan	puede poded
ner, put	poniendo puesto	pongo pones pone	ponemos ponéis ponen	ponga pongas ponga	pongamos pongáis pongan	pon poned
erer, wish, e	queriendo querido	quiero quieres quiere	queremos queréis quieren	quiera quieras quiera	queramos queráis quieran	quiere quered
ber, know	sabiendo sabido	sé sabes sabe	sabemos sabéis saben	sepa sepas sepa	sepamos sepáis sepan	sabe sabed

The parts that are irregular are printed in bold type.

269

APPENDIX E

	Preterite or Past Historic	Past Subjunctive	Future Indicative	Imperfect
di	dimos	diera *or* diese, etc.	daré, etc.	daba, etc.
diste	disteis			
dio	dieron			
dije	dijimos	dijera *or* dijese, etc.	diré, etc.	decía, etc.
dijiste	dijisteis			
dijo	dijeron			
estuve	estuvimos	estuviera *or* estuviese, etc.	estaré, etc.	estaba, etc.
estuviste	estuvisteis			
estuvo	estuvieron			
hube	hubimos	hubiera *or* hubiese, etc.	habré, etc.	había, etc.
hubiste	hubisteis			
hubo	hubieron			
hice	hicimos	hiciera *or* hiciese, etc.	haré, etc.	hacía, etc.
hiciste	hicisteis			
hizo	hicieron			
fui	fuimos	fuera *or* fuese, etc.	iré, etc.	iba, etc.
fuiste	fuisteis			
fue	fueron			
oí	oímos	oyera *or* oyese, etc.	oiré, etc.	oía, etc.
oíste	oísteis			
oyó	oyeron			
pude	pudimos	pudiera *or* pudiese, etc.	podré, etc.	podía, etc.
pudiste	pudisteis			
pudo	pudieron			
puse	pusimos	pusiera *or* pusiese, etc.	pondré, etc.	ponía, etc.
pusiste	pusisteis			
puso	pusieron			
quise	quisimos	quisiera *or* quisiese, etc.	querré, etc.	quería, etc.
quisiste	quisisteis			
quiso	quisieron			
supe	supimos	supiera *or* supiese, etc.	sabré, etc.	sabía, etc.
supiste	supisteis			
supo	supieron			

VERB TABLES (*continued*)

Infinitive and Meaning	Present and Past Participle	Present Indicative		Present Subjunctive and Polite Imperative		Familiar Imperative
lir, *go out*	saliendo salido	salgo sales sale	salimos salís salen	salga salgas salga	salgamos salgáis salgan	sal salid
r, *be*	siendo sido	soy eres es	somos sois son	sea seas sea	seamos seáis sean	sé sed
ner, *have*	teniendo tenido	tengo tienes tiene	tenemos tenéis tienen	tenga tengas tenga	tengamos tengáis tengan	ten tened
aer, *bring*	**trayendo** traído	traigo traes trae	traemos traéis traen	traiga traigas traiga	traigamos traigáis traigan	trae traed
ler, *be worth*	valiendo valido	valgo vales vale	valemos valéis valen	valga valgas valga	valgamos valgáis valgan	val(e) valed
nir, *come*	**viniendo** venido	vengo vienes viene	venimos venís vienen	venga vengas venga	vengamos vengáis vengan	ven venid
r, *see*	viendo **visto**	veo ves ve	vemos veis ven	vea veas vea	veamos veáis vean	ve ved

The parts that are irregular are printed in bold type.

APPENDIX E   VERB TABLES (continue

		Preterite or Past Historic	Past Subjunctive	Future Indicative	Imperfect
salí	salimos	saliera or saliese, etc.	saldré, etc.	salía, etc.
saliste	salisteis			
salió	salieron			
fui	fuimos	fuera or fuese, etc.	seré, etc.	era, etc.
fuiste	fuisteis			
fue	fueron			
tuve	tuvimos	tuviera or tuviese, etc.	tendré, etc.	tenía, etc.
tuviste	tuvisteis			
tuvo	tuvieron			
traje	trajimos	trajera or trajese, etc.	traeré, etc.	traía, etc.
trajiste	trajisteis			
trajo	trajeron			
valí	valimos	valiera or valiese, etc.	valdré, etc.	valía, etc.
valiste	valisteis			
valió	valieron			
vine	vinimos	viniera or viniese, etc.	vendré, etc.	venía, etc.
viniste	vinisteis			
vino	vinieron			
vi	vimos	viera or viese, etc.	veré, etc.	veía, etc.
viste	visteis			
vio	vieron			

272

Vocabulario

The following classes of words are *not* included in this vocabulary:

1. Words exactly alike in both languages, e.g. **idea, error.**
2. Words differing only in that the Spanish word has a single consonant where the English has a double, e.g. **confesión.**
3. Words ending in **-ción** or **-dad,** which are equivalent to the corresponding English words ending in **-tion** or **-ty,** respectively, e.g. **nación, agilidad.**
4. Feminine nouns or adjectives formed by changing the final **-o** of the masculine to **-a,** as long as the masculine form is already included, e.g. **criado, criada; negro, negra.**
5. Adverbs ending in **-mente** (**-ly** in English), if the corresponding adjective has been given, e.g. **inútil, inútil-mente.**
6. Parts of verbs other than the infinitive and irregular past participles, e.g. **abrir, abierto.** (The radical change is given in brackets, e.g. **volver (ue).**)
7. Numerals (cardinal and ordinal).

A

abandonar, to abandon
la abeja, bee
abierto, open, cut
el abogado, lawyer
abrazar, to embrace
el abrazo, embrace
abril, April
abrir, to open
absorto, absorbed

el abuelo, grandfather
abundante, numerous, plentiful
aburrido, boring
acabar, to finish; come to an end
acabar de, to have just
acariciar, to caress
la aceituna, olive
aceptar, to accept
la acera, pavement; sidewalk

SIMPLER SPANISH COURSE

acerca de, about; on
acercar, to bring near
acercarse a, to approach
aclarar, to explain
acogerse, to take refuge
acometer, to attack
acomodar, to accommodate; place; arrange
acompasado, regular
aconsejar, to advise
acontecer, to happen
acordarse(ue), to remember
acosar, to harass
acostarse(ue), to go to bed; lie down
el acto, act: **en el —,** in the act
la actriz, actress
acudir, to approach
acunar, to cradle
adaptar, to adapt
adelantar(se), to advance; put forward
adelante, forward; **en —,** henceforth
además, besides; moreover
adentro, in; within; inwards
adherir (ie), to stick
admirar, to wonder at; admire
adormecido, asleep; drowsy
adquirir (ie), to acquire
la aduana, custom-house; customs
el advenedizo, newcomer

advertir (ie, i), to warn; inform
el aeropuerto, airport
afirmar, to affirm
la afluencia, influx; rush
afortunadamente, fortunately
afuera, outside
agacharse, to bend down
agarrarse a, to clutch; cling to
agazaparse, to crouch; huddle up
agotar, to exhaust
agradable, pleasant; agreeable
agradecer, to thank
agriamente, sourly; in exasperation
agrupado, collected; in a group
el agua (*f.*), water
aguardar, to wait
el agujero, hole
ahí, there
ahogarse, to be drowned
ahora, now
el aire, air; tune
el ala (*f.*), wing
el álamo, poplar-tree
alargar, to hold out
el alba (*f.*), dawn
alborotar, to stir up; cause a riot
el alcalde, mayor
la alcoba, bedroom
la aldea, village, hamlet

274

VOCABULARIO

alegrarse, to be glad
alegre, joyful; cheerful
la alegría, joy
alejarse, to move away
el alfiler, pin
la alfombra, carpet, rug
la algarabía, babel, hubbub
algo, something; anything
el algodón, cotton
alguno, some
algunos, a few
alisado, smooth
allá, there; más —, further
  away
allí, there
el alma (f.), soul
el almacén, store
la almendra, almond
la almohada, pillow
almorzar (ue), to lunch
alquilar, to hire
alrededor, around; about
alto, high; tall; en lo —, on
  the top
¡alto!, halt!
la altura, height
alumbrar, to light
alzar, to raise; —se, to
  rise
el ama (f.), housekeeper;
  mistress of the house
amablemente, amiably
el amanecer, dawn
amargamente, bitterly
amarillo, yellow
el ambiente, atmosphere
ambos, both

ameno, pleasant; agreeable
el amigo, friend; friendly
el amo, master; proprietor
el amor, love
amoroso, loving
la anciana, old woman
anciano, ancient; old
ancho, wide; broad
anchuroso, large
andaluz, Andalusian
andar, to go; walk
el andén, platform
angosto, narrow
anhelante, panting; eager
el anillo, ring
animado, brisk; cheerful;
  lively
animar, to encourage
el anochecer, nightfall
ante, before; in front of
los anteojos, spectacles
antiguo, old; ancient
anunciar, to announce
el anuncio, notice ; advertise-
  ment
añadir, to add
el año, year
apagar, to extinguish
el aparato, apparatus; equip-
  ment
aparecer, to appear
aparentemente, apparently
la aparición, appearance
apartado, secluded; re-
  mote
apartarse, to withdraw
aparte de, apart from

275

SIMPLER SPANISH COURSE

apearse, to dismount; get down

el apellido, surname

apenas, hardly

apiñado, thronging; close-packed

aplicar, to apply

apodado, nicknamed

apoderarse, to take possession of; seize

apoyado, leaning

apoyar, to lean

apreciable, esteemed; valued

apresurarse, to hurry

apretar (ie), to press; crowd

aprobar (ue), to approve; pass

aproximarse, to approach

apuntar, to aim

aquel, that (one) (*see* §§ 16, 17)

aquí, here

el árbol, tree

ardoroso, hot

armado, armed

el armario, cupboard

las armas, arms; weapons

el arqueólogo, archeologist

arrancar, to snatch; tear off

el arranque, tug; jerk; start off

arrastrar, to drag

arreglar, to arrange; settle; put right

arriba, up; **hacia —,** upwards

arrodillarse, to kneel

arrojarse, to hurl oneself; dash

el arroz, rice; **— con leche,** rice pudding

la arruga, wrinkle

arrugado, wrinkled; creased

arruinar, to ruin

el ascensor, lift

asegurar, to assure

asesinar, to kill; assassinate

así, thus; so; like that

así que, as soon as

el asiento, seat

la asignatura, subject

la asistencia, attendance; help

la asistenta, maid; help

asistir, to be present; attend

asomar, to appear

asomarse, to lean out

asombrar, to astonish

asombrarse, to be astonished

el asombro, amazement; surprise

asombroso, amazing

el aspecto, appearance

el asunto, matter; business

asustarse, to be frightened

atar, to tie

atascado, stuck

atender (ie), to attend

atento, attentive; thoughtful

276

VOCABULARIO

atestado, packed; full
atontado, stunned
atraer, to attract
atrás, ago; back; backwards
atravesar (ie), to cross; traverse
atreverse, to dare
atrevido, daring
atribuirse, to be attributed
atropellar, to run over
aún, even; yet; still
aunque, although
el auricular, receiver
avanzar, to advance
avecindado, resident
la avellana, hazelnut
la aventura, adventure
avergonzado, ashamed
averiguar, to ascertain; find out
el avión, aeroplane
avisar, to warn; advise
¡ay!, alas!
la avispa, wasp
la ayuda, help; aid
el ayudante, aide-de-camp
ayudar, to help
azotar, to whip; lash
azul, blue
el azulejo, tile

B

bailar, to dance
el baile, dance; ball
bajar, to descend; get out; lower

bajo, low; underneath
la bala, bullet
el banco, bench
la bandera, banner
el bandido, bandit; brigand
bañar(se), to bathe
la baraja, pack of cards
barato, cheap; low priced
la barbaridad, stupid act
la barca, boat
la barrera, barrier
el barrio, district of a town
bastante (see § 41), enough
bastar, to be enough; suffice
el bastón, stick; baton
la batalla, battle
la batería, kitchen utensils
batirse, to fight
beber, to drink
la belleza, beauty
besar, to kiss
el beso, kiss
la bestia, beast
bien, well
bienaventurado, blessed
la bienaventuranza, beatitude
el billar, billiard saloon
el bistec, steak
el bizcocho, biscuit
blanco, white
blando, soft
la blandura, softness
la boca, mouth; — abajo, face downwards
el bocadillo, sandwich
la boda, wedding
el bodegón, chop-house

277

SIMPLER SPANISH COURSE

el bolígrafo, ball-pointed pen
los bolos, ninepins; bowls
la bolsa, bag; purse
el bolsillo, pocket
el bolso (de mano), handbag
el bombero, fireman
la bombonera, box for sweets
la bombilla, electric light bulb
bordar, to embroider
el borde, edge
a bordo de, on board
borracho, drunk
borrar, to rub out; wipe away
el bosque, wood
la botella, bottle
boyante, prosperous
las brasas, embers
bravo, wild; fierce
el brazo, arm
brindar, to offer
el brío, energy; vigour
la brisa, breeze
la broma, joke, trick
brotar, to spout; spurt
la bruja, witch
bueno, good
el buey, ox
el bullicio, tumult; noise; shindy
los bultos, luggage
el buque, ship
burlón, joking; mocking
el burro, donkey
buscar, to look for

la butaca, seat
el buzón, letter-box, pillar-box

C

el caballero, gentleman
el caballo, horse
el cabello, hair
caber (see p. 242), to be room for; hold; fit in
la cabeza, head
al cabo, at last
el cabo, corporal
la cacerola, saucepan
cada, each; — vez más, more and more
el cadáver, corpse
la cadena, chain
caer, to fall
la caída de la tarde, eventide
la caja, box; safe
el cajón, drawer
la cal, lime
caliente, hot
callar(se), to be silent
la calle, street
el calor, heat
la cama, bed
el camarero, waiter; steward
cambiar, to change
caminar, to go; walk
el camino, road
camino de, in the direction of
el camión, lorry, truck
la camisa, shirt
el campamento, camp
la campana, bell

278

VOCABULARIO

la **campanada**, bell, stroke
el **campesino**, peasant
el **campo**, field; country
la **cana**, grey or white hair
el **canario**, canary
la **cancela**, small door in a gate
el **candil**, oil-lamp
el **cangrejo**, crab
cansado, weary; tired
el **cansancio**, tiredness
cansar, to tire
la **caña**, cane; reed; rod
el **cañón**, cannon
el **caos**, chaos
la **capa**, cloak
el **caprichoso**, capricious
la **cara**, face
los **caramelos**, sweets
la **carcajada**, guffaw; peal of laughter
la **cárcel**, prison
la **carga**, load; burden
cargar, to load
la **caridad**, charity
cariñoso, fond; kind
carlista, Carlist
la **carne**, meat; flesh
la **carpeta**, portfolio
la **carrera**, course; race
la **carretera**, road; highway
la **carrocería**, coach-work
la **carta**, letter
en **casa**, at home; a —, (to) home
la **casa**, house; firm
casarse, to marry

el **caserón**, big house
casi, almost
el **casino**, club
el **caso**, case; en c— de, in case; no hacer c—, to pay no attention
el **castaño**, chestnut
castigar, to punish
el **castigo**, punishment
el **castillo**, castle
el **catálogo**, catalogue
el **catedrático**, professor
el **caudal**, capital; fortune
a **causa de**, because of
la **caza**, hunting; game
el **cazador**, hunter
cazar, to hunt; catch
ceder, to yield
ceder el paso, to give way
célebre, famous
la **cena**, supper
cenar, to have supper
ceniciento, ashen; grey
el **centro**, centre
el **ceño**, frown
cepillado, planed
el **cepillo**, plane; brush
cerca de, near
cercano, near
el **cerebro**, brain
la **cereza**, cherry
la **cerilla**, match
la **cerradura**, lock
cerrar (ie), to shut
cesar, to cease
la **cesta**, basket
el **cesto**, basket

279

SIMPLER SPANISH COURSE

ciego, blind
el cielo, sky; heaven
cierto, certain
la cifra, figure
la cima, top; summit; peak
el cincuentón, a man in his fifties
la cinta, ribbon
el cinturón, belt
la circulación, traffic
el círculo, circle
circundar, to surround
el cirujano, surgeon
la cita, appointment
citar, to mention
la ciudad, city
la claridad, clearness; brightness
claro, bright; clear; of course
el claro, space; gap
la clase, class; kind
el claustro, cloister
clavar, to nail, fix, transfix
el cliente, customer
el cobrador, conductor
cocear, to kick
la cocina, kitchen
el coche, coach; carriage; car
coger, to take hold of; take; catch
la cola, tail; queue
el colegio, school
colgar (ue), to hang
colocar, to place
la comadre, housewife
la comarca, district; region

el comedor, dining-room
el comendador, commander
el comentario, commentary
comenzar (ie), to begin
comer, to eat; dine
el comercio, trade; shop
cometer, to commit
el cómico, actor; comedian
la comida, dinner; food
el comienzo, beginning
como, as; as if; how; like
la comodidad, comfort; convenience
el compadre, friend
el compañero, companion
la compañía, company
complacer, to gratify; please
componer, to compose
comprender, to understand; realize
común, common
con, with
concentrar, concentrate
el concepto, idea; conception
la conciencia, conscience
concienzudo, conscientious
concluir, to conclude
concurrir, to take part; meet
el concurso, gathering
condenado, condemned; confounded
la condesa, countess
conducir, to lead; drive
el conductor, driver
confesar (ie), to confess

280

VOCABULARIO

confiar, to trust
confuso, confused; abashed
la congoja, anguish; grief
conocer, to know; be acquainted with
conque, so
conseguir (i), to succeed in obtaining, doing
el consejo, advice
el consentimiento, consent
conservar, to keep
considerar, to consider
por consiguiente, in consequence; therefore
consistir en, to consist of
constituir, to constitute
la consulta, consultation
el contador, meter
contagiar, to infect
contar (ue), to count; relate
contemplar, to gaze at
contener, to contain
contento, satisfied
contestar, to answer
contra, against
contrario, contrary
conveniente, suitable; appropriate
convenir, to suit
conversar, to converse; talk
convidar, to invite
la copa, glass
la coquetería, coquetry
el coraje, courage; anger

el corazón, heart
la corbata, tie
coronar, to crown
el coronel, colonel
el corral, yard; farmyard
la correa, strap
el corredor, corridor
el correo, mail; post
correr, to run; deal in
la correspondencia, correspondence
correspondiente, corresponding
la corriente, current
cortar, to cut
cortés, polite
el cortijo, farm
la cortina, curtain
corto, short
la cosa, thing; otra —, something else
la costa, coast
costar (ue), to cost
costar trabajo, to be difficult; give trouble
la costumbre, custom
crear, to create
creciente, increasing
la creencia, belief
creer, to believe; think
criado, servant
la criatura, child; creature
el crimen, crime
el cristal, glass; window
criticar, to criticize
el cruce, crossing
la cruz, cross

281

SIMPLER SPANISH COURSE

cruzar, to cross
la cuadra, stable
el cuadro, picture; scene
cual, which; like
cualquier, any; anyone; someone
cuan, how
cuando, when
cuanto, how much; all that which
cuanto antes, as soon as possible
en cuanto, as soon as
en cuanto a, as for
cuantos, how many; all those who
el cuarto, room
cubierto, covered
cubrir, to cover
el cuco, cuckoo
el cucharón, ladle
el cuello, neck; collar
la cuenta, account; **tener en c—,** to bear in mind
a cuenta, on account
el cuento, tale
la cuerda, rope
el cuerno, horn
el cuero, leather
el cuerpo, body
la cuestión, question; subject
el cuidado, care
cuidar, to look after
cumplir, to attain; **— con,** fulfil; carry out
la cuna, cradle
el cura, priest, vicar

curar, to cure
curvado, curved; bent
cuyo, whose

CH

el chaleco, waistcoat
charlar, to talk; chat
la chica, girl; lass
chillar, to scream; shriek
el chillido, scream; shriek
la chimenea, fireplace; chimney
chocar, to crash
el chófer, chauffeur; driver
el chorro, jet
la choza, cottage
el churro, a kind of doughnut

D

dado que, supposing that
el danzante, dancer
el daño, harm; damage
dar (*see p.* 231), to give; strike
darse cuenta, to realize
el dato, fact; date
debajo de, underneath
deber, to owe; must
el deber, duty
débil, weak
decente, fitting; decent
decidirse a, to make up one's mind to
decir, to say
declinante, declining
dedicarse, to devote oneself

282

VOCABULARIO

el dedo, finger

dejar (*see p*. 243), to leave; let; miss

dejar de, to leave off, stop doing something

la delación, denunciation

el delantal, apron

delante, in front of; before

delgado, thin; slim

demacrado, emaciated

demás, rest; **los —,** the others

demasiado (*see § 41*), too; too much

el demonio, devil

demostrar (ue), to show

dentro (de), inside; within

el departamento, compartment

el depósito, store

derecho, right

el derecho, the right; justice

derribar, to knock down; overthrow

desafiar, to defy; challenge

el desafío, the challenge; contest

desamparado, neglected

el desamparo, helplessness

desaparecer, to disappear

desarrollarse, to develop; unfold

desayunar(se), to have breakfast

el desayuno, breakfast

desbordar, to overflow

descansar, to rest

el descanso, rest

descender (ie), to descend

el desconocido, stranger; unknown person

descorrer, to draw back

describir, to describe

descubrir, to discover

desde, from; since

desde luego, of course

la desdicha, misfortune

desdichado, unhappy

desear, to desire

desenvolver (ue), to unwrap; **— se,** to get along with

el deseo, desire

desesperado, desperate

desfilar, to file past; move in file

el desfile, procession; parade

por desgracia, unfortunately

desgraciadamente, unfortunately

desmayarse, to faint; swoon; droop

desnudarse, to undress

desnudo, naked; bare

el desorden, disorder

despacio, slowly

el despacho, office

desparramar, to spread out; scatter

despavorido, terrified

la despedida, farewell

despedirse (i), to take one's leave; say goodbye

283

SIMPLER SPANISH COURSE

despegar, to take off
despegarse, to get away
despejar, to clear
la despensa, pantry
despertar(se) (ie), to wake up
el despojo, débris
el desprecio, scorn;
después (de), after; next; later; since
destacar(se), to stand out
destilar, to ooze; distil
el destino, job; destination
la destreza, skill
la desventaja, disadvantage
desvestir (i), to remove clothing; undress
el detalle, detail
la detención, arrest
detenerse, to stop
determinado, specified
detrás, behind
devolver (ue), to give back
devorar, to devour
devoto, devout
el día, day: de —, by day: in broad daylight
el diablo, devil
el diálogo, talk; dialogue
el diamante, diamond
diciembre, December
dicho, said; — y hecho, no sooner said than done
el diente, tooth
diestro, right (hand)
difícil, difficult

dignarse, to deign; condescend
digno, upright; worthy
dilatado, wide
la diligencia, stage coach
el dineral, fortune; lot of money
el dinero, money
Dios, God
la dirección, address, direction
con dirección a, in the direction of
dirigir, to direct
dirigirse a, to make for; go towards; address oneself to
disculparse, to apologize
disfrazar, to disguise
disfrutar, to enjoy
el disgusto, displeasure
disimular, to hide
disparar, to fire
dispensar, to excuse
disponer, to dispose
disponerse a, to prepare to
distante, distant
distinguir, to distinguish
distinto, different
distraer(se), to entertain; distract
distraído, absent-minded
distribuir, to distribute
divertido, amusing
divino, divine
doblado, bent
el doble, double
la docena, dozen

284

VOCABULARIO

doler (ue) (*see p.* 244), to hurt; ache
el dolor, pain; grief; ache
doloroso, painful
dominar, to dominate; look down on; know thoroughly
el dominio, domain
donde, where
dorado, gilded; golden
dormido, asleep
dormir (ue) (u), to sleep
dormir(se), to go to sleep
el dormitorio, bedroom
la duda, doubt
dudar, to doubt
el duelo, duel
el dueño, owner
dulce, soft; sweet; gentle
la dulzura, kindliness; gentleness
durante, during
durar, to last
el duro, 5-pesetas coin
duro, hard

E

ebrio, drunk
echar (*see p.* 244), to throw; — **a,** to begin to
echar de menos, to miss
la edad, age
el efecto, effect
el ejercicio, exercise
la elegancia, elegance
elegir (i), to choose
elevar(se), to raise

ello, it
la embajada, embassy
sin embargo, nevertheless; however
emborracharse, to get drunk
el empedrado, pavé; cobblestones
empezar (ie), to begin
el empleado, clerk; employee
empolvarse, to powder oneself
emprender, to undertake
empujar, to push
enamorado, in love
encaminarse (hacia), to go towards; make for
encantado, delighted
encaramar(se), to raise
encargarse de, to take charge of
el encargo, order
encender (ie), to light
encerrar (ie), to shut up; confine
encima de, on top of
encontrar (ue), to meet; find
encontrarse, to find oneself; to be
encorvarse, to bend down
la encrucijada, cross-roads
el enemigo, enemy
enérgico, energetic
enfadarse, to become angry
enfermar, to fall ill
la enfermedad, illness

285

SIMPLER SPANISH COURSE

enfermo, ill
enfrente, opposite
engañar, to deceive
engañarse, to be mistaken
el enjambre, swarm
enjuto, thin; wizened
enlazado, joined
enorme, enormous
enrojecer, to redden; blush
la ensalada, salad
enseñar, to show; point to
ensillar, to saddle
entablar, to start
entender (ie), to understand
enterar, to inform
enterarse de, to inquire; learn; find out (about)
entero, entire
entonces, then; in that case
la entrada, entrance
entrar, to enter
entre, between; among
entregado, occupied
entregar, to hand over
entretenido, amusing, pleasant
entusiasmarse, to enthuse
el entusiasmo, enthusiasm
envenenado, poisoned
enviar, to send
la envidia, envy
envolver (ue), to envelop; cover
envuelto, wrapped up
equilibrar, to balance
el equipaje, luggage

equivaler, to be equivalent
equivocarse, to be mistaken
esbelto, slim; tall; graceful
la escama, scale (of fish)
el escaparate, shop-window
escaso, rare; few; scarce
la escoba, broom
esconder, to hide
la escopeta, gun
el escritor, writer
escuchar, to listen (to)
la escuela, school
ese, that; **ése,** that (one)
esforzarse (ue), to strive; attempt
el esfuerzo, effort
esmerado, polished
esmerarse, to do one's best
eso, that; **a — de,** at about; **por —,** therefore; for that reason
el espacio, space
espacioso, spacious; large
la espada, sword
el espadín, dress-sword
la espalda, back
de espaldas, on the back
espantar, to scare; frighten
el espanto, terror
espantoso, terrifying
esparcir, to scatter; spread
la especie, kind; sort
el espectáculo, sight; spectacle
el espejo, mirror

286

SIMPLER SPANISH COURSE

el **piloto,** pilot
el **pino,** pine (tree)
pintar, to paint
pisar, to tread; walk
la **pista de aterrizaje,** runway; landing-strip
la **pistola,** pistol
la **pistolera,** pistol holster
el **piso,** floor; storey
el **pito,** whistle
planear, to glide
de **plano,** clearly
la **plata,** silver; money (in Latin America)
plateado, silvery
la **plática,** conversation
el **plato,** dish; course; plate
la **playa,** beach
la **plaza,** square; seat; post
la **plazoleta,** courtyard, little square
pleno, in full; **en —,** in the middle of
pobre, poor
poco, little; **por —,** nearly
pocos, few
poder, to be able; can (*see p.* 254)
el **poder,** power
el **policía,** policeman; **la —,** police (force)
la **polvera,** powder compact
el **polvo,** dust; powder
la **pólvora,** gunpowder
polvoriento, dusty
poner (*see p* 248), to place; put

ponerse, to become; turn; put on; **— en camino,** to start out; **— en marcha,** to start
por, by; for; (*see p.* 197)
porque, because
por qué, why
el **portal,** porch; vestibule; gate; large door
portátil, portable
la **portezuela,** door (of a car or carriage)
el **porvenir,** future
posarse, to alight; land
poseer, to possess
posible, possible
los **posos,** dregs
postrero, last
la **pradera,** meadow
el **precio,** price
precipitadamente, hurriedly
ser **preciso,** to be necessary
el **predicador,** preacher
preferir (ie) (i), to prefer
la **pregunta,** question
preguntar, to ask
prender, to take; catch
presenciar, to witness
presentar, to introduce
el **presidio,** prison; penal servitude
el **preso,** captive; prisoner
prestar, to lend
el **prestigio,** reputation; prestige

298

VOCABULARIO

la pastelería, pastrycook's
la pata, leg or foot of an animal
el patio, courtyard; patio
la patria, native land
la pausa, pause
la paz, peace
el pecado, sin
el pecho, chest; breast
pedir (i), to ask for; order
pedir prestado, to borrow
el pedrusco, stone
pegar, to stick; beat; strike
el peinado, combing; hair-do
la película, film
peligroso, dangerous
la pelota, ball
la pena, trouble
pender, to hang
pendiente, steep; **el —,** earring; **la —,** slope, hill
penetrar, to penetrate; enter
penoso, painful
el pensamiento, thought
pensar (ie), to think; believe
pensativo, pensive; thoughtful
peor, worse
pequeño, small; **de —,** as a little boy
la pera, pear
percatarse de, to take notice of
percibir, to perceive; notice

la percha, hat-stand
perder (ie), to lose
la pérdida, loss
el perdón, pardon; forgiveness
perdonar, to pardon; forgive
perezoso, lazy
el periódico, newspaper
permanecer, to remain
el permiso, permission; leave
permitir, to allow; permit
pero, but
el perro, dog
perseguir (i), to pursue
la persona, person
el personaje, personage; figure
pertenecer, to belong
perturbar, to disturb
pesado, heavy
a pesar de, in spite of
el pescado, fish (when caught)
el pescador, fisherman
pescar, to fish; catch
el petróleo, petroleum; kerosene
el pez, fish (alive)
picar, to prick; dive; peck; sting
el pie, foot
la piedra, stone
la piel, skin
la pierna, leg
la pieza, piece; room
el pijama, pyjamas

297

VOCABULARIO

la **grada**, step
gran(de), great; big; large
la **grandeza**, greatness
grato, pleasant; pleasing; acceptable
la **gravedad**, seriousness; importance
gris, grey
gritar, to shout
el **grito**, cry; shout
el **grupo**, group
gruñir, to grumble; growl
guapo, handsome; beautiful
el **guardapolvo**, travelling coat
guardar, to guard; look after; keep
el **guardia**, policeman
la **guardilla**, garret
la **guerra**, war
guiar, to guide
guiñar, to wink
gustar (*see p.* 245), to please
el **gusto**, taste; pleasure

H

haber (*see p.* 246), to have
haber de, to have to; to be going to
la **habitación**, room
habitado, inhabited; occupied
hablar, to speak; talk
hacer (*see p.* 247), to make; do
hacia, towards

la **hacienda**, farm
hallar, to find
hallarse, to be in
hartarse, to fill up
harto, replete; sated
hasta, as far as; until; even; — **que**, until
la **hazaña**, deed; prowess
el **hechizo**, spell
hecho, made; done
el **hecho**, fact
helado, frozen; iced
la **hélice**, propeller
la **herida**, wound
herir (**ie**) (**i**), to wound
la **hermana**, sister; nun
hermoso, beautiful
la **hierba**, grass
el **hierro**, iron
el **higo**, fig
hilar, to spin
el **hilo**, thread
hinchar, to swell
la **historia**, story
el **hogar**, hearth; home
la **hoguera**, fire; bonfire
la **hoja**, leaf
el **hombre**, man; — **de bien**, honest man
el **hombro**, shoulder
la **hondonada**, vale
el **honor**, honour
honrado, honest; honourable
la **hora**, hour; time
el **horizonte**, horizon
el **horno**, oven

SIMPLER SPANISH COURSE

horripilante, horrifying
hoy, today
la huella, trace
la huerta, orchard; vegetable garden
el huerto, garden; orchard
el hueso, bone
el huésped, guest
el huevo, egg
huir, to flee
humeante, smoking
húmedo, damp
el humo, smoke
el humorismo, humour
hundir, to sink; plunge
húngaro, Hungarian
hurtar, to steal, rob

I

idéntico, identical; similar
la iglesia, church
igual, equal; like; same
ileso, unhurt
iluminar, to illuminate
la ilusión, illusion
impedir (i), to prevent
impeler, to impel; incite
imponer, to impose
impreso, printed
imprimir, to print
incapaz, unable; incapable
incierto, uncertain
inclinarse, to bow; bend down
incorporarse, to get up; sit upright

increíble, unbelievable; incredible
la indagación, investigation
indagar, to enquire
indicar, to show; prove
indiferente, indifferent; same
indignar, to make angry
el individuo, individual
ineludible, unescapable; inevitable, unavoidable
la infancia, infancy; childhood
infeliz, unhappy
el infierno, hell; inferno
inglés, English
iniciar, to begin
la injuria, insult
inmediato, neighbouring
inmóvil, motionless
inquieto, anxious; uneasy
inseguro, unsure
insinuarse, to insinuate oneself
insobornable, incorruptible
insoportable, unbearable
inspeccionar, to inspect; examine
inspirar, to inspire
instalar, to install
el instante, instant; moment
el instinto, instinct
el insulto, insult
intentar, to try
interesar, to interest
interrumpir, to interrupt
el intervalo, interval

290

VOCABULARIO

intervenir, to intervene
íntimo, intimate
intrépido, fearless
intrigado, intrigued; curious
inútil, useless
invadir, to invade
el invierno, winter
invitar, invite
ir, to go; irse, go away
izquierdo, left

J

el jabón, soap
jadear, to pant
el jardín, garden
el jardinero, gardener
la jarra, vase
la jaula, cage
el jefe, chief; — del tren, guard
el jinete, horseman
joven, young (man or woman)
la joyería, jeweller's shop
el juego, game; play
jugar (ue), to play
julio, July
junto a, close; next; nearby
juntos, together
juzgar, to judge

L

el laberinto, labyrinth
la labor, toil; farming; design; workmanship; la

bestia de l—, draught-animal
labrado, ploughed
el lado, side
ladrar, to bark
el ladrón, thief; burglar; robber
el lago, lake
la lágrima, tear
lamentar, to be sorry; regret
la lámina, strip
la lámpara, lamp
la lancha pesquera, fishing boat
lanzar, to throw
el lápiz, pencil
largarse, to go away; "clear off"
largo, long; a lo — de, along
la lástima, pity
lastimar, to hurt; damage
la lata, tin (can); (slang) bore; nuisance
el latón, brass
lavar, to wash
la lección, lesson
la leche, milk
el lecho, bed
leer, to read
la legua, league
lejano, distant
lejos, far; a lo —, in the distance
la lengua, tongue; language
lento, slow

291

SIMPLER SPANISH COURSE

la leña, firewood
el leño, log
el león, lion
la letra, letter; handwriting
levantar, to lift
levantarse, to get up
liarse, to get involved
libre, free
la librería, book-shop
la licencia, leave
el lienzo, cloth; canvas
ligero, light; slight
el límite, limit; boundary
el limón, lemon
limpiar, to clean
la limpieza, cleaning; cleanliness
limpio, clean
la línea, line
la linterna, lantern
el lío, bundle
liso, smooth
listo, ready; clever
lívido, livid
el lobo, wolf
loco, mad
el lodo, mud
lograr, to succeed in
la loma, ridge
la lontananza, distance
la losa, flagstone; stone slab
la lucha, struggle
luchar, to struggle
luego, then; next
luengo, long
el lugar, place, village
el lujo, luxury

la lumbre, flame; fire
la luna, moon
lustroso, shiny
la luz, light

LL

la llama, flame
llamar, to call; knock
llamarse, to be called
el llanto, weeping
la llegada, arrival
llegar, to arrive
llenar, to fill
lleno, full
llevar, to carry; bear; wear; take
llevarse, to take away
llorar, to weep
llover (ue), to rain
la lluvia, rain

M

la madera, wood; timber
la madre, mother
madrugador, early riser
madrugar, to get up early
magnífico, magnificent; splendid
la maldad, wickedness
la maleta, suitcase
malicioso, malicious
malo, bad; ill
el mancebo, youth
mandar, to order; send
manejar, to handle; operate

292

VOCABULARIO

la **manera**, way
el **mango**, handle
la **mano**, hand
manso, tame; quiet
la **manta**, blanket
el **mantel**, tablecloth
la **mantilla**, mantilla (lace shawl)
la **manzanilla**, dry sherry
el **manzano**, apple-tree
la **mañana**, morning
mañana, tomorrow
la **máquina**, engine; — **de escribir**, typewriter
el (or la) **mar**, sea
de **marca**, branded
la **marcha**, march; journey
marchar, to go; walk
marcharse, to go away; leave
marear, to make sea-sick
el **marido**, husband
el **marinero**, sailor
el **marino**, sailor
más, more; — **bien**, rather
matar, to kill
de **mayor**, as an adult
la **mayoría**, majority
la **mecedora**, rocking-chair
mecer, to rock
la **media**, stocking
la **medianoche**, midnight
el **médico**, doctor
la **medida**, measure; **a m— que**, in proportion as
medio, middle; half (see § 41)

el **mediodía**, noon
los **medios**, means
medir (i), to measure
la **mejilla**, cheek
mejor, better
melancólico, melancholic
la **memoria**, memory
el **mendigo**, beggar
ser **menester**, to be necessary
menor, smaller; younger
menos, less
a **menos que**, unless
la **mente**, mind
menudo, fine; minute
a **menudo**, often
el **mercado**, market
merecer, to deserve
la **merienda**, picnic lunch
el **mérito**, merit
la **mesa**, table; desk
meter, to put
meterse en, to get into
el **Metro**, Underground
mi, my
mí, me
el **miedo**, fear; **dar m—**, to scare; **tener m—**, to be afraid
mientras, while
mientras tanto, meanwhile
el **milagro**, miracle
la **milicia**, militia
mimar, to spoil
el **minuto**, minute
la **mirada**, look
el **mirador**, closed-in balcony
mirar, to look

293

SIMPLER SPANISH COURSE

la **misa**, mass
la **misericordia**, mercy, pity
  mismo (*see* § *41*), same;
    very; self
el **misterio**, mystery
la **mitad** (*see* § *41*), half
  a **mitad de la corriente**, mid-
    stream
el **mobiliario**, furniture
la **moda**, fashion
la **modista**, dressmaker
el **modo**, kind; manner
  a **modo de**, as it were; sort of
  mojarse, to get wet
  molestar, to worry; bother;
    be a nuisance
el **momento**, moment
la **moneda**, coin
el **monedero**, purse
  monótono, monotonous
la **montaña**, mountain
  montar, to mount; ass-
    emble
el **monte**, mountain
el **montón**, heap; pile
  morder (ue), to bite
el **mordisco**, bite; nibble
  morir(se) (ue), to die
  mortecino, fading; dying
la **mosca**, fly
el **mostrador**, counter
  mostrar (ue), to show
el **motivo**, motive; reason
con **motivo de**, owing to
  mover (ue), to move
la **moza**, girl
el **mozo**, porter; young man

el **muchacho**, boy
la **muchedumbre**, crowd
  mucho, much;
  muchos, many
los **muebles**, furniture
la **muerte**, death
  muerto, dead
la **mujer**, woman; wife
la **multitud**, crowd
el **mundo**, world; **todo el —**,
    everybody
la **muñeca**, doll
la **murmuración**, murmuring;
    gossip
  murmurar, to murmur
el **muro**, wall
  mustio, withered; sad
  mutuo, mutual
  muy, very

N

  nacer, to be born
  nada, nothing; anything
  nadar, to swim
la **naranja**, orange
la **naranjada**, orangeade
la **nariz**, nose; nostril
la **naturaleza**, nature
  navegar, to sail
la(s) **Navidad(es)**, Christmas
  necesitar, to need
  negarse, to refuse
los **negocios**, business; affairs
  negro, black
la **negrura**, blackness
  nervioso, nervous; anxious
la **nerviosidad**, nervousness

294

VOCABULARIO

ni, neither; nor; not even
la nieve, snow
niño, child
la noción, idea; notion
nocturno, nocturnal
la noche, night
la Nochebuena, Christmas Eve
nombrar, to name
el noroeste, northwest
el norte, north
la nota, note
notar, to notice
las noticias, news
notorio, well-known
la novela, novel
el novio, lover; sweetheart; bridegroom
el nubarrón, threatening cloud
la nube, cloud
nuevo, new; **de —,** again
el número, number
nunca, never

O

obedecer, to obey
el obispo, bishop
el objeto, object
la obligación, necessity
obligar, to oblige; force; make
la obscuridad, darkness
el obsequio, present
no obstante, nevertheless; however; notwithstanding

obstinado, obstinate
obstruir, to obstruct; block
obturar, to block
la ocasión, opportunity
la oclusión, blockage
ocultar, to hide
oculto, hidden
el ocupante, occupant
ocurrir, to occur
la oficina, office
el oficio, trade; profession
ofrecer, to offer
el oído, hearing
¡oiga!, listen! I say!
oír, to hear
el ojo, eye; **el — de la cerradura,** keyhole
la ola, wave
oler (hue), to smell
el olivar, olive grove
el olivo, olive tree
el olor, smell; scent
olvidar, to forget
la onda, wave
ondular, to wave
oprimir, to oppress; overwhelm
opuesto, opposite
el orden, order; orderliness
ordenar, to order
la orilla, bank; edge
el oro, gold
oscilar, to oscillate
a oscuras, in the dark
oscuro, dark
el oso, bear
el otoño, autumn

295

SIMPLER SPANISH COURSE

otro, other; another
la oveja, sheep (ewe)

P

paciente, patient
padecer, to suffer
los padres, parents
pagar, to pay
el pago, payment
el paisaje, landscape; scenery
la paja, straw
el pájaro, bird
la palabra, word
el palacio, palace
el palco, box (*theatre*)
pálido, pale
la palma, palm (of the hand)
la palmada, slap
la palmera, palm tree
el palo, stick
la paloma, dove; pigeon
el pan, bread
la pandereta, tambourine
el panecillo, roll (of bread)
el pantalón, trousers
los pantalones, trousers
la pantalla, screen
el paño, cloth
el pañuelo, handkerchief
el papel, paper
el paquete, parcel; package
el par, pair; couple
de par en par, wide open
para, for; to; (*see p.* 198)
la parada, stop
parado, still; stationary

el paraguas, umbrella
paralizar, to paralyze
para que, in order that
¿para qué?, why?; with what purpose?
parar, to stop
parecer, to appear
al parecer, apparently
el parecido, resemblance
la pared, wall
la parentela, kindred; relations
los parientes, relatives
el parque, park
la parroquia, parish
la parroquial, parish church
la parte, part; **de mi —,** on my side; from me; **por otra —,** on the other hand; **de todas —,** from all sides; **en todas —,** everywhere
particular, private
la partida, game
partir, to depart
el pasaje, passage
el pasajero, passenger
el pasaporte, passport
pasar, to happen
pasear(se), to go for a walk; stroll; **— la mirada,** to cast a glance
el paseo, walk; stroll
el pasillo, corridor
el paso, step; crossing; passage; **a buen —,** at a good pace

296

SIMPLER SPANISH COURSE

fingir, to feign; pretend; sham

fino, delicate; fine

la firma, signature

firmar, to sign

flaco, thin

la flor, flower

a flor de, on a level with

el florero, flower-pot

el flúido eléctrico, current

la fonda, inn

el fondo, background; bottom; far end

el forastero, stranger

la forma, shape; form

el fósforo, match

la fotografía, photograph

el fraile, friar; monk

Fray, Brother

la frente, forehead; **hacer f—,** to face

fresco, cool; fresh

la frescura, coolness; freshness

frío, cold

frito, fried

frondoso, leafy

la frontera, frontier

el fruto, fruit; profit

sin fruto, to no purpose

el fuego, fire; **hacer f—,** to fire; shoot

la fuente, fountain; pool; well; dish

fuera de, outside; apart from; **f— de sí,** beside oneself

fuerte, strong

la fuerza, strength; force

fumar, to smoke

furioso, angry

el fusil, rifle

futuro, future

G

la gaita, bagpipe

gallardo, gallant; brave

la gallina, hen

el gallo, cock

la gana, desire; want; **tener g—(s) de,** to want to; long to

el ganado, flock; herd

ganar, to gain; rich; win

garantizar, to guarantee

a gatas, on all fours

el gemido, groan

gemir, to groan

la gente, people

el gentío, crowd

el gesto, expression; gesture

el gigante, giant

gigantesco, gigantic; huge

el golpe, blow

golpear, to strike; hammer

gordo, fat; stout

gorjear, to warble

la gorra, cap

la gota, drop

gozar de, enjoy

el gozo, joy; enjoyment

las gracias, thanks

gracioso, amusing; graceful

288

VOCABULARIO

la esperanza, hope
esperar, to hope; wait for
espeso, thick
la espina, thorn
el espíritu, spirit
la esponja, sponge
el esposo, husband
la espuma, foam
la esquina, corner
la estación, station; season
estar (see § 76a and p.244),
to be
este, this; éste, this (one)
el estilo, style
estirado, haughty
estirar, to stretch
esto, this (see § 17b)
estrecharse, to squeeze together
estrecho, narrow; strong;
tight
la estrella, star
el estremecimiento, trembling
estrepitoso, noisy
el estudiante, student
el estudio, study
estupendo, marvellous
evitar, to avoid
el examen, examination
excitar, to excite
exclamar, to exclaim
experimentar, to experi-
ence; feel
la explicación, explanation
explicar, to explain
exponer, to expound; ex-
plain; expose

extenderse (ie), to spread
el extranjero, foreigner
extrañarse, to be surprised
extraño, strange
el extremo, end

F

la fábrica, factory
las facciones, features
la fachada, façade; front
la falda, skirt; hillside
la falta, mistake; hacer f—,
to be necessary
faltar, to be missing
la familia, family
la fantasía, fancy; fantasy;
caprice
el fantasma, spectre; ghost
el faro, headlight; lighthouse
el farolillo, little lantern
la farsa, trick
fatigoso, weary; toiling
el favor, favour
por favor, please
la fecha, date
feliz, happy
la ferocidad, fierceness; fero-
city
fiarse, to trust
la figura, figure; shape
figurarse, to imagine
fijarse en, to notice; observe; concentrate on
fijo, fixed
la fila, file; line
el fin, end
el final, end

287

VOCABULARIO

pretender, to try; claim; seek

pretextar, to pretend; plead

el pretil, parapet (of a bridge)

el primo, cousin

el principio, beginning

la prisa, haste; hurry; speed; **darse p—,** to hurry

de prisa, quickly

probar (ue), to try; test; prove

procurar, to procure; try

el profesor, teacher, master

prolijo, tedious; long

el prólogo, prologue

prolongado, lengthy

prometer, to promise

pronto, soon; ready; quickly; **al —,** at first; **de —,** suddenly

pronunciar, to pronounce

la propiedad, property

propio, own

próximo, near; next

el público, public; people

el pueblo, village

el puente, bridge

la puerta, door; gate

pues, well; then; since; therefore

el puesto, stall; booth

puesto que, since; because

pugnar, to fight

la punta, point; tip

al punto, at once

el punto, point; **a p— de,** about; **el — de mira,** point of aim

el puñal, dagger

el pupilo, ward

el puro, cigar

Q

que, that; which

lo que, that which; what

quedar(se), to remain; become

quejarse, to complain

quemar, to burn

querer, to want

querer decir, to mean

querido, dear

quien, who

quienquiera, whoever

la química, chemistry

el quinqué, paraffin lamp

quitar, to take away; take off

quizá(s), perhaps

R

la rabia, rage

el rabo, tail

la ración, helping; portion

el radiador, radiator

la ráfaga, squall; gust of wind

la raíz, root

la rama, branch

299

SIMPLER SPANISH COURSE

raro, strange; unusual

el rato, period of time; **un buen —,** a good while

rayar (el día), to dawn

el rayo, lightning; ray

el razonamiento, reasoning

en realidad, in fact; actually

rebelde, rebellious; rebel

rebozar, to cover; muffle up

receloso, suspicious

recibir, to receive

recién, recently

recio, strong

recíprocamente, mutually

el recluta, recruit

recoger, to gather; pick up

el recogimiento, seclusion

recomendar(ie), to recommend

recompensar, to reward

reconocer, to recognize; examine

recordar(ue), to remind; remember

recorrer, to make a tour of inspection; go from end to end

el recorrido, route; line; journey; tour

recrear, to recreate

recto, straight

recubrir, to cover up

rechazar, to refuse; repulse; reject

rechiflar, to scorn

rechoncho, squat; thick-set

redondo, round

refregar (ie), to rub

refugiarse, to take refuge

la regadera, watering-can

el regalo, gift

registrar, to examine; search

reglamentario, according to regulations

regresar, to return

el reino, kingdom

reír (i), to laugh

la reja, iron grating

relatar, to relate

el reloj, clock; watch

la relojería, watchmaker's shop

reluciente, shining

relucir, to gleam; shine

el remedio, remedy; solution

el remiendo, patch

el remo, oar

remover (ue), to move; stir

rendido, worn out; weary

la rendija, chink

reparar en, to notice

repasar, to revise

de repente, suddenly

repetir (i), to repeat

repleto, full

replicar, to reply

reponer, to reply

el representante, representative

reprochar, to reproach

300

VOCABULARIO

repugnante, repulsive; repugnant
requerir (ie) (i), to need
resarcirse de, to make up for
el **rescoldo,** ember; cinder
el **resfriado,** cold
resonar (ue), resound
el **resoplido,** snort; puff
el **respaldo,** back (of a chair)
el **respeto,** respect
la **respiración,** breathing
el **resplandor,** glow
responder, to answer
resuelto, determined
resultar, to result; turn out to be
retrasar, to delay
el **retrato,** portrait
reventar (ie), to burst
reverberar, to reverberate; reflect
la **reverencia,** bow
al **revés,** reversed
revolotear, to flutter; fly around
revolver (ue), to turn over; upset
revolverse (ue), to twist; turn round
el **revuelo,** disturbance
la **revuelta,** winding; bend
el **rey,** king
rezar, to prey
la **ribera,** river bank
rico, rich
la **rigidez,** stiffness

el **rincón,** corner
el **río,** river
la **risa,** laughter
risueño, smiling
el **roble,** oak
la **roca,** rock
rodear, to surround
la **rodilla,** knee
rogar (ue), to ask; beg
rojo, red
la **romería,** pilgrimage; picnic; fair
romper, to break; — **a,** to begin
roncar, to snore
ronco, hoarse; harsh
rondar, to prowl
la **ropa,** clothes
la **rosa,** rose
rosa(do), pink
el **rosario,** rosary
el **rostro,** face
roto, broken; torn
el **rubí,** ruby
rubio, fair; blond
ruborizado, blushing; bashful
la **rueda,** wheel
rugir, to roar; shout
el **ruido,** noise

S

el **sábado,** Saturday
la **sábana,** sheet
saber, to know
sabio, wise

301

SIMPLER SPANISH COURSE

el **sable**, sabre; cutlass
sabroso, tasteful
sacar, to take out; stick out
el **sacerdote**, priest
el **saco**, bag
la **sacristía**, vestry
la **salida**, exit; departure
salir, to go out; come out
el **salón**, drawing-room; hall
saltar, to jump
el **salto**, jump
saludar, to greet
salvaje, wild
salvar, to save
la **sangre**, blood
el **santo**, saint
satisfecho, satisfied
seco, dry; sharp; curt
la **sed**, thirst; **tener s—**, to be thirsty
la **seda**, silk
seducir, to entice; captivate; seduce
en **seguida**, at once
seguir (i), to follow; go on; continue
según, according to
la **seguridad**, certainty
seguro, sure
la **selva**, forest
el **semblante**, face
semejante, similar
la **sencillez**, simplicity
sencillo, simple
el **sendero**, path
sentarse (ie), to sit down

la **sentencia**, sentence
el **sentido**, sense; meaning
el **sentimiento**, feeling; perception
sentir (ie) (i), to feel; regret; be sorry
la **señal**, signal; sign
señalar, to show
el **señorío**, nobility
separar, to separate
ser (*see* § *76b and p.* 239) to be
el **ser**, being
sereno, calm; serene
el **sereno**, night-watchman
serio, serious
el **servicio**, service
el **servidor**, servant
servir (i), to serve
servir de, to be used as
servir para, to be used for
servirse de, to make use of
la **severidad**, severity; plainness
si, if
sí, yes; himself; herself, etc.
siempre, always; **— que**, provided that
la **sien**, temple
siguiente, following; next
la **silla**, chair
el **sillón**, armchair
sin, without
sino, but; except
siquiera, even
el **sitio**, place; spot; seat

302

VOCABULARIO

de sobra, too much
sobrar, to be in excess
sobre, on; over; about; above
el sobre, envelope
la sobremesa, after-meal table talk
sobrenatural, supernatural
sofocante, stifling
el sol, sun
el soldado, soldier
la soledad, solitude
solemne, solemn; serious
soler (ue) (see p. 249), to be accustomed to; used to
solo, alone; single
sólo, only
la sombra, shade; shadow
el sombrero, hat
sonar (ue), to sound
sonreír (i), to smile
sonriente, smiling
la sonrisa, smile
soñar (ue), to dream
la sopa, soup
el soplo, draught; breath
soportar, to endure; tolerate
sórdido, squalid; sordid
sorprender, to surprise
la sorpresa, surprise
sortear, to draw lots for
la sortija, ring
la sospecha, suspicion
sospechar, to suspect
sostener, to sustain; support

su, his; her; your; their
suave, smooth; gentle
subir, to climb; go up
súbito, sudden
suceder, to happen; follow
sucesivamente, one after another
el suceso, event
sucio, dirty
el sudor, sweat
el suelo, ground; floor; soil
el sueño, dream; sleep
la suerte, luck; fashion
sugerir (ie) (i), to suggest
sumo, supreme
suplicar, to beg
suponer, to suppose
por supuesto, of course
el sur, south
surgir, to spring up; appear
suscitar, to arouse
susodicho, above-mentioned
suspender, to suspend; fail
suspenso, in suspense
suspirar, to sigh
el susto, fright; fear
susurrar, to whisper

T

la taberna, tavern
el tabique, partition
la tabla, plank
el taco, billiard-cue
el tamaño, size

303

SIMPLER SPANISH COURSE

también, also
tampoco, neither; not . . . either
tan, so; so much
tanto, so much; **en —**, while
tantos, so many
tapar, to cover; hide
la **taquilla**, box office
tardar, to take (time)
tarde, late
la **tarde**, afternoon; evening (until dark)
la **tarea**, task
la **tarjeta**, card
la **tarjeta postal**, postcard
el **tatuaje**, tattooing
el **té**, tea
el **techo**, ceiling
temblar (ie), to tremble
el **temblor**, shudder; quiver
temer, to fear
el **temor**, fear
templado, lukewarm; brave
el **templo**, temple
temprano, early
las **tenazas**, tongs
tender (ie), to hold out; stretch; **— la vista**, to turn one's gaze
el **tendero**, shopkeeper
tenderse (ie), to lie down
tener (*see p.* 249), to have
tener que, to have to
la **tentación**, temptation
teñir (i), to dye

terminar, to end
el **terreno**, ground
el **tesoro**, treasure
tibio, tepid
el **tiempo**, time; weather
la **tienda**, shop; tent
a **tientas**, groping
la **tierra**, earth; land; country
tieso, stiff
las **tinieblas**, darkness
la **tinta**, ink
el **tío**, uncle; "man"; "Old"
el **tipo**, type
tirar, to shoot; fire; throw
el **tiro**, shot
a **tiros**, shooting
tísico, consumptive
tocar, to touch; play; fall to one's lot
todavía, still
todo (*see § 41*), all; every
tomar, to take
el **tomate**, tomato
tono, tone
tonto, foolish
torcer (ue), to twist
tornar, to turn
en **torno a (de)**, around
el **toro**, bull
la **torre**, tower
la **torta**, cake
la **tortilla**, omelet
la **tos**, cough
tosco, crude
trabajar, to work
el **trabajo**, work; job

304

VOCABULARIO

traer, to bring; wear
tragar, to swallow
el **traje,** dress; suit
trancar, to bar (a door)
tranquilizar, to calm
tranquilo, calm; quiet
transbordar, to change (trains)
el **transeúnte,** passer-by
el **tranvía,** tram; tramway
el **trapo,** rag
tras, after
trascender (ie), to become known
trasladar, to transport
tratar, to treat; attempt
tratar de, to try; be about
tratarse con, to be on friendly terms with
tratarse de, to be about; be a question of
el **trato,** deal, transaction
travieso, mischievous
el **trayecto,** journey; distance
la **traza,** appearance; trace
el **trecho,** stretch; space
tremebundo, terrible
el **tren,** train
trepar, to climb
el **trigo,** wheat
triste, sad
la **tromba,** water spout
la **trompa,** trunk
tropezar (ie), to bump into; trip over
el **tropezón,** bump

el **tropiezo,** slip; stumble; set-back
la **trucha,** trout
tumbarse, to lie down
turbarse, to be embarrassed
turnar(se), to take turns
el **turno,** turn
el **turrón,** nougat
tutear, to address familiarly as **tú**

U

último, last
el **umbral,** threshold
umbrío, shady
único, only; sole
unir, to unite; join
urgente, urgent
la **usanza,** usage
a **usanza de,** in the manner of
usar, to use
el **uso,** custom; use
utilizar, to use; take
las **uvas,** grapes

V

la **vaca,** cow
las **vacaciones,** holidays
vaciar, to empty
la **vacilación,** hesitation
vacío, empty
vagar, to wander
el **vagón,** carriage; coach
valer (*see p.* 250), to be worth

305

SIMPLER SPANISH COURSE

valioso, valuable
el valor, value
en vano, in vain
variar, to vary; change
el vaso, glass; tumbler
¡vaya!, come now!
la vela, sail; candle
la velocidad, speed
vencer, to vanquish; overcome
el vendedor, seller
vender, to sell
venir, to come
la ventaja, advantage
la ventana, window
la ventanilla, window (of a train or carriage)
ver, to see
el verano, summer
de veras, in earnest; really
¿verdad?; ¿no es verdad?, isn't it; isn't he?, etc.
la verdad, truth
verdadero, true
verde, green
la vergüenza, shame
verificarse, to take place
la verja, iron railing
vestir (i), to dress; wear
la vez, time; a la —, at the same time
de vez en cuando, from time to time
en vez de, instead of
el viajante, traveller; salesman
el viaje, journey

el viajero, traveller
la vida, life
el vidrio, glass; window-pane
viejo, old
el viento, wind
vigilar, to watch
el vino, wine
la viña, wine
el viñedo, vineyard; vines
el visitante, visitor
las vísperas, vespers; eve
la vista, sight; view
la viuda, widow
¡viva!, long live!
vivir, to live
vivo, alive; living
el volante, steering wheel
volar (ue), to fly
volcar (ue), to turn over
la voluntad, will(-power)
volver (ue), to return; — a, to do something again
volverse, to turn round
la voz, voice
en voz alta, (baja), aloud; (in a low voice)
el vuelo, flight
la vuelta, return; change; dar la —, to go round; dar una —, to stroll; dar media —, to half turn
de vuelta, back
vuestra merced, your honour (origin of Vd.)
vulgar, common; ordinary

306

VOCABULARIO

Y

ya, already; now
ya no, no longer
ya que, since
yacer, to lie

Z

zambullirse, to plunge;
dive
el zapato, shoe
el zumbido, hum

Vocabulary

A

a, un, uno, una
to be able, poder (*ue*)
about, acerca de; a eso de
to be about to, estar para; estar a punto de
above, encima de
abroad, al extranjero; en el extranjero
absence, la ausencia
absent-minded, distraído
absolutely, absolutamente
absorbed, absorto
accent, el acento
to accommodate, acomodar
acrobat, el acróbata
across, por, a través de
to act, actuar
action, la acción
actor, el actor
actress, la actriz
addressed, dirigido
admiral, el almirante
to admire, admirar
adventure, la aventura
to advise, aconsejar
aeroplane, el aeroplano; el avión
affairs, los asuntos
after (*conj.*), después de; después que
after (*prep.*), después

afternoon, la tarde
again, otra vez; de nuevo
against, contra
age, la edad
Age, el siglo
agency, la agencia
agent, el agente
ago, hace
to agree, convenir (en); estar de acuerdo
aimlessly, sin rumbo
air, el aire
air hostess, la azafata
airline, la línea aérea
airport, el aeropuerto
alas!, ¡ay!
to alight, bajar (de); apearse
all, todo, -a, -os, -as
all right, en orden; bien
to be all right, estar bien
almost, casi
alone, solo
along, por; a lo largo de
already, ya
also, también
alternative, el recurso
although, aunque
always, siempre
a.m., de la mañana
ambulance, la ambulancia
American, (norte)americano
amusing, divertido
ancient, antiguo

VOCABULARY

and, y; e (*before* i *and* hi)
anecdote, la anécdota
animal, el animal
animated, animado
animation, la animación
to annoy, enfadar
another, otro, -a
anybody, cualquier
not anybody, nadie
anything, algo
not anything, nada
anxious, nervioso
to apologize, disculparse
to appear, aparecer; parecer
apple, la manzana
to approach, acercarse a
April, abril
architecture, la arquitec-
 tura
arm, el brazo
armchair, el sillón
armistice, el armisticio
armour, la armadura
armoury, la armería
to arrest, arrestar
arrival, la llegada
to arrive, llegar
as, como
as soon as, tan pronto
 como; luego que; en
 cuanto
ashamed, avergonzado
to ask (for), pedir (*i*) (*see p.* 251)
to ask (to question), preguntar
to ask (request), rogar (*ue*);
 pedir (*i*) (*see p.* 251)
astonished, asombrado

in astonishment, atónito
at, en; a
at once, en seguida
August, agosto
aunt, la tía
to avoid, evitar
to await, esperar
away, fuera

B

back, la espalda
back (*adj.*), trasero; de atrás
to be back, estar de vuelta
bag, el bolso
baker, el panadero
balcony, el balcón
bald, calvo
ball, el balón; la pelota
ball-point pen, el bolígrafo
band, la banda
bandit, el bandido
bank, el banco; — **note,**
 el billete de banco; — **of
 a river,** la orilla
banquet, el banquete
barber, el barbero; el pelu-
 quero
bark, el ladrido; la corteza
 (de árbol)
to bark, ladrar
basket, la cesta; el cesto
bathe, el baño
to bathe, bañarse
bather, el bañista
bathing, el baño
bathing-costume, el traje de
 baño; el bañador

309

SIMPLER SPANISH COURSE

bathroom, el cuarto de baño
battle, la batalla
battlements, las murallas almenadas
bay, la bahía
to **be,** ser; estar (*see pp.* 244 and 249)
to **be able,** poder (*ue*); saber (*see p.* 253)
beach, la playa
to **beat,** golpear
beautiful, hermoso
because, porque; — **of,** a causa de
to **become,** hacerse (*see p.* 252)
bed, la cama; **to go to —,** acostarse (*ue*)
bedroom, el dormitorio
beefsteak, el bisté; el bistec
beer, la cerveza
before, antes
to **beg,** implorar; mendigar
beggar, el mendigo
to **begin,** empezar (*ie*); comenzar (*ie*); ponerse (a + infinitive)
behind, detrás de
being, el ser
to **believe,** creer
bell, el timbre; la campana
to **belong,** pertenecer
below, abajo
belt, el cinturón
to **bend down,** inclinarse
to **benefit,** beneficiar(se) de
St. Bernard, San Bernardo
besides, además

better, mejor
between, entre
bicycle, la bicicleta
big, grande
bill, la cuenta
bird, el pájaro
birth, el nacimiento
birthday, el cumpleaños
biscuit, la galleta
to **bite,** morder (*ue*)
bitter, amargo
black, negro
blackboard, la pizarra
blanket, la manta
blast, el pitido; el silbido
blind, ciego
to **blow,** soplar; — **a whistle,** tocar un pito
blue, azul
boat, el barco, la lancha, el bote
book, el libro
boring, aburrido
both, ambos
bottle, la botella
bottom, el fondo
bouquet, el ramo
box, la caja
boy, el muchacho
bread, el pan
to **break,** romper
breakfast, el desayuno
bridge, el puente
to **bring,** traer
to **bring down,** bajar (algo)
broken, roto
brother, el hermano

310

VOCABULARY

brown, castaño, marrón
brush, el cepillo
to **brush**, cepillar
bucket, el cubo
buffet, la cantina
to **build**, edificar
building, el edificio
bull, el toro
bullfight, la corrida de toros
bull-ring, la plaza de toros
to **bump (into)**, tropezar (*ie*) con
burglar, el ladrón
to **burn**, quemar; (*intr.*) arder
burning, ardiente
bus, el autobús
business, el asunto; el negocio
busy, ocupado; concurrido; **street**, *etc.*
but, pero, sino (*see p.* 203)
butcher, el carnicero
butcher's shop, la carnicería

C

café, el café
cage, la jaula
to **call**, llamar
calm, tranquilo
candle, la vela; el cirio (church)
canteen, la cantina
canvas, la lona
cap, la gorra
captain, el capitán
captive, el cautivo
car, el automóvil; el coche
car-park, el estacionamiento

cardboard, el cartón
cardigan, la chaqueta de punto
care, el cuidado
careful, precavido; cuidadoso; prudente
castle, el castillo
to **catch**, coger
cathedral, la catedral
cave, la cueva
to **cease**, cesar
ceiling, el techo
to **celebrate**, celebrar
central, central; céntrico
centre, el centro
century, el siglo
chair, la silla
chalk, la tiza
champagne, el champán
change, el cambio
to **change**, cambiar
chapel, la capilla
chapter, el capítulo
Charles, Carlos
charm, el encanto
to **chat**, charlar
cheap, barato
cheerful, alegre
cheese, el queso
chemist, el farmacéutico
chicken, el pollo
children, los niños; los hijos
chimney, la chimenea
chips, las patatas fritas
Christian, cristiano
Christmas, la Navidad

311

SIMPLER SPANISH COURSE

Christmas (*adj.*), navideño
Christmas Eve, la Nochebuena
St. Christopher, San Cristóbal
church, la iglesia
cigar, el puro; el cigarro
cigarette, el cigarrillo; el
pitillo
cinema, el cine
circus, el circo
city, la ciudad
civil, civil
clean, limpio
to **clean,** limpiar
clear, claro
clerk, el empleado
clever, inteligente; listo
cliff, el acantilado
climate, el clima
to **climb,** trepar; subir
clock, el reloj
to **close,** cerrar (*ie*)
clothes, las prendas (de
vestir); la ropa
cloud, la nube
coach, el autocar; el coche
de línea
coast, la costa
coat, la chaqueta; el abrigo
coffee, el café
cold, frío
colleague, el colega
colonel, el coronel
colour, el color
to **come,** venir; — **down,** bajar; — **in,** entrar; — **out,**
salir

to **comfort,** confortar
comfortable, cómodo; con-
fortable
coming from, procedente de
companions, la compañía,
compañeros
comparatively, compara-
tivamente; relativamente
compartment, el comparti-
miento; el departamento
compassion, la compasión
to **complain,** quejarse
to **conduct,** conducir
conductor, el cobrador
to **conquer,** conquistar
conqueror, el conquistador
to **consist of,** consistir en
consolation, el consuelo
constant, constante
to **contain,** contener
to **continue,** continuar
to **control,** regular
cook, el cocinero
cooking, la cocina
cool, fresco
cork tree, el alcornoque
corner, la esquina; el rincón
to **cost,** costar (*ue*)
cotton, el algodón
counter, el mostrador
country, el país; el campo
county, el condado
courage, el valor, el ánimo
courageous, valiente
of **course,** naturalmente; desde
luego
courtyard, el patio

312

VOCABULARY

cousin, el primo
to cover, cubrir
cow, la vaca
to crash, estrellarse
cricket, el cricket
cross, la cruz
to cross, cruzar
crossing, el cruce
crowd, la muchedumbre
to cry (out), gritar
cup, la taza
cupboard, el armario
custom, la costumbre
Customs, la aduana
Customs officer, el aduanero
to cut, cortar

D

to dare, atreverse a
dark, oscuro; moreno; to get —, oscurecer
date, la fecha
daughter, la hija
day, el día
dear, querido
death, la muerte
December, diciembre
to decide (to), decidir
to declare, declarar
delay, la demora
delicious, delicioso
to delight, encantar
delightful, delicioso
dense, denso
departure, la partida
to describe, describir

desk, el pupitre
dictionary, el diccionario
to die, morir (ue)
difficult, difícil
difficulty, la dificultad
dining-room, el comedor
dirty, sucio
disappointment, la decepción
to discover, descubrir
to discuss, discutir; tratar
discussion, la discusión
to disguise, disfrazar
to disperse, dispersar
dissatisfied, insatisfecho
distance, la distancia; in the —, a lo lejos
to disturb, molestar
to divide, dividir
to do, hacer (see p. 247)
doctor, el doctor; el médico
dog, el perro
donkey, el burro
door, la puerta
door-way, la entrada
dozen, la docena
to drag off, sacar a tirones
draw, el sorteo
to draw, dibujar; tirar de
to dream of, soñar (ue) con
to dress, vestirse (i)
dressing-gown, la bata
drink, la bebida
to drink, beber
to drive, conducir
driver, el conductor
dry, seco

313

SIMPLER SPANISH COURSE

to **dry,** secar
dust, el polvo
dusty, polvoriento
duty, el deber; el derecho
de aduana

E

early, temprano
to **earn,** ganar; — **a living,**
ganar la vida
easy, fácil
to **eat,** comer
effect, el efecto
egg, el huevo
elementary, elemental
elephant, el elefante
Elizabeth, Isabel
end, el final
engine, el motor
England, Inglaterra
English-speaking, de habla
inglesa
to **enjoy,** disfrutar; — **oneself,**
divertirse (*ie*) (*i*)
enormous, enorme
enough, bastante
to **enter,** entrar
entrance, la entrada
to **envy,** envidiar
to **escape from,** escaparse de
especially, especialmente
Europe, Europa (*f.*)
European, europeo
even, hasta; aún; (ni) siquiera; incluso
evening, la noche

every, cada (todos)
everybody, todo el mundo
(todos)
everyday, todos los días; a
diario
everything, todo
everywhere, en (por) todas
partes
exactly, exactamente
to **exaggerate,** exagerar
to **examine,** examinar
example, el ejemplo
for **example,** por ejemplo
to **exclaim,** exclamar
to **excuse,** perdonar
exercise, el ejercicio
exhausting, agotador
to **exist,** existir
to **expect,** esperar
to **explain,** explicar
to **explore,** explorar
to **extinguish,** apagar
eye, el ojo

F

face, la cara; el rostro
fact, el hecho
in **fact,** en efecto
to **faint,** desmayarse
fair (haired), rubio
fairly, bastante
fairy, el hada
faithful, fiel
to **fall,** caer
famous, famoso; célebre
fan, el abanico; el aficionado

314

VOCABULARY

football fan, el aficionado al fútbol
as far as, hasta
fast, rápido
fat, gordo; grueso
fate, el destino
father, el padre
February, febrero
to feel, sentir (*ie*) (*i*)
felt, el fieltro
a few, algunos
field, el prado
fierce, feroz
fifth, quinto
to fight, luchar
figures, las cifras
film, la película
finally, finalmente
to find, encontrar (*ue*)
to find out, enterarse de
to finish, terminar
fire, el fuego
fireman, el bombero
first, primero
at first, al principio
fish, el pez
fish (food), el pescado
fishing, la pesca; pesquero (*adj.*)
to fix, ajustar
fixed, sujeto
flat, el piso; el apartamento
flight, el vuelo
floor, el suelo
ground floor, la planta baja
floor (storey), el piso; la planta

flour, la harina
flower, la flor
flower pot, el florero
to fly, volar (*ue*)
fog, la niebla
to follow, seguir (*i*)
following, siguiente
to be fond of, querer
food, el alimento; la comida
foot, el pie
football, el fútbol
for, para; por
to forbid, prohibir
foreign, extranjero
forest, el bosque; la selva
to forget, olvidar
fork, el tenedor
former, el anterior
fortunately, felizmente
franc, el franco
France, Francia
free, libre
French, francés
fresh, fresco; nuevo
Friday, viernes
Good Friday, Viernes Santo
friend, el amigo
friendly, simpático; amable
to frighten, espantar; asustar
from, de; desde
front, el frente
in front of, delante de
frontier, la frontera
fruit, la fruta; — **juice,** el jugo (zumo) de fruta

315

SIMPLER SPANISH COURSE

full, lleno
funny, divertido; gracioso; cómico
furious, furioso
furniture, los muebles; el mobiliario
further, más lejos; más adelante

G

to gallop out, salir al galope
gap, la abertura; el jirón
garage, el garaje
garden, el jardín
gardener, el jardinero
gate, la puerta
gay, festivo; alegre
general, el general
gentle, suave, dulce
gentleman, el señor
German, alemán
Germany, Alemania
to get, conseguir (*i*) (*see p.* 253)
to get into, entrar (en); subir (al tren, etc.)
to get up, levantarse
to get up early, madrugar
ghost, el fantasma
gift, el regalo
to give, dar
glad, contento
to be glad (to), alegrarse (de)
glove, el guante
to go, ir (*see p.* 253)
to go back, volver (*ue*)
to go out, salir
to go shopping, ir de compras

to go up, subir
to go upstairs, subir las escaleras
goal, el gol; la meta
Golden Age, el Siglo de Oro
good, bueno
good-bye, adiós
good-night, buenas noches
grammar, la gramática
granddaughter, la nieta
grandfather, el abuelo
grass, la hierba; **short —** (lawn), el césped
gratitude, la gratitud
great, grande
Great Britain, Gran Bretaña
to greet, saludar; dar la bienvenida
greetings, los saludos
grey, gris
ground, la tierra; el suelo
group, el grupo
to grow old, envejecer
to be grown-up, ser mayor; ser adulto
guard, el guardia
civil guard, la guardia civil
to guard, guardar
guest, el huésped
guide, el guía
gun, el fusil

H

hair, el pelo; el cabello
half, la mitad; medio
half an hour, media hora

316

VOCABULARY

half-way, a medio camino
hall, la sala; el vestíbulo
hand, la mano
handsome, guapo, hermoso
to hand over, entregar
to hang, colgar (*ue*); suspender
to happen, ocurrir; pasar
happy, contento; feliz
harbour, el puerto
hard, duro
hat, el sombrero
haughtily, altivamente
to have, tener; haber (*auxiliary verb*)
to have just, acabar de + *infinitive*
to have to, tener que; deber
he, él
head, la cabeza
headmaster, el director (del colegio)
heap, el montón
to hear, oír
heat, el calor
heavy, pesado
height, la altura
help, la ayuda
to help, ayudar
her, su; sus; la; le
heroic, heroico
to hesitate, vacilar
hidden, oculto; escondido
hill, la colina
to hire, alquilar
his, su; sus
history, la historia
to hit, golpear

to hold, tener; retener
to hold out, extender
holiday, el día de fiesta
holidays, las vacaciones
home, la casa; el hogar
at home, en casa
honest, honrado
honeymoon, la luna de miel
in honour of, en honor de
hood, el capuchón
to hope, esperar
horse, el caballo
hospital, el hospital
host (innkeeper), el mesonero
hot, caliente
hour, la hora
house, la casa
housekeeper, el ama (*fem.*)
Houses of Parliament, el Parlamento
however, no obstante; sin embargo
human, humano
hundreds, cientos, centenares
hunger, el hambre (*fem.*)
hungry, hambriento
to be hungry, tener hambre
to hunt, cazar
to hurry, apresurarse; darse prisa
husband, el marido; el esposo

I

I, yo
ice cream, el helado

317

SIMPLER SPANISH COURSE

idea, la idea
if, si; as —, como si
ill, enfermo
imaginary, imaginario
imagination, la imaginación
to imagine, imaginar
impertinent, impertinente
to improve, mejorar
in, en; de; por
inadvertently, inadvertidamente
to increase, aumentar
increasing, creciente
indeed, realmente
independence, la independencia
Indian, el indio; indio (*adj.*)
to induce, inducir
inhabitant, el habitante; el vecino
ink, la tinta
inn, la posada; la fonda
inn-keeper, el posadero
inside, dentro; el interior
to install, instalar
instalment, el plazo
instead of, en vez de
intelligent, inteligente
to intend, pensar (*ie*); tener (la) intención
to interest, interesar
interesting, interesante
international, internacional
to interrupt, interrumpir
to introduce, presentar
to invite, invitar

iron, el hierro
island, la isla
it, ello; él; ella; lo; la
Italy, Italia

J

January, enero
jeweller, el joyero
job, el empleo
to join, unirse a
joke, el chiste
journey, el viaje
July, julio
to jump, saltar
June, junio
just then, en aquel momento

K

keen on, aficionado a
to keep, guardar
to keep back, retener
to kill, matar
kind, la clase; la especie
kind (*adj.*), amable
kindly, amablemente
kiosk, el kiosco
kitchen, la cocina
knife, el cuchillo
knight, el caballero; — errant, el caballero andante
to knock, llamar; — over, volcar (*ue*)

318

VOCABULARY

to **know**, saber (*see p.* 254)
to **know** (**by acquaintance**), conocer (*see p.* 255)

L

lack, la falta
ladder, la escalera (de mano)
lady, la señora
lance, la lanza
land, la tierra
to **land**, aterrizar
lane, el camino; el sendero; la calleja
language, el idioma
large, grande
last, pasado; último
at **last**, por fin; al fin
late, tarde; tardío
later, más tarde; después
the **latter**, éste (este último)
to **laugh**, reír(se) (*i*)
to **lay**, poner
to **lay the table**, poner la mesa
lazy, perezoso
to **lead**, conducir
to **lean out**, asomarse
to **learn (to)**, aprender (a)
leather, el cuero
to **leave**, dejar
to **leave for**, salir para
to **leave behind (forget)**, dejar olvidado
lecture, la conferencia
leg, la pierna
lemonade, la limonada

to **lend**, prestar
less, menos; — **than**, menos de (que); menor
lesson, la lección
letter, la carta; la letra
letter-box, el buzón
to **liberate**, liberar
library, la biblioteca
to **lick**, lamer
to **lie**, yacer
life, la vida
lift, el ascensor
light, la luz
light-house, el faro
like, como; parecido a; igual a (que)
to **like**, gustar; querer (*persons*)
lion, el león
liqueur, el licor
to **listen to**, escuchar
little, poco; pequeño
a **little**, un poco
to **live**, vivir
to **lock (in)**, encerrar (*ie*) (en)
London, Londres
long, largo
to **be long in**, tardar en
look, el aspecto
to **look after**, cuidar de; ocuparse de
to **look at**, mirar
to **look for**, buscar
to **look like**, parecer
to **look on to**, dar a
to **look up**, levantar los ojos
to **lose**, perder (*ie*)

319

SIMPLER SPANISH COURSE

to lose oneself, extraviarse
lottery, la lotería
Louis, Luis
lounge, el salón
lovely, bonito
lover, el amante; el novio
luck, la suerte
luckily, por fortuna; felizmente
to be lucky, tener suerte
luggage, el equipaje
lunch, el almuerzo; la comida
lying, recostado; acostado

M

mad, loco
Madam, señora
made, hecho (from hacer)
magazine, la revista
magician, el mago
maid, la muchacha; la criada
main, principal; mayor
majestic, majestuoso
Majorca, Mallorca
Majorcan, mallorquín
to make, hacer (*see p.* 247)
to make one's way, abrirse paso
to make towards, dirigirse a
manager, el gerente
many, muchos
so many, tantos
map, el mapa
March, marzo
to mark, señalar; marcar

market, el mercado
to marry, casarse
mass, la masa; la misa (church)
master, el amo
match, el partido; el fósforo
mathematics, las matemáticas
May, mayo
mayor, el alcalde
meadow, la pradera
meal, la comida
meaningless, incomprensible
in the meantime, mientras tanto
Mediterranean, el Mediterráneo
to meet, encontrar (*ue*)
midnight, la medianoche
mile, la milla
milk, la leche
mill, el molino
million, el millón
millionaire, el millonario
minute, el minuto
miserable, miserable
mistake, el error
to make a mistake, hacer, cometer un error; equivocarse
modern, moderno
moment, el momento
Monday, lunes
money, el dinero
monk, el monje
month, el mes

320

VOCABULARY

moon, la luna
Moor, el moro
Moorish, moro; moruno
more, más
morning, la mañana
early morning, la madrugada
the morrow, el día siguiente
most, lo más; la mayor parte
mother, la madre
mountain, el monte; la montaña
mountains, la sierra
mouse, el ratón
mouth, la boca
to move, moverse; mudarse
to move up, subir
much, mucho
so much, tanto
mule-driver, el arriero
municipal, del ayuntamiento; municipal
music, la música
must, deber; tener que
my, mi; mis

N

name, el nombre
narrow, estrecho
nationality, la nacionalidad
naturally, naturalmente
near (to), cerca (de); junto (a)
nearly, casi
necessary, necesario
to need, necesitar; ser necesario (*see p.* 255)
neighbourhood, la vecindad; el vecindario

nephew, el sobrino
new, nuevo
news, la noticia
newspaper, el periódico
New Year, el año nuevo
next, próximo; siguiente
the next morning, a la mañana siguiente
niece, la sobrina
night, la noche
no, no
nobleman, el noble
noise, el ruido
no longer, ya no (más)
nonsense, la(s) tontería(s)
noon, el mediodía
no one, nadie
North, el norte
not, no
note, (bank), el billete de banco
notebook, el cuaderno
nothing, nada
to notice, advertir; notar
to take notice, hacer caso
novelist, el novelista
November, noviembre
now, ahora
nowadays, en la actualidad
now and then, de vez en cuando
number, el número

O

oak, el roble
to observe, observar

321

SIMPLER SPANISH COURSE

obviously, evidentemente
occasion, la ocasión
October, octubre
of, de
of course, naturalmente;
  desde luego
to **offer,** ofrecer
office, la oficina
official, el oficial; el empleado
often, a menudo; frecuente-
  mente; a veces
old, viejo; anciano; antiguo
omelette, la tortilla
on, en; sobre; encima
  de
once, una vez; **at —,** en
  seguida; **— more,** otra
  vez
onion, la cebolla
only, sólo; solamente
not only, no sólo
to **open,** abrir
open(ed), abierto
opposite, opuesto; enfrente
  de
optimist, el optimista
orange, la naranja
orangeade, la naranjada
to **order,** pedir (*i*); encargar;
  ordenar
other, otro, -a, -os, -as
our, nuestro, -a, -os, -as
outside, fuera
outskirts, las afueras
over, por encima de

overcoat, el abrigo
owner, el dueño

P

packet, el paquete
pair, el par; la pareja
palace, el palacio
pale, pálido
paper, el papel
paradise, el paraíso
parcel, el paquete
parents, los padres
park, el parque
to **park,** estacionarse
part, la parte
partner, la pareja (de baile)
to **pass,** pasar
to **pass by,** pasar por
passenger, el pasajero
passport, el pasaporte
patience, la paciencia
patient, el paciente
path, el sendero
pavement (sidewalk), la
  acera
to **pay back,** devolver (dinero)
to **pay for,** pagar
peasant, el aldeano; el
  campesino
pedestrian, el peatón
pencil, el lápiz
people, la gente
perfectly, perfectamente
perhaps, tal vez; acaso;
  quizá(s)

322

VOCABULARY

photograph, la fotografía
photographer, el fotógrafo
picnic, la merienda
picture, el cuadro
picturesque, pintoresco
pilot, el piloto
pine, el pino
pipe, la pipa
pity, la lástima; la pena
place, el sitio
to place, colocar; **to take —,** tener lugar
plan, el plan
plane, el avión
plate, el plato
platform, el andén
to play, jugar (*ue*) (*see p.* 244)
to play a game, jugar a un juego
to play an instrument, tocar un instrumento
player, el jugador; el tocador
pleasant, agradable
please, por favor
pleased, contento; complacido
pleasure, el gusto; el placer
p.m., de la tarde; de la noche
to point out, indicar
police (force), la policía
policeman, el policía; el guardia
to polish, pulir
porter, el mozo de estación; el portero
portrait, el retrato

possessions, las propiedades; las posesiones
to post, echar al correo
post card, la tarjeta postal
postman, el cartero
potato, la patata; **— crisps,** patatas fritas a la inglesa
pound, la libra
to practise, practicar
to precede, preceder
to prefer, preferir (*ie*) (*i*)
to prepare, preparar
present, el regalo
at present, ahora; actualmente
previous, anterior
priest, el sacerdote
prince, el príncipe
prison, la cárcel, la prisión
prisoner, el prisionero, el cautivo
problem, el problema
professor, el profesor
programme, el programa
to progress, adelantar
to promise, prometer
property, la propiedad
to propose, proponer(se)
to protect, proteger
protection, la protección
to prove, probar
provisions, los comestibles
to pull out, sacar
pulse, el pulso
punctuality, la puntualidad
pupil, el alumno
purpose, el propósito

323

SIMPLER SPANISH COURSE

to put, poner (*see pp.* 248 *and* 256)
puzzled, perplejo
pyjamas, el pijama
Pyrenees, los Pirineos

Q

quaint, raro
quarter, el cuarto
queen, la reina
question, la pregunta
quickly, de prisa; rápidamente

R

radiator, el radiador
ragged, andrajoso
rain, la lluvia
to rain, llover (*ue*)
rainy, lluvioso
to raise, levantar
rather, bastante; más bien
to read, leer
ready, dispuesto
to realize, darse cuenta
to recognize, reconocer
record, el disco
to recover, recuperar; recobrar(se)
red, rojo
refreshments, los refrescos
to refuse, negarse (*ie*) a
to regulate, regular
relatives, los parientes
relaxed, descansado
religious, religioso

to remain, quedar (se)
to remember, recordar (*ue*)
to remind, recordar (*ue*)
to remove, quitar
reply, la contestación
to reply, contestar
to represent, representar
to request, rogar (*ue*)
to resemble, parecerse (a)
to reserve, reservar
respective, respectivo
rest, el descanso
the rest (remainder), los (las) demás
to rest, descansar
restaurant, el restaurante
to return, regresar; volver (*ue*)
to reveal, revelar
rice, el arroz
rich, rico
Richard, Ricardo
ride, el paseo (a caballo; en automóvil)
to ride, cabalgar
to the right, a la derecha
ripe, maduro
river, el río
road, la carretera; el camino
to roar, rugir
rock, la roca
rocky, rocoso
roof, el tejado
room, el cuarto: la habitación; el sitio
rough, bravo
route, la ruta

324

VOCABULARY

row, la fila
royal, real
rubber, la goma
ruined, en ruinas
ruler, la regla
to run, correr
to run over, atropellar
runway, la pista
Russia, Rusia
Russian, ruso

S

sad, triste
to sadden, entristecer
safe, seguro
safe and sound, sano y salvo
safety, la seguridad
safety-belt, el cinturón de seguridad
sailor, el marino
salad, la ensalada
sally, la salida
same, mismo
sandwich, el bocadillo
sandy, arenoso
sash, la faja
satisfied, satisfecho
to save, salvar
to say, decir
scared, espantado
scenery, el escenario; el paisaje
school, la escuela
scientific, científico
scissors, las tijeras
Scotland, Escocia
Scottish, escocés

sea, el mar
at the seaside, a orillas del mar
seasick, mareado
to search, buscar
in search of, en busca de
season, la estación del año
seat, el asiento; la butaca
to see, ver
to seem, parecer
to sell, vender
to send, enviar
to send away, despedir (i)
sentence, la frase
sentry, el centinela
September, setiembre
serious, serio
servant, el criado
to serve, servir (i)
service, el servicio
set, el aparato
to set fire, prender fuego
to set off, ponerse en camino
several, varios
in the shade, a la sombra
to shake, sacudir; — hands, estrechar la mano; — one's head, menear la cabeza
shape, la forma
sharp, (time), en punto
sheep, la oveja
shelter, el abrigo; el refugio
shield, el escudo
shilling, el chelín
to shine, brillar
shoe, el zapato

325

SIMPLER SPANISH COURSE

shop, la tienda; el comercio
to go shopping, ir de compras
shop-window, el escaparate
short, corto
to shout, gritar
to show, enseñar; mostrar (ue); — films, poner
sick, enfermo; mareado
side, el lado
sight, la vista; to lose — of, perder (ie) de vista
silence, el silencio
simple, sencillo
since, puesto que
sir, señor
to sit down, sentarse (ie)
sitting, sentado
situated, situado
size, el tamaño
sky, el cielo
sleepy, adormecido, soñoliento
slow, lento
slowly, despacio; lentamente
small, pequeño
smile, la sonrisa
to smile, sonreír (i)
smoke, el humo
to smoke, fumar
smoothly, suavemente
snow, la nieve
to snow, nevar (ie)
so, tan; por eso; así es que; así pues
socks, los calcetines

sofa, el sofá
soft, blando
soldier, el soldado
solitary, solitario
to solve, resolver (ue)
some, algunos, -as
someone, alguien; alguno
something, algo
sometimes, algunas veces
song, la canción
soon, pronto
soon after, poco después
to be sorry, sentirlo (ie), (i)
sort, la clase; la especie
soup, la sopa
Spain, España
Spaniard, el español
Spanish, español
spark, la chispa
to speak, hablar
spectator, el espectador
speed, la velocidad; la prisa
spell, el encanto
to spend, pasar, gastar el tiempo
in spite of, a pesar de
to spoil, mimar
spoon, la cuchara
spot, el sitio; el pinto
to spread, diseminar
spring, la primavera
square, la plaza
main square, la plaza mayor
stadium, el estadio
staircase, la escalera
stamp, el sello

326

VOCABULARY

standing up, de (en) pie
to stand up, levantarse; ponerse en pie
station, la estación
statue, la estatua
stay, la estancia
to stay, quedar(se); permanecer; alojarse
to steal, robar
to stick, pegar
still, todavía
stocking, la media
stone, la piedra
stop, la parada; el punto
to stop, parar(se); detener(se)
stores, los almacenes
story, el cuento, la narración
straight on, todo seguido
strange, extraño
straw, la paja
stream, el arroyo
street, la calle
strength, la fuerza
to strike (clocks), dar; sonar (*ue*)
to stroll, dar un paseo
strong, fuerte
student, el estudiante
to study, estudiar
to succeed, lograr; tener éxito (*see p.* 256)
such, tal
to suck, chupar
suddenly, de repente; de pronto
suitcase, la maleta
sum, la suma

summer, el verano
sun, el sol
in the sun, al sol
Sunday, domingo
sunset, la puesta de sol
sunshade, el quitasol
suntanned, tostado, bronceado
supper, la cena
to have supper, cenar
sure, seguro
surprise, la sorpresa
to surround, rodear
surrounded (by), rodeado (de, por)
surroundings, los alrededores
to swallow, tragar
sweets, los caramelos
swift, rápido
to swim, nadar
swimming, la natación
Swiss, suizo
to switch on, encender (*ie*)

T

table, la mesa
at the table, a (en) la mesa
tablecloth, el mantel
tail, el rabo
tailor, el sastre
to take, llevar; quitar; llevar(se) (*see p.* 256)
to take away, quitar; llevar(se)
to take off, despegar (*airplanes*); quitar (*clothing*)

327

SIMPLER SPANISH COURSE

to take one's leave, despedirse (i)
to take out, sacar
tale, el cuento
to talk, hablar; charlar
tall, alto
to taste, gustar
taxi, el taxi
tea, el té
teacher, el profesor; el maestro
team, el equipo
tear, la lágrima
technician, el técnico
telegram, el telegrama
to telephone, telefonear
television, la televisión
to tell, decir, contar (ue) (see p. 258)
tennis, el tenis
tent, la tienda
terrace, la terraza
to test, probar (ue)
Thames, el Támesis
than, que (comparative)
to thank, dar las gracias; agradecer (see p. 258)
thanks to, gracias a
that, eso; aquello
that is to say, es decir
the, el; la; los; las
theatre, el teatro
their, su; sus
then, entonces; después
there, allá; allí
there is, hay
these, estos; estas
thick, grueso

thief, el ladrón
thing, la cosa
to think of, (see pp. 258 and 259), pensar en (ie)
thirst, la sed
this, este; esta; esto
those, esos; esas; aquellos; aquellas; los; las (pronouns)
through, por, a través de
to throw, tirar
Thursday, jueves
ticking, el tic-tac
ticket, el billete
ticket office, la taquilla
to tie, atar
tiger, el tigre
till, hasta
time, el tiempo
in time, a tiempo
tip, la propina
tired, cansado
tiring, cansado
to, a
in order to, para
today, hoy
together, juntos
tomato, el tomate
tomorrow, mañana
tone, el tono
tonight, esta noche
too, demasiado
tooth, el diente
on top, arriba; en lo alto
to toss, lanzar
to touch, tocar
tourism, el turismo

328

VOCABULARY

tourist, el turista; turístico (*adj.*)
towards, hacia
towel, la toalla
tower, la torre
town, la ciudad
toy, el juguete
traffic, el tráfico; la circulación
train, el tren
by train, en tren
to travel, viajar
traveller, el viajero
tray, la bandeja
to treat, tratar
tree, el árbol
to be troubled, inquietarse; estar preocupado
truck, el camión
true, verdadero
trumpet, la trompeta
trumpet call, el toque de trompeta
truth, la verdad
to try, intentar; tratar de
Tuesday, martes
to turn, torcer (*ue*); ponerse; volverse (*ue*); — **a corner,** doblar la esquina (*see p.* 259)
twisty, torcido

U

ugly, feo
umbrella, el paraguas
uncle, el tío
under, bajo; debajo de

underground, el Metro-(politano)
to understand, comprender; entender (*ie*)
to undress, desnudarse; desvestirse (*i*)
unfortunately, por desgracia; desgraciadamente
uniform, el uniforme
university, la universidad
until, hasta (*prep.*); hasta que (*conj.*)
upstairs, arriba
to use, emplear; servirse (*i*) de
to be of no use, no servir para nada
to be used for, servir para
useless, inútil
usual, usual; de siempre
as usual, como de costumbre
usually, de ordinario; generalmente

V

valuable, de valor
van, la furgoneta de reparto
removal van, el coche de mudanzas
vegetables, las verduras, las legumbres
vehicle, el vehículo
very, muy
view, la vista
village, el pueblo, la aldea
visit, la visita
to visit, visitar
visitor, el visitante

329

SIMPLER SPANISH COURSE

voice, la voz
in a loud voice, en voz alta;
  hablando alto

W

to wait (for), esperar
waiter, el camarero
waiting-room, la sala de
  espera
to wake up, despertar(se) (ie)
to walk, andar; pasear
to walk across, cruzar
to walk away, alejarse
wall, el muro; la muralla
wallet, la cartera
to want, querer (ie); desear
war, la guerra
warm, caliente; caluroso
warmth, el calor
to wash, lavar(se)
watch, el reloj
watchmaker's, la relojería
to watch, mirar; acechar
water, el agua (f.)
watering can, la regadera
wave, la ola
way, el camino
wayside, del camino
wealthy, rico
to wear, llevar puesto
weather, el tiempo
Wednesday, miércoles
week, la semana
to weigh, pesar
well, bien
Welsh, galés
wet, mojado

what, lo que; ¿qué?
wheel, la rueda
when, cuando; ¿cuándo?
where, donde; ¿dónde?
whether, si
which, que; el cual; ¿qué?
while, el rato; mientras que
whistle, el silbato
white, blanco
who, que; quien; ¿quién?
whose, cuyo; ¿de quién?
why?, ¿por qué?
wide, ancho
widow, la viuda
widower, el viudo
wife, la mujer; la esposa
to win, ganar
wind, el viento
window, la ventana; la
  ventanilla
wine, el vino
wine glass, el vaso
  para vino
winter, el invierno
wise, sabio
to wish, desear; querer (ie)
with, con
without, sin
wolf, el lobo
woman, la mujer
to wonder (if or whether),
  preguntarse(si)
wood, el bosque
work, el trabajo
to work, trabajar
world, el mundo; mundial
  (adj.)

330

VOCABULARY

to **worry**, preocupar(se)
worse, peor
to **write**, escribir
written, escrito

Y

yard, el patio
year, el año

yellow, amarillo
yes, sí
yesterday, ayer
yet, todavía; ya
young, joven
your, su; sus; de usted(es);
tu; tus; vuestro, -a, -os,
-as